嚐遍大中國（二）

巴陵／著

目次

第一輯　鄉間湘味

第二輯　遊食雜憶

第四輯　粉麵製家

第五輯　茶語溫婉

第八輯　飲食副談

第一輯

鄉間湘味

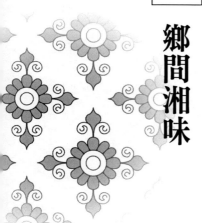

年夜砧板肉

梅山深處的新化山民，有些古老的年俗。進入臘月，家家為了砧板肉而奮鬥。大人商議殺年豬的時間和請誰為屠戶，醃年肉的日子，薰年肉的時間及煮砧板肉的柴火。

俗話說：「大人望插田，小孩望過年。」家中的孩子最為關注的就是過年，他們忙著準備柴火，等著過年。大年夜是梅山山民送往迎新的日子，也是梅山家庭最忙碌的時刻。他們對過去的一年要做個總結，對新一年的到來要準備最好的食物款待客人，特別是新年吃的年肉，最需認真。

年肉是一刀豬屁股尖子肉，大概二十多斤。屠戶殺年豬，開膛破肚之後，到砍肉的時候，就要問家庭主婦，年肉怎麼個砍法、醃法，不能有絲毫馬虎和差錯。家庭主婦首先選定帶尾巴的一邊，根據豬的大小不一，決定年肉的長短。三百斤左右的年豬砍二十斤左右，一百六七十斤的年豬砍十五六斤。屁股尖子肉是豬身上精肉最多最集中的地方，肉厚實，精肉成塊，脂肪少。有姑娘、小夥子的家庭，主婦就要求連肘子一起砍在年肉上。

肘子是梅山山民款待客人的最高禮物，嫡親親屬上門拜年，必須用肘子款待；先年結婚的小夫妻，新郎去拜新年，必須以肘子款待。其次，肘子是春節初一早飯上的主菜，一家人要為肘子動刀，分割肉皮或者精肉，吃過開門紅。

年肉一般是一塊整肉，從來不切碎。聰明的主婦，在屠戶砍肉時，就要屠戶在肉心均勻的切幾條縫，留肉皮處相連，縫與縫一寸寬。在醃製的過程中，直接把鹽揉到刀口上，讓鹽水浸入肉裏，達到快速醃製的效果。醃三天左右，把還滴鹽水的年肉掛上灶膛的橫粱，就著柴火煙子薰，半個月左右，年肉的肉皮薰得黃金金，肉上結滿煙塵，就成了完美的年肉。

年肉是春節半個月（初一至元宵節）裏的主打菜，每餐都要一大菜碗上桌。無論客人吃不吃，都要有一碗充數。講究的家庭，在春節期間是不吃新鮮肉的，也不再煮其他肉。

梅山山民為了忙團年飯，一天三餐改為兩餐，或者改到中餐吃團年飯。早飯過後，山民就準備殺雞，這是團年飯的主菜，每家每戶都會做這道菜。新年初一，家中養雞的山民，是不吃雞肉的。團年飯其他的菜蔬，一般有豬肚子、整魚、豬腰子等六大碗菜，從來不吃七碗八碗，可以做九碗或更多。

飯後，全家人準備過年。家庭主婦掃地，家庭主男挑水、劈柴。大人把鍋刷洗乾淨後，煮年肉的活就交給小孩，由他們生火煮肉。

薰黑的年肉，在溫水裏洗去煙薰的痕跡。多用生鐵鍋煮年肉，如果鍋小，就順著刀痕切成兩三塊；鍋大，直接整塊放進鍋裏煮。在生起的柴火上，多加乾柴，火力猛，速度快。有條件的家庭，還會燒幾根楓樹柴，煮出來的年肉會香些。煮上半個小時到四十分鐘，主婦用筷子試試，可以插進肉皮裏，就不要煮了。

主婦把年肉從鍋裏提出來，擺在砧板上。切下帶尾巴的部分，端來放在堂屋裏的八仙桌上，準備祭祖。其他肉切下肘子，開始把肉切碎，就是對年肉進行細加工。先按刀痕切成條，再切成兩指見方的小塊，整整齊齊的擺在砧板上。年肉飄散出濃郁的肉香，這種肉香，與普通肉味不一樣，它摻和了精肉的鹹香、肉絲的清香、肥肉的薰香以及濃郁的醇香。給人極大的誘惑力和吸引力，很有想吃的衝動。

主婦繫著圍裙，站在砧板邊，認真的切著年肉，孩子們已經圍成一圈，可誰也不下手。等主婦切完肥肉，撥到一邊，開始切純精肉時，香味越來越大、越來越濃、越來越刺激鼻孔。主婦切好幾坨精肉，給每個孩子捏一坨；孩子們可以拒絕或者要求更換，主婦會按著孩子所指的肉塊給他捏起，交到他手裏，或者塞到嘴裏。孩子們拿著香噴噴的砧板肉，邊吃邊回到灶膛邊烤火、聊天，聽祖父母講故事。主婦自己撿起一塊小小的精肉，塞進嘴裏，邊吃邊給祖父母每人切塊巴掌大的精肉送去。回到砧板邊，再給在祭祖的丈夫切一塊巴掌大的精肉，等他回廚房。丈夫剛好祭完祖先，跨進廚房大門，喊孩子們去放鞭炮。主婦就把切好的砧板肉塞進丈夫的嘴裏，說著：「過年了，你也吃塊砧板肉吧！」

鞭炮聲中，全家開始辭歲，觀看焰火。大人往往意思一下，又回到廚房，趁這個機會多吃點砧板肉，表示一年的辛勞和快樂。

現在的孩子，已經不再惦記砧板肉的味道，坐在電視機旁看春晚。主婦把切好的淨精肉端到孩子們面前，說砧板肉好香，給每個孩子發一坨，要他們吃完才准睡覺。孩子們挑三揀四，尋找最小的那坨，吃了就算辭歲。

通紅的砧板肉，能夠明顯的看到肉絲間的距離。山民吃砧板肉，沒人狼吞虎嚥，他們拿在手裏，一絲絲扯精肉，嚼進嘴裏，慢慢品味它的醇香。有種充實感，覺得飽滿、踏實，吃起來有勁。

主婦招呼好大家，自己回到砧板旁，繼續切年肉。把年肉切完，放入鍋裏，燒一把火，用火星的餘溫燜著年肉，就去守歲。漫漫長夜，在數說家庭的豐收和喜悅中慢慢過去。雞叫頭遍，主婦打發孩子去睡覺，自己收拾好年肉才上床。天剛濛濛亮，又爬起來，開始新年的忙碌。

芷江鴨

芷江地處武陵山係南麓、雲貴高原東部餘脈延伸地帶，東鄰中方縣、鶴城區，南接洪江市、會同縣、天柱縣，西連新晃縣、萬山特區，北界麻陽縣、銅仁市，素有「滇黔門戶、黔楚咽喉」之稱。古屬五溪蠻地，因屈原〈湘夫人〉「沅有芷兮澧有蘭」而得名。

我早聞芷江鴨的名聲，在長沙也見過幾家做芷江鴨的飯店，我卻不願意去吃，想找個機會到原產地去吃。多次到懷化出差，都因接待單位有統一安排，沒能單獨行動，也沒吃到懷化的芷江鴨。這次去懷化參加筆會，出發前給在懷化工作多年的陳永奮兄打了個電話，他要我開完筆會，在懷化逗留兩天，陪我看看懷化山水，兄弟好好敘敘舊。他還告訴我，他在懷化尋得一處做特級芷江鴨的飯店，到時候在那裏給我接風洗塵。

芷江鴨又名紫薑鴨、仔薑鴨，是湘西芷江、懷化、沅陵等地的飲食特產。歷史悠久，風味獨特，數百年來經久不衰，為宴會傳統菜肴，也是懷化人款待外客最好的主打菜。

沅江潕水一帶，盛產水鴨，以穀糠養的麻鴨為主。芷江民謠云：「桂花飄香石榴紅，八月十五殺鴨公，鴨頭鴨腳老闆吃，翼翅膀膀待長工。」芷江食鴨文化繁榮昌盛，獨具匠心。吃鴨注重鴨翅、鴨頭、鴨爪三樣，俗稱飛叫跳，並稱桌上三傑，用於款待貴客和至親。從元代開始，芷江人在中秋節、重陽節必吃炒鴨，並將做熟的鴨製品贈送給親朋好友。

芷江晚春四月，河水慢慢轉暖，養鴨人才會出現。鄉村集鎮，雛鴨上市，商販挑著剛孵出的小鴨，穿街走巷叫賣。鴨農選好鴨苗，開始了一年的牧鴨生活，他們扛著長竹篙，漫步於田野和河灘，風餐露宿，日曬雨淋，終日與鴨相伴。農曆七月，早稻收購完後，鴨農將鴨趕入稻田，撿拾散落的穀粒，鴨子長得飛快。臨近中秋，仔鴨一斤出頭，母鴨還沒開叫，公鴨羽毛未豐，正是理想的仔鴨。鴨農將仔鴨用稻草捆綁，運到集鎮販賣，農民買去過節。

芷江人除了喜歡吃仔鴨，還喜歡吃成年鴨婆子，兩年左右的鴨婆子淨重兩斤半左右，不超過三斤。芷江人做鴨利用秋冬兩季的氣溫差異和芷草香料，做出無法模仿的特色芷江鴨。芷江秋冬季節，當地氣溫、濕度、風速與鄰縣不同，野生芷草非常茂盛，泛發著奇異的芳香。

芷江人殺鴨，習慣保留鴨血。鴨子殺死後，先砍下鴨腳，清洗乾淨，不用開水燙，並保留鴨腳外皮。再用開水燙鴨，拔淨鴨毛，清洗鴨身，剖開前胸，取出內臟，摘下鴨肝，用水沖洗乾淨，鴨身切成一寸方塊的肉塊。加些五花肉，切成五分方塊。配料生薑、紅辣椒切塊，大蔥分根，打成繩結。先炒鴨腳、鴨頭及內臟，爆酥後。鴨塊、五花肉下鍋，用茶油爆炒，炒乾水分，到金黃色。加入鴨血，翻炒成板栗色。放肉湯用小火煨，鴨肉酥爛，再加米酒爆炒，撒鹽，直到香味飄逸。加鮮紅辣椒、桂皮、薑片、醬油、甜醬，煨出薑香，放味精。快出鍋前，加牛角蔥，稍煮。芷江人燒鴨，有四大將軍：芷薑、大蔥、紅椒、花椒，花椒主麻，紅椒施辣，芷薑去膻，大蔥生香；芷薑金黃，大椒通紅，大蔥鮮綠，花椒晶亮，四物搭配，非常鮮艷。

民間傳說，乾隆南巡，途經沅洲府（芷江），有人正在做芷江鴨，他聞得香味，十分醒神，順著氣味找去，食後大悅，稱為天下佳餚，並定為貢品，從此廣為流傳。清代西湖制台魏武莊，調往雲貴任職，途經沅洲，品嚐了三癩子的炒芷江鴨，大加讚賞，並確定了芷江鴨的香酥脆辣四大特點，其鮮味醇香、油而不膩的口感流傳至今。

我開完筆會，在懷化逗留了兩天才回長沙。第一晚，陳永奮兄用芷江鴨招待我。看到端上來的芷江鴨，條塊整齊，油澤光亮，鴨肉澄黃，非常耀眼。我忍不住就動起筷子，先夾了根翅膀，香味飄蕩，皮色鮮豔，輕輕咬了一口，皮酥肉爽，肉嫩可口。我調動了口腔的全部味覺器官，品味鴨翅，味道極鮮，香酥脆辣，油而不膩，口感獨特，吃後回味，口吐香氣。我一連吃了好幾塊鴨肉，都停不住口，陳看了竊笑。至今回味，都是絕品。

陳永奮兄告訴我，他在懷化工作幾年，常與同事到芷江縣來尋找正宗的芷江鴨館，吃過不下百次，最後確定還是現在吃的這家最正宗。飯後，我們又在賓館裏談了一些芷江鴨的傳說和故事，才散去。

沅陵曬蘭肉

說到沅陵，那是沈從文筆下的辰州和進入湘西的要道，也是他的第二故鄉。一九三三年，沈從文同兄弟姊妹五人商定在沅陵新建一棟住房，取名芸廬，由他出資，請哥哥沈岳霖監修，作為母親安度晚年和兄弟姊妹集會之所。沈從文的《邊城》、《湘西》、《湘行散記》都寫到了沅陵。一九三七年，沈從文偕夫人孩子返回湘西，居住在沅陵的芸廬，創作了一部散文集《湘西》，有〈沅陵的人〉等篇章。

沅陵古稱辰州，位於湖南西北部，沅水中游，東臨桃源、安化，南接溆浦、辰溪，西連古丈、瀘溪，北結張家界，素有湘西門戶之稱。沅水由西南入境，向東注入洞庭湖，橫貫沅陵縣城，分成南北兩部分。

沅水是湖南四水之一，流經會同、洪江、中方、溆浦、辰溪、瀘溪、沅陵、桃源、常德，至德山注入洞庭湖，全程五百六十八公里，辰州是沅水邊的驛站和客旅的駐地。流經辰州的另外一條河叫酉水，貫穿龍山、保靖、永順、古丈，在沅陵溪子口注入沅水。酉水幹流在湘西境內流程一百四十六公里，花垣河、猛洞河是其支流，是湘西物資流通、旅客往來的交通要道，沿河碼頭甚眾，名鎮繁多。

沅陵秦置黔中郡，為郡治。漢高祖五年（前二〇二年）置沅陵縣，秦漢以後，沅陵為州、路、府、道、省府、行署、專署治所。沅陵先民過著漁獵、農耕繁衍生息，生豬餵養異常時興。沅陵大合坪的黑山豬與新晃的涼傘豬、溆浦的龍潭豬並稱懷化三大名豬。大合坪黑山豬適宜於山區飼養，體質結實，背腰平直，腹不拖地，四肢健壯，適應性強，耐粗放飼養，肥育豬屠宰率高，脂肪沉積能力強，肉嫩味香。

沅陵男人就著沅水，多靠水吃水，以放排謀生，每年春汛之後，就漂泊在水上，風裏來浪裏去，出門在外十天半月泡在水裏，生活極其艱苦。他們的女人除了勞做家務和種地，心裏總是惦記著自己的男人。女人每天尋思著想給自己的男人帶點自己做的食物在路上充飢。放排的日子，男人長期漂泊不定，木排潮濕，天氣炎熱，食物容易腐爛。船工的妻子想出了一個絕妙的辦法，將瘦肉切成薄片，用鹽與米酒醃製，用竹籃掛在船沿上晾乾，瘦肉逐漸變成棕紅色，甚是好看，很有食欲。船工漂泊一天，想補充食物，從籃子裏取出一塊，切成肉絲，可以炒辣椒下飯，味道鮮美，香甜可口。

每當男人出門放排，撐船，女人追在後面，依依不捨，最後分手的時候，給男人遞上滿滿一籃曬蘭肉，不斷囑咐丈夫多吃點肉，撐排有力氣些，再叮囑男人早日回家，別忘了她。男人為了讓妻子放心，把籃子掛在船沿上，即可以曬乾肉條，也可以提醒男人睹物思妻，排到目的地，少留戀花花世界。肉越吃越少，籃子裏的思念越來越多，到目的地只剩下空空的籃子和思念。男人覺得曬籃子太土，改成曬蘭，把雅號送給自己的女人。

辰州群峰競秀，積翠凝藍，香草山花，隨手可拾。官莊的山頭一個接一個，負荷的女子遊走在山間，胸口和褲邊繡著的扣花，那是思念男人的油燈下產出的情花。北岸向南望，河邊山峰連綿，群峰羅列，煙雲變幻，積翠堆藍。河中船隻搖櫓搖曳，木筏舉橈激水，小船競渡。

柳林岔風景極美，懸岩峭壁上只有一條寡婦踩出的山徑，她二十年如一日的虔誠，未能感化和尚的修行，兒子恐怕母親年老眼花一不小心墜入河中，在臨河懸岩上開闢一條小路，搭一條鐵鏈。後來，逆水上行的船工發現了這條小路，常攀著鐵鏈負繖而行。

沅陵下行三十里，沅水波浪滔天，險灘連接不斷，有白溶灘、九溪灘、横石灘、青浪灘等，其中青浪灘最長，石頭最多，水流最猛。順流下行四十里，二十分鐘即過，上行得一整天。多少船隻、木排在清浪灘被打爛，多少湘西男子在此葬身魚腹。船工的妻子希望男人平安歸來，長期養著大合坪黑山豬。每到年底，宰完年豬，女人把肥膘熬成油，瘦肉切成薄片，經食鹽香料浸泡，用竹籃掛在船篷上曬乾。

曬蘭取大合坪黑山豬的後腿肉，去除肉皮，刮掉脂肪，剔掉骨頭，抽掉筋絡，用自製的米酒、白糖、鹽、花椒、硝抹勻，在陶缸裏醃三四小時，取出用無煙木炭薰烤，肉片完全乾燥、直立不彎、呈棕紅色，即生曬蘭。放入油鍋裏炸成金黃色，便是熟曬蘭。女人把後腿破片，需要細心和刀工，肉片不超過半釐米，均勻平整。誰家女人賢慧能幹，就比誰家的曬蘭長，成了女人家務的象徵。

曬蘭煮熟即可食用，或切成細條，配以大蒜、香蔥燴製，口味香甜，鹹辣兼併，別具一格，餘味無窮。吃起來鹹中帶甜，鮮香可口。野芹炒曬蘭，芳香撲鼻，更具沅陵特色，口感香甜，嚼勁十足，別具風味，佐餐下酒，非常有味。

臨湘十三村醬菜

陽春三月，我與友人一起前往臨湘看黃蓋湖，瞭解它的草長鶯飛、碧海長空。

臨湘位於湘北邊陲，北臨長江，西近洞庭，乃鄂入湘的咽喉，兵家必爭之地。夏商屬荊州，春秋屬楚國，宋淳化五年（九九四年）建王朝縣，至道二年改臨湘縣。地勢南高北低，東南群峰起伏，中部丘崗連綿，西北平疇廣闊。河流眾多，其桃林河、坦渡河、源潭河蜿蜒北流注入長江。臨湘與湖北赤壁、通城、監利、通山、崇陽、洪湖、江西修水等九個縣市接壤。長江水道依境而下，清末沿長江有儒溪、新洲腦、葉家墩等十八處渡口。

黃蓋湖是古洞庭湖雲夢澤的一部分，位於湖南、湖北兩省交界處長江中游南岸，臨湘市東北角，地處長江之濱，西、南岸近三分之二區域屬臨湘市，北、東岸三分之一區域屬赤壁市。二〇七年，東吳水軍主將在此練兵，原名太平湖。赤壁之戰後，孫權論功行賞，賜給黃蓋，改名黃蓋湖。一九五九年，建立湖南省國營黃蓋湖農場，屬岳陽市直轄，後改制為黃蓋鎮，屬臨湘市管轄。大批長沙、衡陽的知識青年到此開墾、種植，經過四十餘年的圍湖墾植，建設成為基礎設施完好、水陸交通便利的魚米之鄉。到處是柳岸芳堤、漁舟唱晚、稻蓮飄香。

我們從三國古戰場赤壁往西，穿過群山，曠野之外是一片水澤，那就是我們此行目的地黃蓋湖。遠望山青水秀，波起浪湧，鷗鳥淩空，景色秀麗。三國東吳大將黃蓋屯兵於此，湖泊浩渺，湖垸眾多，黃蓋兵營以村為建制，共分十三個村莊。戰時士兵行軍打仗，閒時士兵開荒種地，種植了大量湖區蔬菜。黃軍用當地土著人所傳秘法醃製蔬菜，用土罈裝好黃泥密封，埋於湖畔，四十九天後取出，色澤鮮亮，香氣四溢，口舌生津，味道醇美。火燒赤壁，黃蓋獻苦肉計受棍傷食欲不振，軍士奉以醬菜，胃口大開，每日用醬菜下飯，很快恢復身體，體格強健，大敗曹軍。一日，諸葛亮攜魯肅慰勞黃蓋，黃蓋取兵營十三村醬菜待客，亮嚐後讚道：「久食龍肝不知味，饞涎只有十三村。」孫權獎勵黃蓋戰功，將下雋縣賜為黃蓋封地，並命名十三村周圍的湖泊為黃蓋湖。從此，十三村醬菜成為皇家御用貢品，並有人評價「北有六必居、南有十三村」。十三村醬菜品種繁多，有八味豆豉、鄉里豆瓣醬、紅油榨菜絲、精製剁辣椒、香辣腐乳、五香醬乾、香辣蘿蔔條等。

我們在黃蓋湖畔漫遊，尋找春天的氣色，也在尋找黃蓋湖的文化底蘊和特色醬菜。我們此行的目的還有一個，就是去體驗十三村醬菜的味道。我是一個美食尋訪者，與我隨行之人多少也沾染了我的惡習。

大約中午時分，打前站的兄弟來電話，要我們往前再走幾百米，有家農家樂，哪裏有我們尋找的十三村醬菜。大家風風火火趕到農家樂，店主已經擺上了飯菜，十三村醬菜也端上來，我們一陣風捲殘雲，只覺得醬菜爽口，沒有仔細體會。飯菜下嚥之後，閒下來喝茶，在與店老闆閒談中瞭解到：十三村醬菜主要在端午節後出現，端午節吃醬菜作為對黃蓋的紀念。

臨湘端午有包粽子、吃鹹蛋、抹雄黃、看龍舟、掛香袋、洗藥澡的習慣，其中鹹蛋是十三村醬菜系列之一。煮粽子的時候，在鍋裏放些鹹鴨蛋一起煮，吃飽蘸糖的粽子，再吃鹹鴨蛋壓頂，夏天就不生瘡。鹹鴨蛋曬會正午太陽再吃，夏天就不再頭痛。店主給我們每人送來一個鹹鴨蛋，我仔細品味著，蛋體細嫩，蛋黃朱砂，油汁四溢，清香味美，口感獨特，回味無窮。

我們在回長沙的時候，我特意返回農家樂買了二十個鹹鴨蛋和幾樣蔬菜類醬菜，帶回家給妻子品嚐。

莊埠芋頭

芋頭名青芋或芋艿，原產印度，秦漢時期引進中國，多在珠江流域、長江流域栽培種植。芋頭分紅芋、白芋、九頭芋、檳榔芋（荔浦芋）等品種。湘南盛產檳榔芋，因煮熟時彌漫著芳香，又名香芋；湘中、湘北一帶盛產白芋、紅芋為主，泥土氣息比較重。

芋頭在現代食譜中不是很普及的美食，只能做土特產推薦給消費者，多做排骨芋頭。最有名的芋頭，說起來應該數揚名天下的荔浦芋頭，因為電視劇《宰相劉羅鍋》的熱播，成為人人知曉的貢芋。據我所知，世間還有一種貢芋，生長在湖南境內，叫做莊埠芋頭，卻無人知曉。

莊埠是湖南省醴陵市黃沙鄉的一個小村莊，方圓不到兩三里，種的芋頭與普通的紅芋、白芋沒有兩樣，個小橢圓，大如雞蛋，香酥易熟。只是因為莊埠村的水土關係，在一個不足三百畝的地方，種出來的芋頭比其他地方的芋頭好吃，從此就以莊埠這個地名命名芋頭，叫莊埠芋頭。

我認識莊埠芋頭，是醴陵的一位朋友李陵介紹，才有所瞭解。

醴陵市在湖南東部，羅霄山脈北段西沿，湘江支流淥水流域。東接萍鄉，西臨株洲，北連瀏陽，南接攸縣，以丘陵山地為主，陶瓷、鞭炮煙花聞名於世。

醴陵有近兩千年的歷史，古屬長沙郡臨湘縣，東漢初年置醴陵縣。黃沙鄉位於醴陵東北部，地形狹長，北高南低。澄潭江和萍水從東北方向流入，在東部匯合成淥水。土質為河流沖積土壤，疏鬆肥沃，白天乾爽，夜晚回潮，適宜芋頭生長。

李陵是醴陵市的一位鄉土作家，從事廚師職業，業餘時間碼字。他的文字多以醴陵的美食為主，挖掘醴陵的飲食文化。自網路上相識之後，常交流美食心得，多次給我推薦醴陵的鄉土美食。正逢妻子的同學周群家居醴陵，有一次到醴陵拜訪周群時，我們順便去李陵家。李陵知道我到了醴陵，把親戚贈送的莊埠芋頭留下來，等我去品嚐。

在醴陵，芋頭的吃法很多，酒席上流行的是羊肉燉芋頭，其次是紅燒芋頭、排骨芋頭、剁椒芋頭等，家庭生活中最普通的芋頭吃法是水煮芋頭。李陵為了保持莊埠芋頭的原質原味，建議我們水煮著吃。我對美食，不再是品味它的輔料滋味，還是有意嘗試它的原味和本味，欣然同意了李陵的建議。

莊埠村自明朝中葉以來就開始栽培芋頭，在漫長的摸索中才找到適宜芋頭生長的土地，直到清代，才為其定名莊埠芋頭，並受到皇室的親昵。現有的莊埠村，大量開發芋頭的種植，每年有八百畝土地種植芋頭，而正宗地道的莊埠芋頭只有兩百多畝，其他是徒有虛名。

莊埠芋頭品質優良、柔軟爽口、香氣濃郁、富涵澱粉、個似湯圓、易蒸煮。作菜蔬吃時，芋頭沉浮於湯汁中，軟滑可口，甜而不膩。更多是用清水燉煮，剝去皮直接送往嘴裏，熱熱的，香氣直沖臟腑，入口只覺滿嘴芋頭滾動，稍嚼即化。

那天，李陵沒有主廚，由其妻子操勺。芋頭洗淨後，切成薄片，加油稍炒幾滾，就用清水燉，二十多分鐘後，芋頭煮熟，盛碗上桌，湯汁清澈，芋頭每片完整無缺，筷子夾去，柔軟光滑異常，進入口裏，甜甜的帶著粉末顆粒，自然散發一股清香，稍嚼幾下，迅速滑入喉嚨。

我們邊吃邊閒聊莊埠芋頭的好處，李陵給我介紹了莊埠芋頭的五怪：一是芋子芋娘一個味；二是芋頭發爛不連累其他地方，煮熟剝皮猶如揭去一個疤；三是湯水不渾，湯色明釅；四是無法輪作，第二年換地才能種；五是只有不足三百畝土地可以保證莊埠芋頭的味道，周邊地方口味明顯變差。

那次正逢秋季，也是芋頭收割的時候，我與妻子在周群的陪同下去了莊埠村。我們站在田壟上，看著農民挖掘芋頭。挖完芋頭，農民把芋葉柄收集起來，去除葉子拿回家去。一問才知道，農民把芋頭柄收集起來，撕去表皮和脈絡，曬成半乾，加剁辣椒、鹽等，拌勻，儲存到罎子裏，做成芋頭醃菜。吃時細嫩無比，清香飄逸。

鐸山牛席

湖南婁底市冷水江與漣源交界的鐸山鎮花橋村，沿公路兩側有三四十家牛全席餐館和二三十家宰牛鋪，生意火爆，客旅不斷，全為吃頓鐸山牛全席而來。我每次從長沙回新化老家或從老家新化回長沙，都會在鐸山鎮停留幾個小時，會見朋友、親戚，在花橋村的餐館飽餐一頓牛全席，才願意離去。

鐸山鎮是冷水江市的東大門，地處冷水江、婁底、邵陽「銀三角」地帶，是進入古梅山的要衝之地。

與鐸山牛全席齊名的還有一山之隔的坪上牛席。鐸山與坪上原本是一個鎮，都屬新化縣，後來因為冷水江、新邵從新化劃出部分地方成立新的行政區域，就分屬現在的婁底和邵陽兩個市。鐸山牛全席有一條街，一字兒排開，很是壯觀。家家戶戶門前都掛著一條宰殺了的整牛，客人想吃哪裏就點哪裏，可以從牛頭吃到牛尾，很是過癮，讓食客留戀。鐸山牛全席因為特別的味道，在婁底、新化、漣源一帶很有名，凡經過鐸山花橋一帶的旅客，都要一飽口福，吃了牛全席才願意走。鐸山牛全席的廚師，都是當地農戶的家庭主婦，她們用牛身上的各種器官、內臟做菜，每道菜與牛有關，被南來北往的客商美其名曰叫牛全席，廣為流傳。

鏵山牛全席的牛，全部是本地梅山黃牛，當地人叫黃牯，又名湘西黃牛，性情溫馴，肌肉發達，骨骼結實，胸部寬廣，背腰平直，腰臀健壯，四肢筋腱、強壯有力，善登山爬坡，步態穩健，行動靈敏，肉質優良、脂肪較少，是非常理想的肉牛來源。當地人吃牛肉，不吃飼養的肉牛，他們習慣吃勞作、耕種兩三年的耕牛，這樣的牛肉才有嚼勁。

花橋曾屬古梅山中心地帶，南宋景炎二年（一二七七年）三月，梅山新化人張虎起兵抗元，統率梅山騎兵長驅直入，一舉收復新化、安化、益陽、寧鄉等縣，後遭元兵殘酷鎮壓，張虎兵敗被俘，寧死不屈。元人防梅山騎兵東山再起，在鏵山花橋一帶大肆宰殺戰馬，殺完戰馬，接著宰殺耕牛。有詩云：「橋頭屠擔橫陳，塵垢牛糞滿地。屠牛村夫，汗流浹背。」當地人繼承了殺牛的習俗，一直流傳至今。

花橋牛全席，講究食材新鮮，用料現宰現烹。廚師刀法過硬，對料下刀，準確無誤，並且刀工超群，切片薄如紙。廚師習慣大灶大火，用烈火烹油，她們眼疾手快，掌握火候。牛全席配以本地山胡椒油和自家曬乾的乾紅椒和白辣椒，辣味十足。我吃過的牛全席，主要菜品有牛腦髓、牛鼻子、酸辣牛百葉、鐵板牛排、小炒黃牛肉、牛雜火鍋、三合湯、爆花筋、煲牛鞭、牛肚、牛肝、牛心、牛腰、牛腸、牛血、牛黃喉等，樣樣精緻，款款各異。

牛全席鮮嫩酸辣、風味獨特，體現了梅山飲食文化的精髓，款款辣勁十足，盤盤紅豔鮮亮，色香味型器俱全，食客百食不厭。我習慣以新化水酒助興，喝點新化水酒，吃著辣霍霍的牛席，細嚼慢嚥，品味其中味道。吃完，唇齒留芳，耐人回味。

我吃飽喝足，辣得大汗淋漓之後，全身舒服通暢，可以到花橋村路邊看看田園風光。也可以順便看看庖丁解牛的現場，雖然場面血淋可怕，還是讓人大開眼界，他們從宰殺到肢解完一條整牛，大約一個小時。屠夫拿著尖刀，可以游刃有餘，骨頭剔得乾乾淨淨，牛身上沒有任何東西可以浪費，連內臟、下水都成了牛全席上的美味。

剁辣椒

辣椒原產於中南美洲熱帶地區，是印第安人的調味品。一四九三年傳入歐洲，十六世紀末作為花卉引入中國。明代戲劇家、飲食學者高濂《遵生八箋》有辣椒進入中國的記載：「番椒叢生，白花，果儼似禿筆頭，味辣色紅，甚可觀。」

辣椒傳入中國，有兩條最直接的途徑：一是經過麻六甲海峽進入南中國，在雲貴、兩廣一帶種植；一是沿著古絲綢之路從西伯利亞進入甘陝地區，在我國西北栽培，形成南北兩種耆辣風格。最先食用辣椒的是貴州及其相鄰地區，清代康熙年間，辣椒曾在貴州土苗地區用以代替鹽巴，送吃食物。乾隆年間，貴州、雲南鎮雄和湖南辰州開始大量種植、食用辣椒，形成最早的中國辣椒帶。湖南一江一湖四水，水患災害頻繁，氣候潮濕寒曲，冬天濕冷、夏天炎熱，引進的辣椒具有驅風散寒、通經活血、開胃健胃、抑菌止癢、防腐驅蟲的作用，對傷風感冒、脾胃受寒、關節疼痛、腳手凍傷等有療效，受到湖南人們的歡迎。

湖南人最普及的辣椒加工製品是剁辣椒，紅豔豔的辣椒碎末，很是耀人可愛、嘴饞。經過加工後的剁辣椒，最大限度地保留了鮮椒的鮮、香、脆、辣等原始口感，在醃製過程中又去除了生澀味和生青氣，增添了部分微酸，滲透出甜的口味和糖分，適宜我們直接食用或者添加到其他菜肴中。湖南人的剁辣椒，喜歡叫剁辣子、罎子辣椒。因為收藏久，或者水分少的緣故，辣椒顏色暗紅，口感不酸。剁辣椒的加工簡便，家家戶戶都可以生產，人民選擇辣味濃重、乾物質較多的鮮紅辣椒，去除雜物，剪除辣椒蒂，洗淨、晾乾，剁成碎片，加少許精鹽或白酒攪拌均勻，裝罎密封，一個月後剁辣椒已成，即可食用。

湖南人做剁辣椒很講究季節和天氣，在酷暑的盛夏，很少有家庭去做剁辣椒，因為氣溫過高，剁爛的辣椒容易腐爛。盛夏也是湖南人曬白辣椒、辣椒皮的季節，只要辣椒長大就摘了，根本無法等到它變紅。秋風起時，氣溫降低，天氣開始涼爽，滿山遍野紅豔豔的辣椒已經無法再去曬白辣椒，也無法吃完，還要趁著秋收季節搶收，儲存起來準備冬天食用。人們選擇最辣的羊角椒，摘下來去蒂，加生薑、大蒜在案板上或者木桶、木盆裏剁碎或切成碎末，剁得越均勻越好，然後按一斤辣椒一兩鹽的比例，加少許米酒，醃製在陶瓷罎子裏。罎口有水槽，扣上蓋，放冷水，剁辣椒完全隔絕空氣，辣椒不會腐爛，進行自然發酵。做好的剁辣椒放置在蔭涼的地方，發酵後的剁辣椒微酸，辣味柔和，吃起來爽口微甜，很清脆，很有口感。

湖南人做剁辣椒，是湖湘大地上鄉村的一處致景。秋風吹乾了辣椒樹的葉子，飄落在地，房前屋後全曬滿了紅火火的辣椒，堂客們停下手頭的其他工作，開始一年中最特別的剁辣椒加工，他們把辣椒蒂摘下，洗淨辣椒的泥土，涼乾水分，便開始剁，只聽到菜刀剁在案板上和木桶裏的砰噠砰噠的聲音，此起彼伏的砰噠聲連成一片，既有節奏感又有伴奏音，還夾雜著連續不斷的嘖噓聲，極其活躍，有收穫的快感。常用的剁辣椒木盆，只有臉盆大小，邊沿卻要深一倍，木盆太大，剁碎的辣椒四處亂滾，碎末飛濺，剁時無法集攏；木盆太小剁起來不受力，效率很低。堂客們彎著腰用菜刀剁辣椒，非常費勁，並且腰酸背痛，他們改用剁鏟或者紅薯鏟，在鐵鏟上裝一個米多長的木柄，握住鏟柄直往下剁，既省心又省力，速度也快。有些人怕把木盆剁壞，習慣在木盆上放一塊菜板墊底，真正的剁辣椒高手，是不在木盆裏加菜板的，她會根據辣椒的厚度去用力，下鏟速度快，落鏟時用力重，收鏟時輕輕帶起，這樣辣椒都剁碎了，木盆卻毫無損傷。辣椒不能剁得太粗，也不能剁得太碎，一般零點五公分左右，容易發酵，吃起來更有口感。

在湘西山區，還有一種很特別的剁辣椒，叫酸剁辣椒。湘西山區是苗族、侗族、土家族比較多的聚居區，他們習慣吃酸食，有「無酸不入口」的愛好。湘西鳳凰做剁辣椒，就是酸剁辣椒，原料用本地辣椒，比菜辣椒辣味濃重，味辣而鮮鹹，口感偏重。如果秋季在鳳凰旅遊，清晨或傍晚聽到沱江邊的砰嗟聲，那是居民家裏在剁辣椒，他們家家都會醃剁辣椒，而鳳凰剁辣椒醃製的最佳時期是暑假過後，通常每家都會醃一大罎子剁辣椒，他們可以吃上一年。

剁辣椒可以炒酸辣土豆絲、白菜梗，長沙最有名的剁辣椒菜有剁辣椒炒黃牙白，湘中有剁辣椒炒牙白等，酸辣爽口，開胃下飯；也可以用來炒肉、雞雜、豬腸、豬肝等，配上芹菜，又不膩人，辣味也適中。

山胡椒

山胡椒是梅山人最親密的調味品，每家每戶都離不開它的味道和刺激。山胡椒樹在梅山的山野裏最常見，是砍柴、燒火的好雜木。在經過刀耕火種的熟地上，荒蕪幾年後，山胡椒樹長得最快，幾年下來就可以開花結子，也可以做柴火之用。

在梅山深處的新化、安化交界的大山裏，人們迷信山胡椒，更迷戀山胡椒油的氣味和味道，沒有山胡椒油的菜，他們吃著不香。山胡椒純屬野生，沒人種植和栽培，靠自然的力量讓它開花結果，讓它繁殖、生長。

每年夏天，大山裏枝繁葉茂，山胡椒子掛滿枝頭，從樹葉縫裏露出臉兒，尋找它的主人。勞作在大山中的梅山人們，到了農曆六月間，開始注意路邊的山胡椒樹，記下長滿山胡椒子的山胡椒樹。等到農曆七月初七，山民派家裏善於攀爬的孩子去採摘山胡椒子，作為一年之用。

農曆七月七日，是梅山女人的七夕。梅山的女人，在孩子小的時候，就要講七夕牛郎會織女的故事。七夕那天，女人告訴孩子，今天看不到喜鵲，給牛郎織女搭橋去了。梅山婦女，七夕的清晨就開始忙活開了，清早第一件事是洗漱，最主要的是用稻草灰沖水洗頭髮。整理完家務，女人換一套嶄新的衣裳，打扮得像新娘子一樣，等待愛人的誇獎。

梅山七夕，每年都是豔陽高照，從沒有天陰和下雨的時候。因此，梅山女人要在七夕裏曬自己的衣裳，把一年裏的衣裳全部搬出來，曬在穀坪裏或者欄杆上，花花綠綠掛滿屋前房後，非常耀眼迷人。勤快的女人，連家裏的被子、鞋子都要拿出來曬一遍。這天，女人只要曬衣裳，不要幹其他的農活。據說，七夕曬過的衣服，再也不會生黴長蟲。

採摘山胡椒，梅山人很講究，太陽出來後，向陽坡的山胡椒樹呈現在陽光底下。等太陽把樹葉上的露珠曬乾，再連枝帶葉採下山胡椒子密集的樹枝，不丟地上也不碰露水，直接連枝帶葉背回家。放在篩子裏，摘下山胡椒子。山胡椒子一般幾粒結在一起，蒂、柄與枝相連，為了保持山胡椒子的漿汁，連柄帶蒂摘下，在七夕的陽光下暴曬一天，青色的山胡椒子就曬乾了，變成漆黑色，表皮皺紋累累，蒂、柄脫落，用紙包起山胡椒子，藏於陰涼處，等候待用。

山胡椒子常常出現在梅山人的餐桌上，並且廣泛使用，有祛毒、祛風濕、調味等作用。梅山人喜歡吃葷腥食物，對牛羊肉趨之若鶩。凡是有腥膻味的菜肴，梅山人都放山胡椒子來祛膻味。梅山菜肴，山胡椒起到絕配作用的是與牛、羊肉及牛羊雜碎結合，山胡椒子完全改變牛羊肉原有的腥膻味，顯露山胡椒的本色和香醇。

梅山深處，高山峻嶺，溪流交錯，到處上坡下垓，多以耕種為業。梅山人喜歡養牛羊興家，牛用於耕種，梅山人對牛特別器重和崇拜，不敢有絲毫怠慢。冬天，農家煮穀子、打冬茅餵耕牛，牛養得胖墩墩，長膘肥體。羊在山野裏便於放養，繁殖快，冬天可以溫胃暖身，也可以賣錢。

梅山的嚴寒過後，山野春暖花開，青草漫山遍野，貓了一冬的耕牛和羊看到翠綠的青草，饞死了，一個勁的飽吃貪啃。開春季節，春雨綿綿，四處露水，山坡溜滑，一不小心，牛羊就會跌下山崖，摔死跌傷，一般很難醫治，只好賤賣或者殺肉。稍微暖和，山花爛漫，梅山恐懼的牛瘟開始，蔓延迅速，獸醫無法治療這種奇怪的青草病，牛羊只好等死挨刀。

梅山人們，多為山野之人，很難吃到葷腥。摔死、發瘟的牛羊，無法賣掉，只好自家端上餐桌，填飽肚子。梅山人春天不吃牛羊肉，怕發青草毒。唯一可以祛青草毒的是山胡椒子，特別是七夕採摘的山胡椒子可以祛百毒，成了梅山人的救星。梅山人把牛羊肉切成大塊，猛火煮開，溫火燉熟，加入山胡椒子和薑，慢慢熬。做菜的時候，再猛火煮開，改刀切片，配辣椒等共炒。這樣的牛羊肉，沒有疾病傳播，人們可以放心食用。

一九五七年，中國大煉鋼鐵，梅山深處的圳上鎮托山村，村民沒有找到鐵礦和廢鐵，無法煉鋼。幾個農民發現山胡椒子可以煉油，清澈透明，像傳說中的飛機油。他們把成熟的山胡椒子摘來，採用蒸餾的方法提煉山胡椒油，並用小瓶裝好儲存，成為附近農民的搶手貨和必備品。人們做牛羊肉，只要放一兩滴山胡椒油就可以調味。

山胡椒油從此在梅山人中傳播開來，成為神奇藥水，也成為新化八大碗的必備調味品。

新化酒蒜花

新化有種美食，平常時節很少見，過年才把它端上餐桌——酒蒜花。

新化糯米優質，蒸出的水酒也非常有名，酒蒜花是其副產品。

新化峰陡溪險，交通不便，飲食保留原始、古樸的風格。其中飲酒習俗繁多，節日或喜慶的日子，人們間喜歡勸酒、敬酒。新化屬古梅山，苗瑤與漢族雜居，喜辣好酸食雜味濃，有十葷十素十飲，水酒是其主要飲品之一。

酒蒜花是種調味品，也是一道名菜，現在漸漸在農村消失，以可樂或雪碧代替了它的功能。

我喜歡吃酒蒜花，更喜歡它的甜膩回味。每年回家過春節，父母都知道我喜歡吃酒蒜花，必給我做一碗備著。春節，家家戶戶是大魚大肉，到親戚家拜年，長輩都喜歡給我夾菜，按規矩是不能退回菜碗裏的，只好硬著頭皮吃。還有，比我稍大點的兄長或表姐，知道我以前愛吃肥肉，就會給我敬肥肉，或者把碗裏的肥肉幾姊妹分掉，每人吃幾塊。吃完一頓飯，我已經油膩不堪，胃裏翻江倒海，心中膩性無比，身體極不舒服。只要有酒蒜花，我吃上兩口，嘴裏馬上回過味來，油膩就淡下去了。

新化水酒多用酒藥子釀造，酒由甜酒即酒釀轉化成水酒。新化生產優質糯米，先把糯穀碾皮，去穀芽，篩除碎米，浸泡一夜瀝乾水分，用木蒸籠把糯米蒸熟蒸透，播散冷卻。酒藥子研磨成粉，加溫水調勻，散於糯米飯上。把糯米飯放入陶罐中，用毛巾或者土布蓋好。

蒸酒的時間一般是秋春兩季，溫度適宜。夏天氣溫太高，酒容易變酸；冬天氣溫太低，酒藥很難發酵，要用稻草或棉絮包裹，保持溫度才行，酒糟也容易變成紅色。酒按時節分重陽酒、過年酒、桃花酒等，按需求分三朝酒、結婚酒、壽酒等。水酒不上火，加黃糖可以給坐月子的婦女喝，能驅寒活血。

糯米飯加酒藥入陶罐十天，酒釀已成。開始是甜膩、稠密，具有黏性，進嘴粘唇。這只是酒釀，米粒較硬，酒度很低，慢慢的酒釀變苦，酒度升高，完全變苦後，原酒已成。加入生水，劃開酒糟，攪碎酒糟，浸泡三日，酒水融合，酒糟變軟、散開、上浮，水酒始成。

農村冬天的蔬菜只有蘿蔔、白菜，雖然收斂油脂，農村人覺得蘿蔔白菜在大過年的拿不出手，桌上擺紅薯粉絲煮碗白菜，上桌就被搶吃一空，留給我的就只有肉吃。

新化產水酒，主要在圳上鎮，方鼎英、陳正湘、羅盛教等名人都是喝水酒長大。現在，圳上鎮家家戶戶喝水酒，自家釀造。釀得最多的人家過年釀四十八罈，陶瓷酒罈擺滿一屋子；一般家庭八罈十罈很常見，十八罈算富裕家庭。

水酒好，做酒蒜花的原料才好。水酒講究酒水透明度，越透明越好，酒糟顆粒才明顯。

做酒蒜花把酒糟從酒罈中撈出，壓榨乾酒水，只留酒糟。把切好的姜米、大蒜葉、辣椒粉拌勻，淋上燒熱的植物油，加白糖、香菜、鹽、味精等拌勻，再加肉湯，拌勻，酒蒜花的製作完成。把酒蒜花放溫暖的地方儲存三天，酒蒜花開始轉味，有稍許酸味、甜味，可以吃了。慢慢的越來越酸、越來越甜，形成純正的甜酸味後就不再變味，一碗可以吃過大年。

酒蒜花甜、酸、辣、鹹多種味道綜合，每種味道都不明顯、突出，吃在嘴裏，酒糟入口即化，水汁甚多，非常解油膩味，也非常下飯。

新化過春節有個習慣，吃年飯不吃八碗菜，那叫死人飯，如果做菜時計算錯了，就用酒蒜花當碗菜，擺在桌上是九碗菜，或者揍雙數，做十碗、十二碗。

春節，我每餐吃飯，都要把酒蒜花端上桌子，吃幾口大魚大肉吃點酒蒜花，一天連吃三五餐大魚大肉都不油膩。

江華豆腐釀

到江華，有兩樣東西讓人難以忘懷：一是每餐吃飯，先要上一碗冰凍冬梨子茶，俗稱大葉茶，赤紅色，清香涼爽，可以防暑降壓；一是釀豆腐，柔嫩細滑，特別爽口，回味無窮。二〇〇八年夏天，我到瑤都江華考察旅遊，遊玩了十餘天，吃盡江華美食，記憶深刻的還是那道水豆腐丸，又名水豆腐釀。

釀是江華瑤族傳統美食裏的一個系列，有水豆腐釀、辣椒釀、苦瓜釀、螺絲釀、米豆腐釀、油炸豆腐釀、香菇釀、蒜頭釀、魔芋豆腐釀、乾筍釀、茄子釀、絲瓜釀、藕釀、冬瓜釀、南瓜花釀、牛耳菜釀、蘿蔔釀、蛋釀等，其實，在江華還有很多蔬菜都可以拿來做釀，只是這十八種是我們最常見的釀，所以江華人俗稱十八釀。釀中最有名的是江華「聖水」豆腐釀，用江華縣沱江鎮竹園寨得仙岩的「聖水」磨製的水豆腐，加肉餡做成豆腐丸，吃起來非常細嫩滑爽，其他釀的選料、製作、食用方法跟聖水豆腐釀相同，成為風味獨特的十八釀，一直在瑤族人民的飲食裏流傳。

南方的水豆腐，是種很軟嫩的食物，俗話說：豆腐掉在灰裏，吹不的、拍不得。用得仙岩的水磨製的豆腐更加軟嫩、細嫩，是城市裏吃到的水豆腐不及的。

那天，我們幾人開車去大瑤山，路上遇到大雨，山裏霧水蒸騰，拍了很多風景照片，再進山已經行走不便，打前站的同志告訴我們前面有山洪暴發，我們只好返回縣城。我本來疲憊不堪，洗完澡就上床休息了。江華的朋友陳茂智來訪，說要帶我們去吃水豆腐釀，我一下來了精神。在長沙，我早就聽說過江華的豆腐釀，今天能夠吃到，當然來勁。

水豆腐釀將精肉剁碎，以香蔥、香油、精鹽、味精等拌合做成餡，放入挖有空洞的鮮豆腐中，再貼鍋黃燜至熟而成。不同的廚師可以做出花樣繁多、秀色可餐，各具風味，味美獨特、回味無窮的豆腐釀。

據瞭解，土家族和梅州客家菜也有釀豆腐。明朝太子保兼吏兵二部尚書東閣大學士文安之到酉（土家族聚居地），宣慰使冉玉岑在土司衙用釀豆腐款待他。文嚐後誇道：「釀豆腐味美獨具，可與皇宮御宴媲美，難得！難得！」並賦詩一首：「羽翰高騫道路賒，重來應識舊煙霞，客行有句憐苔鮮，留伴春深木筆死。」一火柴盒大小的水豆腐，灌入豬肉、魚肉做成的餡，炸成金黃色，放蔥花、香油，加雞湯燜，吃時香氣四溢、入口滑爽細膩。

我們幾人開車到沱江鎮竹園寨得仙岩附近，陳茂智告訴我，吃釀豆腐就在這裏。我下車後，發現這個飯店與我所想像的距離很大，簡陋得很，門口用石棉瓦搭了一個涼棚，與農村的小商店並無二樣。老闆倒是非常熱情，把我們領到二樓選了個包廂，聽說是來吃釀豆腐的，老闆還送我們一盤釀豆腐。

菜上得很快，我才喝了一杯冬梨子茶，釀豆腐就上來了，一塊豆腐足有兩寸見方，一寸把厚。碗是我們在長沙城裏裝湯的盆，我數了一下，一盆釀豆腐才八塊，我們有六個人，每人還不到兩塊。

我首先夾了一塊大的，黃紅的湯汁漫在豆腐上，豆腐看不出被煎過的痕跡，筷子用力夾下去，豆腐出現了裂紋，卻夾不爛。我仔細看看，才發現豆腐已經被煎成一層黃色薄膜，淋過湯汁，看起來更加透明，裏面的白色更清澈。我改用勺子，挖了一塊，輕輕的吸進嘴裏，豆腐不是很燙，味道卻已經進入了豆腐深處。細嫩的豆腐，在牙齒間輕輕滑過，留下少許芳香，讓我回味。再夾少許肉餡，非常軟嫩，稍有鹹味入唇，再蘸點湯汁，更加鮮辣新香。吃完這塊大豆腐，我不敢夾第二塊，把碗裏的湯汁喝了，才知道湯汁非常的鮮美，有豆腐的清香、紅辣椒的甜味及調味品味，多種味道雜合在一起，別有一番風味。

陳茂智看到我這麼饞，給我夾了一塊，我沒有嚐到味道就讓它滑進了肚子。第二盆上來，我又吃了兩塊。當老闆來敬酒時，看到我們兩盆釀豆腐都吃完了。老闆就問：「你們這麼喜歡吃釀豆腐？」陳指著我告訴他：「這位就是長沙有名的美食家巴陵，非常喜歡你的釀豆腐，吃了四大塊。」老闆舉杯道：「既然你們欣賞我的釀豆腐，那我還給你們上兩盆。」

我吃了八塊釀豆腐，才感覺到釀豆腐真的很過癮，也從心底裏感歎豆腐太好吃。

在後面幾天的旅行中，我吃到乾筍釀、茄子釀、苦瓜釀等，對江華瑤族的十八釀有了個初體驗。

張家界三下鍋

張家界，在世人眼裏，都流連在山水風光中，很少有遊客來詢問它的飲食，等享受完山色後，才有人想到在張家界吃點什麼來安慰自己的胃。

張家界按飲食習慣劃分，與湖南的辣椒飲食有些區別，更偏向大武陵山脈的山居飲食，與渝黔鄂邊陲相似。張家界有濃厚的土家族特色，又融入湘菜的辣和土家的臘酸醃諸味，風味獨特。

土家人好辣，用辣椒開胃健脾助消化，喜歡煎辣椒、油炸辣椒、乾炒辣椒、酸辣椒、醬辣椒等食物，常在菜裏加入花椒、山胡椒等香料，增加菜的辛辣。

到張家界旅遊，看到滿大街都掛著三下鍋的牌子，卻不知是什麼東西，更沒有人把它與吃聯繫起來。作為食客和遊客的旅遊者，遊玩的目的是增長見識，看完張家界的山水，不吃三下鍋，那將只享受了張家界的一半文化，也會終生遺憾。

張家界三下鍋是張家界土家族文化的縮影，代表土家族人的風土人情，代表土家族人的家族家庭觀念，代表土家族人的飲食習慣和生活態度，想瞭解張家界、熟悉張家界，首先要熟悉土家族和三下鍋及三下鍋的深厚文化內涵。在張家界吃土家八大碗、土家十大腕，很多遊客覺得吃到了土家族菜肴的精華，這絕對沒錯。有些遊客還慶倖沒有去吃底層人民吃的三下鍋，其實土家八大碗、土家十大腕的主菜就是三下鍋，只是把它的名字改為和菜，說得非常的文雅。

在張家界，問三下鍋，無人不知無人不曉。說和菜，那是文化人的專利。

三下鍋是種方便的乾鍋，最有張家界本土特色。相傳，明朝嘉靖年間，倭寇在中國東南沿海大肆襲擾，朝廷多次派兵抗倭，都慘敗告終。尚書張經上奏朝廷，請征湘鄂西土家族士兵平倭，明世宗准奏，派經略使胡宗憲督辦此事。永定衛茅崗土司覃堯之與兒子覃承坤及桑植司向鶴峰、永順司彭翼南、容美司田世爵等奉旨率兵出征，恰好趕上年關，覃堯之深知一去難返，決定與親人過最後一個年，下令提前一天過年，用蒸甑子飯、切砣子肉、斟大碗酒做過年食物，因為時間緊促，來不及準備許多菜蔬，土司家廚把臘肉、豆腐、蘿蔔一鍋煮，做成土家族的第一碗「合菜」，後來慢慢演變成現在的三下鍋。士兵上前線後，很快打敗倭寇，收復失地，世宗親賜匾額。

現在的三下鍋選材更加廣泛，增加了張家界特有的酸蘿蔔、黴豆腐、酸菜做開胃菜，把肥腸、豬肚、牛肚、豬腳、豬頭肉等多種食材作為備選。張家界現在的三下鍋，菜品根據客人的喜好搭配，人數多，食材也多，種類不斷增加，吃起來味道非常不錯。

正宗的三下鍋在正規的酒店吃不到，只能在小店吃，才能吃出它的風味。張家界最有名的三下鍋有鳳灣橋頭的胡師傅三下鍋、鳳灣路口的軍哥腸子館、永順酸菜羊肉館、紫舞路紅旗賓館附近的李師傅脆肚店四家，天天爆滿，座無虛席。

寧鄉白辣椒

湖南人吃辣椒，把辣椒分為幾種，按顏色分為青辣椒、紅辣椒、白辣椒、朴（黃）辣椒等；按吃辣椒的地方分，湘南好吃青辣椒、長沙好吃朴辣椒、寧鄉好吃白辣椒、湘西好吃紅辣椒、湘中青紅辣椒炒在一起吃。

白辣椒在湖南辣椒中比較有特色，很多地方叫鹽辣椒，它的生產和製作在湖南也比較普及，吃的人群非常多。但是，從吃白辣椒的勢頭和每家每戶做白辣椒的數量來說，寧鄉在湖南是首屈一指的。到過寧鄉的外地人，在老百姓家裏吃過幾頓飯後，留下最深的印象就是白辣椒，又辣又有味。

寧鄉是湘中與湘北的交接處，最適宜辣椒生長，種植辣椒成了每家每戶的主要蔬菜。在農村吃辣椒，是道必不可少的下飯菜，菜越辣，吃的飯就越多。

製白辣椒，農民比較講究辣椒的品質和天氣，辣椒選擇產量最豐富的時候採摘，把長大成暗青色的老辣椒、紅辣椒、暗紅辣椒全部摘下來，挑選出紅辣椒曬乾，暗紅辣椒養在地板上，等它長紅。淥製白辣椒，農民喜歡選擇在三伏天，夏末起伏，陽光充足，氣溫特別高，連續晴朗的日子，一天不夠，還可以持續曬幾天，直到把白辣椒曬好為止。

做白辣椒，先要用清水浸泡青辣椒，一是洗乾淨青辣椒的泥土，二是泡出辣椒裏的蟲子，被咬爛的辣椒，蟲洞進水後，就會沉入水底，農民就不燙。

大鍋燒開水後，把洗乾淨的青辣椒倒在開水裏，讓辣椒滾幾滾，由青色變成熟色，再把辣椒撈出來，晾在架起的竹篾上，一個個排齊攤好。太陽曝曬後，青辣椒的顏色開始轉變，青色慢慢消失，黃色上升，辣椒的肉質慢慢變薄。曬過半天，把辣椒翻一個面，曬還是青色的一面，曬到兩面都成黃色，辣椒不再硬挺，可以放在地坪上或其他器皿裏曬，曬到純白色，辣椒肉質較薄，水分半乾，收拾起來，等待剪蒂。這時的白辣椒，還只做了一半工作。

剪辣椒是件艱苦的事。晚飯後的夏夜，家庭主婦坐在堂屋中央，面前攤開一個篾盆，壘起大堆白辣椒。女人右手持剪刀，左手拿辣椒，剪去辣椒蒂，再在辣椒屁股中間剪一刀，剪到辣椒的三分之二處，留少半連接。剪好的辣椒，放在一邊，慢慢的多起來。

剪辣椒有辣椒水，容易傷手，手上沒有老繭的人和皮膚過敏的人，剪辣椒最辛苦，往往沒剪幾個辣椒，雙手就火燎火辣，連手指骨頭都隱隱作疼。剪辣椒時，一不小心，辣椒籽或辣椒水就蹦進眼睛裏，辣得涕淚直流，哭天喊地。很多人為了保護自己的手，戴上洗衣服的橡膠手套。雖然動作慢點，卻減少了皮肉之苦。

有的人家，白辣椒做得多，罎子醃不了那麼多，把白辣椒剪成辣椒片，再曬上三兩天，白辣椒片乾脆易斷，再用大罈或塑膠袋裝起來，放在乾燥的倉庫保存。

辣椒剪開後，稍微涼乾水分，加鹽拌勻，再揉弄一番，辣椒軟嫩，裝進罎子裏，可以壓得踏實，頂上壓個稻草圈，蓋上罈蓋，密封，槽裏醃水。十天半月後，鹽浸入白辣椒裏，味道完全轉變，甜辣相隨，可以隨吃隨取。白辣椒透過燙、剪、曬、醃等工序，辣、脆、香，爽口、健胃齊全，食後讓人辛辣舒服。

做好了的白辣椒，可以炒肉、煮魚、燒雞、炒雞雜，寧鄉人主要用它炒五花肉，肉即辣又鮮，還很開胃。

寧鄉流沙河、草沖一帶，盛產花豬，有三百多年養殖史，明清成為朝廷上貢珍品。寧鄉花豬生長快、皮薄骨細肉嫩、肉質鮮美、耐粗飼、與其他種豬雜交後代優勢強、仔豬烤乳豬皮不裂等特點，用菜葉、青草、大米等綠色植物餵養。依毛色不同有烏雲蓋雪、大黑花、爛布花，依頭型差異，有獅子頭、福字頭、閹雞頭。寧鄉花豬全國各省市區都有引進，尤其以益陽、桃江、安化、漣源、湘鄉、邵陽等地引入較多。繁殖率高、早熟易肥、性情溫順，適應性強。寧鄉花豬肉細嫩鮮甜，綿軟耐嚼。

城市人吃多了飼料豬肉後，把口味放回到了花豬肉，大家更加鍾情於花豬肉，白辣椒炒肉也越來越在寧鄉周邊的城市蔓延，最受影響的是長沙，大小賓館酒店都挖掘寧鄉菜，把與白辣椒、寧鄉花豬肉有關的菜蔬全部搬上了經典餐桌。

我喜歡吃的寧鄉花豬肉炒白辣椒，不是城市餐桌上的那種，還是農家的那種。選擇寧鄉花豬的五花肉，切成一寸見方，一韲米切兩塊，把肉炒至八成熟，倒入白辣椒翻炒，炒到白辣椒泛淡白色，再加紅辣椒粉，加水煮，白辣椒的辣味全部被煮出，五花肉也完全浸泡了辣椒味，邊吃邊辣訏訏，吃得腦門冒汗，嘴裏卻津津有味。

柳葉湖的螃蟹

金秋季節，丹桂飄香，萬物熟透，正是洞庭湖吃蟹之時。

生活在農村，吃的多是毛蟹；移居城市後，聽到的多是有關吃大閘蟹的故事，陽澄湖的閘蟹成了美談。常在酒店賓館吃閘蟹，卻從沒關注過它的味道，也只偶爾吃半隻，不敢多吃，怕胃涼。醫生說我是火性身體，吃涼性的螃蟹，不會有胃病。但是每次吃了閘蟹，我都感覺很撐，胃鼓鼓的，有些難受，為了減輕胃的負荷，只好克制吃螃蟹。

前日到常德出差，聽朋友說柳葉湖的秋色迷人，想去目睹它的芳顏。正思考行程時，常德市旅遊局的朋友安排我們去柳葉湖吃晚飯，欣賞湖光秋色。

時近五點，天色有些灰度，我們坐上車，從市區向柳葉湖駛去。

柳葉湖，從字面理解，應該是垂柳飄飄。車輛駛進柳葉湖大堤，柳葉湖確實如我所想，堤岸上長著一排排綠柳，在微風中飄蕩，擺動的模樣，像少女的長髮，散發著誘人的芳香。車在堤上轉悠半天，一邊是餐館，各類招牌成景；一邊是湖面，碧波閃爍、綠樹成影。可以想像：常德人的生活是多麼奢侈，在品味美食的同時，還要體驗湖畔垂柳、曉風明月，真是既具情調又不乏浪漫。如果是蜜月新人、文士墨客，流連在這樣的美景與美食裏，一定會陶醉不知歸路。

柳葉湖總面積四十四點九六平方公里，水域面積二十一點八平方公里，為杭州西湖的三倍，集城、湖、山、洲一體，被譽為「中國城市第一湖」。

我只知道常德的缽子菜非常著名，近年來，常德人在缽子菜的基礎上，發展了飲食的功能，多吃火鍋，這也許與常德的地理位置有關，常德靠近西洞庭湖，又有澧水、沅水，水資源豐富，雖沒有長沙濕痹，除濕祛寒還是有必要。

吃蟹，文人雅士眼裏，是件很高雅的事，都非常講究。用「蟹八件」，溫一壺黃酒，配鎮江蟹醋，飲薑茶等，既風雅又有文化品位，足以引領蟹味蟹韻。

柳葉湖的湖蟹，屬人放天養，把蟹苗放入柳葉湖的大網箱，就沒人干涉它生長，直到秋天再打撈，成為餐桌上的美食。

走下車，拐進一個四合院，天色已經暗下來，無法看清周圍佈置。穿過院子，又來到一個內湖邊，有一條搭建的走廊，直伸進湖心深處。我們慢悠悠走完走廊，湖中有一亭閣。開窗迎風，欣賞晚色湖風，遠處殘荷點點。亭閣間相隔甚遠，打招呼也很難聽到。亭閣為原木所製，閣內佈置簡單，就是餐桌而已。餐桌上有一火鍋，燒得正旺，大盆螃蟹蹲坐其上，滿盆的螃蟹伸枝招展，紅豔豔的非常耀眼，誘發我的食欲。

常德旅遊局的朋友告訴我，螃蟹是柳葉湖的湖蟹。我很驚訝，城市內湖，水污染非常嚴重，根本無法養魚養蝦養蟹。看到我質疑的眼神，他告訴我：「柳葉湖的水非常清澈、乾淨，盛產兩種水產：小刁子魚，柳葉湖螃蟹。」

我讀過的史料記載：柳葉湖盛產小魚，曾有柳葉鯽做貢品送予朝廷。現在，柳葉鯽的產量非常低，柳葉湖管理處又禁止垂釣和捕撈，要吃野生柳葉鯽已經很難得。

另一個朋友告訴我，柳葉湖的螃蟹自古有名，戰國時候的宋玉，唐代的劉禹錫、李群玉，明代的江盈科等文人都吃過，還留下不少詩篇。

聽了他們的介紹，我覺得更有必要吃吃柳葉湖的螃蟹。

我夾起一隻螃蟹，才知道被切去一半，連蟹殼也沒有去掉。螃蟹的腳多，煮熟後尖銳無比，容易傷到嘴唇，只好用筷子頂掉蟹殼。先吃蟹黃，結實有韌性，像煮透了的蛋黃。再吃蟹肉，肉不多，味道非常甘甜，口感軟綿綿的，咬下去，用力吸取，蟹肉流入口裏。再吃蟹腿，咬碎外殼，後吸出腿肉，再吐掉殼。

吃完半隻，覺得柳葉湖的螃蟹味道不錯，連吃了兩三塊，還不過癮，心想吃，卻怕身體受不了，只好放棄。

吃了這頓柳葉湖螃蟹，感覺有點飽，也不覺得肚子很撐。我想了很久，才明白，柳葉湖的螃蟹是完全沒有污染的，再加上火鍋久煮熱吃，吃起來暖暖的，吃進去身體也舒服。

漢壽中華鱉

漢壽縣位於西洞庭湖濱，素有「屈原故里」、「稻作文化遺址」之稱，居沅水、澧水末端，水域廣袤，自然資源豐富，有沅水、澧水、滄水、浪水、西水等三十多條河流縱橫交織，有目平湖、太白湖、安樂湖、西腦湖、南湖、圍堤湖等七十多個湖泊星羅棋佈，水產養殖業比較發達，僅次於糧食生產，水產品生產居全省領先地位，尤以甲魚、珍珠聞名於世，傍水而生的蘆葦享譽三湘大地。

漢壽縣太白湖、西腦湖、南湖、圍堤湖等處野生鱉甚豐。

甲魚又稱鱉、團魚、腳魚。漢壽盛產甲魚，主要是中華鱉。一九七四年開始人工養殖甲魚，一九九六年成為全縣僅次於糧食生產的第二大農業項目，中華鱉內銷全國二十九個省（市、區），加工產品遠銷歐美、韓國、日本和東南亞各地。漢壽成為全國最大的甲魚種苗繁供基地和重要的商品鱉養殖基地，被命名為「中國甲魚之鄉」。一九九八年，中華鱉供過於求、外源污染、疫病流行，養殖戶成為「七虧一盈二保本」的局面。

中華鱉是種經濟價值較高的珍貴水生動物，分稚鱉、幼鱉、親鱉、商品鱉及其加工產品。中華鱉是食用珍品，有較好的滋補作用，也是城市居民的稀缺美食。在中華古籍裏，周代就有食鱉的記載。中華鱉有肉味鮮美、營養豐富、蛋白質含量高等特點，尤以裙邊更為膾炙人口。據檢測，中華鱉肉含蛋白質，還有豐富的鈣、磷、鐵、硫胺素、核黃素、尼克酸、維生素A等多種營養成分。

漢壽以東臨益陽、西靠常德、南銜桃源、北瀕洞庭，距長沙百餘公里，實為湖南水陸要衝。

我這次到漢壽，本想到西洞庭湖濕地走走，看看湖區秋色和洞庭湖的候鳥，卻因天氣不當，洞庭湖的候鳥沒有看到，在漢壽縣城吃到了一頓正宗的中華鱉宴席。在長沙餐桌上，吃過無數次甲魚，都沒有太多記憶。這次，在吃之前，朋友跟我說，我們餐桌上的甲魚，是天然放養的，稚鱉生下來三個月，長成幼鱉，再放到天然池塘養殖，直到長成商品鱉。漢壽的中華鱉，是在純種中華鱉和漢壽當地土鱉交配後產下的子一代，保持了中華鱉和野生鱉的優良特點。

我注意觀察了一下餐桌上的中華鱉，光背殼就比長沙吃的鱉大，盛在巨大的常德式土缽裏，感覺氣勢誘人，墊著高高的火鍋，升起騰騰熱氣，有股大宴風範。

中華鱉子一代的特點全部表現在裙邊，寬闊透明、堅韌厚質。我夾了一塊裙邊，均勻透明，質韌綿軟，沒有骨頭，筷子夾上去，很有糯性，涼去就粘著筷子。輕輕咬下去，比較柔軟，容易咬進去；用力，明顯感覺有些韌性；也容易咬斷裙邊，嚼碎卻稍感不易，韌性十足。細細回味，裙邊糯性、韌性、柔性齊全。

又夾了塊大背殼，切成塊的背殼，肉質和裙邊肉已經很少，細細尋找背殼的肉，肉質明顯厚些，背殼容易咬乾淨。骨頭圓滑，肉質細膩，湯汁鮮美。

桑植菜豆腐

桑植地處武陵山北麓，鄂西山地南端，山水秀麗、溪河縱橫、人傑地靈、物產豐富。居住著土家族、白族、苗族等十八個民族，古稱西南夷地，保留了很多蠻夷風俗。

桑植與臨澧、慈利相鄰，它特有的小氣候——「一山有四季，十里不同天」，造成十年九災，糧食缺乏。桑植境內的澧水、婁水、苦竹河等河流，水流湍急、常年不凍，地下泉水很多，水質較好。桑植縣所產的豆腐比較有名，水豆腐、千層豆腐、鹽豆腐乾、菜豆腐四樣並駕齊驅。

桑植鹽豆腐乾在清代咸豐年間開始流行製作，暢銷長沙、武漢、廣州等地，曾列為貢品，名噪京城。

桑植現在最流行的是菜豆腐，其實是我們常說的和渣，是道最普遍又吃法多樣的綠色食品，因為在和渣裏加入切細的青菜葉，看上去白綠相間，就像菜葉鑲嵌在豆腐中。

菜豆腐製作比較簡單，黃豆浸泡後磨碎成豆漿，兌水放進鍋裏，摻入切細的青菜葉、韭菜，用文火煮熟凝結，菜豆腐成乳白色，中間間雜綠葉，色相誘人。菜豆腐不用去除豆渣，人稱懶和渣。菜葉煮在菜豆腐裏，清新爽口，豆腐細嫩甜膩、晶瑩滑爽、營養豐富、味道鮮美。

最常見的菜豆腐有殘菜和渣，人家辦完紅白喜事，表示感謝鄰里相互幫助，送碗有肉湯殘菜的大雜膾，回家在柴火上一煮，香氣誘人，味美爽口。

菜豆腐最多的時候是春節，土家族人每家每戶作豆腐，就會剩下一些豆渣，土家族人為了節約來之不易的糧食，加上野菜葉，煮著當飯吃，就是傳說中非常流行的和渣飯。

隨著生活條件的好轉，桑植土家族人春節做的豆腐越來越多，剩下的豆渣也越來越多，他們把豆渣煮熟發酵，捏成拳頭大小的豆渣丸，用柴火薰乾，做成香臘製品，食用時搗碎加水上料，做成下飯菜，那酸的豆渣，能夠增強食欲，容易下飯。

菜豆腐是一道素食，有健美減肥的功能，在城市裏是道時尚菜，清淡中帶著乳香味。

山林的土家人，食慣了粗糙的包穀，再吃和著湯水的菜豆腐，容易下喉入肚。盛夏酷暑，土家人喝碗菜豆腐，既解渴又消暑；放置幾天的菜豆腐，豆渣化酸，土家人做成酸和渣，吃起來別有一番滋味，入口癢酥酥的，喉嚨舒服無比。寒冬臘月，將酸和渣放辣椒、豬油、鹽、大蒜，架柴火上邊熬邊吃，如麻辣豆腐、臭豆腐一樣，別有一番滋味上心頭；吃碗新鮮菜豆腐，既溫暖了自己的胃，也潤滑了乾涸的喉嚨，可以在山坡上唱幾句山歌。

桑植縣被張家界的旅遊帶動後，來賀龍故居遊玩的人不少，菜豆腐作為一道特色菜被遊客傳播，成為桑植縣的特色。

白溪煨豆腐

白溪鎮位於湖南新化縣城北部四十公里，聞名湘中的古鎮，有二千餘年歷史，曾是蚩尤和梅山文化的發祥地，有小南京之美譽。古鎮八景中外知名，白溪水豆腐更是名震天下。白溪鎮坐落在資江邊，資水四十八溪，溪溪產一絕，最具風采的是白溪豆腐絕。

秦統一中國後，新化居民依然椎髻徒跣、斷髮紋身、耕田有邑、水行山處、不服王化，世稱梅山蠻。宋神宗熙寧三年，梅山正式歸附朝廷，設上、下兩邑，上邑為新化，取「王化之新地」，下邑為安化，取「人安德化」之意，白溪在梅山上邑。

民間所說白溪，泛指油溪、青實、鄧家、何思、檀山、水月、鵝溪、橫岩、東富、榮華、澧溪、圳上等鄉鎮。白溪地處大熊山南麓丘陵，跨資水兩岸。資水從南塘入境，在石子灣改向西流，經愛民出境去榮華，境內河段二十公里，水域寬廣。白溪境內有油溪、白溪、思本溪等支流，明麗如鏡，油溪從坪溪入鏡，經油溪鄉注入資水；白溪從吳家台入鏡，匯合董溪、鵝溪，經白溪大橋注入資水；思本溪從新源入境，經民新村注入資水。

白溪原先是片白沙洲，樹木叢生，十分清靜，稀梳的住著幾十戶人家。

白溪最初的豆腐是豆糊，由一戶外來的老太婆所製，豆腐潔白如雪，鄰居都跟她學做豆腐。有一回，她們洗包袱的小溪旁冒出一股泉水，抬頭看見正南天空有朵蓮花雲，上面立著觀音菩薩。眾人馬上焚香燒紙，禱告祈求，後人在洗包袱的地方修建金佛殿，殿旁挖口井，名金殿井，井水清澈甘甜，如今被資水淹沒。

乾隆十年，微服私訪江南，途經白溪，夜宿村頭小店。店主是當年跟老太婆學做豆腐的玄孫，不知道客人是當朝天子，只拿水豆腐招待。乾隆細嚐慢品，越呷越覺得鮮嫩，又要「再來幾盤」，店主連送三盤，乾隆好不歡喜，連歇九宿。臨走時吩咐店家備筆墨，題寫「走過天下路，白溪好豆腐」。店主把匾額懸掛廳堂。某日，一翰林遊學於此，見匾額口呆目驚，忙問店主。店主講述其經過，翰林說：「這是當今天子御筆。」眾人不解，為何天子將「白沙」寫成「白溪」，店主回憶說乾隆爺當時多喝了兩杯，將白沙錯寫成白溪了。白溪便從此傳開，一直稱呼至今。乾隆回朝不久，即宣白溪豆腐進貢。

白溪豆腐歷史久遠，製作精細，原料講究純淨，磨漿細膩如乳，燒漿用石膏要恰如其分。成品潔白細嫩，久煮不散，鮮美可口。

白溪豆腐吃法很多：鮮嫩的水豆腐開湯，拌以蔥葉、生薑等佐料，色、香、味俱全，尤以鮮、香為著，入口生津，落肚口有餘香。用淨化後的泥鰍拌鮮豆腐，鍋內溫度升高後，泥鰍鑽進豆腐裏，吃起來又鮮又甜，別有風味。魚凍豆腐是白溪一帶人家過年必備的佳餚，它以新鮮鯉魚拌豆腐、白辣椒煮熟，冷凍後再吃，入口即化。

白溪豆腐最有特色的是煨豆腐，新鮮的水豆腐難於保存，白溪人民利用當地的地理條件，初加工水豆腐。白溪及周邊地區，是薪柴比較集中的地方，農民多用柴火煮飯做菜，很多食物煙薰火烤。水豆腐不適宜煙薰火烤，農民就利用柴火燃盡餘下的火星及草木灰的餘熱，在做完飯菜之後，撥開火星，在滾燙的草木灰裏挖個坑，把水豆腐平整的放在坑裏，蓋上草木灰，經過一個晚上的餘熱燒烤，水豆腐的水氣收斂乾後，豆腐質硬堅挺，拿提隨便。其實，水豆腐的一部分水分被草木灰的餘熱烤乾，另一部分水分被草木灰吸乾。把煨過的豆腐拿到溪水裏浸泡四五分鐘，用手輕輕揉摸豆腐表面，洗得溪水泛白，豆腐放太陽底下曬乾表面水氣，晚上用鐵絲篩架在灶上，豆腐平鋪在篩子裏，經過一兩夜的烘烤，煨豆腐半乾。

炒煨豆腐，先切成薄片，鍋內多加一層油，油燒開後，豆腐片平鋪鍋底，豆腐很快被炸黃或起小泡，翻動豆腐，等另一面微黃，加鹽、辣椒粉、味精等佐料，稍微加點水，水收乾即可出鍋。

煨豆腐吃起來才外韌清脆，裏面滑爽細嫩，豆腐甘甜爽口、豆香撲鼻，是很好的下酒下飯菜，也可以做點心、零食。細細品味煨豆腐，真是別有一番風味。

冬筍炒臘牛肉

進入二〇〇八年，我縮在家裏讀書碼字，很少出門拚吃拚喝。一場沒有預約的冰雪包圍了長沙城，在那漫長而又寒冷的日子裏，我憑藉窗戶眺望漫天飛舞的雪瓣，欣賞多年不見的雪光。腦海的記憶卻回到了童年的湘中村落，那些有山有水有竹林的地方。我很想回家，想吃那道家鄉的冬筍炒臘牛肉。

在長沙，我組建的美食別動隊也好久沒有出動，消失在雪海中。我實在憋得慌，想到外面找點好吃的來滿足這些日子的「饞餓」，正準備尋找手機邀集朋友，美食集中營的龔長來電，告訴我在美食墮落街三重門有道新菜，想集中幾個朋友中午去品嚐，看我是否有人馬。

我馬上電話通知四五個人，自己把棉衣、帽子穿戴妥當，匆匆下樓打的直奔墮落街。走進三重門，龔長幾人迎了出來，很誇張的握著手說：「二〇〇八，我們賞雪吃筍，你看美時美景美食，該有文思了吧。」

我們坐上八仙桌，腳底烤著鄉下運來的栗木炭火，面對窗外，前面屋簷掛著尺長的冰凌，明晃晃的倒立著；稍遠處桃子湖的冰面，蒙上了一層薄膜，把我帶回了童年的冰天雪地和在雪裏挖冬筍的時光。

龔長告訴我，今天品嚐湘中名菜——冬筍炒臘牛肉。我非常驚訝，這道菜是我期盼了很久的，在城市待了多年，很難吃到真正的冬筍，也無法吃到鄉下柴火薰烤的臘牛肉，何況兩菜加乾紅辣椒爆炒，是湘中地帶春節的稀有佳餚。知道有這麼好的美食，心中有些激動。

在湘中的新化山區，大年三十，忙碌一年的一家之主放棄手頭工作，尋找自己喜歡和自己愛吃的東西準備大年飯。挖冬筍是多數家庭之主大年三十最愛幹的活，冰凍了一冬的家人，很少吃到新鮮菜，一家之主就趁這個時候表現一下。吃過早飯，宰殺閹雞，扛著鋤頭進山挖筍。一山山翠竹，被冰雪壓彎，低拉著頭。山中安靜無聲，偶爾一聲劈啪，是竹子反抗時粉身碎骨之聲。找到蒼翠竹葉，看清竹尾所指方向，竹馬鞭與竹尾在一根直線上，順著這個方向，很快找到竹馬鞭，一直沿著竹馬鞭挖就可以挖到筍。金黃的竹馬鞭，非常的鮮活，金黃的竹筍也在其後，這是大山裏人都知道的秘密。三兩個小時，男人就挖到了五六棵冬筍，足夠一家人在大年夜和新年第一天吃的，也就心滿意足的回家早點準備年飯團圓。

我好幾年沒吃過家鄉冬筍，也有好幾年沒吃過家鄉臘牛肉，今天有正宗的湘中冬筍炒臘牛肉，我更要到廚房看看，驗收真假。湘中竹筍，種類繁多，城市居民吃的多為春天所生，味道相差甚遠；冬筍乃筍中之王，美食至味，非常稀少。乾旱年份，產量更低，鄉下人都當山珍，只給至親密友吃。

我們幾個在龔長的帶領下來到廚房，竹筍只有玉米棒子大小，三四寸長，外皮包得非常緊簇，長得光滑又金燦燦；臘牛肉是薄薄的條塊，掛在橫樑上，烏黑中帶著暗紅色，沉甸甸的有些分量。我一看，就知道是正宗的冬筍和臘牛肉，冬筍還非常新鮮，殼上的黃泥巴都濕漉漉的。

臘牛肉並非一般牛肉臘晾乾即可，牛在殺之前一年必須閹割，閹割的辦法要使用最古老的麻繩絞胯襠。閹牛經過一年的養膘，牛肉已經精肉多，肉質好，體格健壯，宰殺後韌帶少。入冬後，選一晴好天氣宰殺，切後腿肉成兩釐米厚的薄片，帶條狀，泡鹽水兩天，涼乾後加柴火薰烤，使其成色成香，無異味。

回到餐桌旁，外面還下著雪，室內卻溫暖如春。冬筍炒臘牛肉端上桌來，不用加火爐保溫。冬筍如薄薄的紙片，邊上有些鋸齒，黃橙橙的帶點紅辣椒的湯色；臘牛肉片稍厚，兩釐米見方，盤中最多的是乾紅辣椒，一截一截的夾雜其中，錯落有致，五色雜呈。

我夾起一片冬筍，咬下去非常的嫩也非常的脆，留下清脆的啰嚓啰嚓聲，細嚼慢嚥，冬筍特有的鮮香飄然而出，可以清神醒腦，再慢慢體味，冬筍片中盡是甜味，又帶著辣性，很下飯，飯粒中的甜味已淡，更多的是清香可口。

臘牛肉炒出來非常紅豔，肉質緊湊，咬下去有很強的韌性，帶著牛肉的濃香，無煙薰火烤之味。牛肉一般比較鹹，慢慢嚼，嚼出鹽水，才感覺到肉絲一線線的塌陷，像短短的釘子打在舌頭上，非常的質地。再細細品味，肉的鹹味和韌性交織在一起，越放慢了嚥食，越想加點飯一起細嚼和品味。

吃過幾塊臘牛肉，感覺到了乾紅辣椒的味道，辣味越來越濃，不得不停下來喝口水下飯，舌頭還是辣得唆唆叫，又得以飯掩蓋。

這些，與我記憶裏的冬筍炒臘牛肉應該相符，也是長沙最正宗的吧。

吃了頓冬筍炒臘牛肉，我的思鄉之情也被沖淡，好像得到了某些滿足。

湘西血腸

湖南屬南蠻古國，還保留著很多野蠻氣息，飲食的茹毛飲血就是一例。湖南人喜歡吃一些帶著血腥味的食物，永州血鴨、新化三合湯、邵陽豬血丸子、鳳凰血粑鴨、湘西血腸等，都與動物血有著緊密聯繫。

湖南人的肉食保存，主要是臘薰結合，與陜西的水窖水薰相似。

湖南的血腸有自己的特色，在臘過之後要用柴火薰烤乾燥，然後懸掛保存。

湖南人吃血腸的地方是現在的大湘西，包括新化、邵陽、懷化、湘西州、張家界、常德等地。這塊大地盤，多是山區林地，人們生活水準比較低，過著農耕的日子。上山下河的重體力活，消耗的食物和油脂多，為了飽肚子和精力充沛，多吃肉類和含油脂高的食物是他們的首選。貧苦的農民，一年到頭，手頭的錢比較緊巴，拿錢來賣新鮮肉吃很難，多吃自家的臘肉以及臘肉類食物。血腸是臘肉類食物之一，油脂雖比臘肉少，肉質緊促，保留了鮮肉的味道和豬血的滑爽，是農村女性的首選。

湘西血腸，應該來說都承傳於豬血丸子。豬血丸子也稱豬血粑，是古寶慶名食。相傳宋朝有對孤兒寡母，母親送兒子到雲山廟與和尚習武，母親心疼兒子習武辛苦，想做樣葷菜給兒子改善生活，冥思苦想後把豬血加進水豆腐中，捏成球狀薰乾。兒子習武下山參加朝廷武考，一舉奪得武狀元。考官問及成功的秘訣，武狀元答道：「母親的豬血丸子。」豬血粑從此開始在邵陽流傳。清代康熙年間，豬血丸子進入大眾時期，農民將豆腐捏碎加鮮豬肉丁、豬血、鹽、辣椒粉、五香粉、麻油等佐料，做成饅頭大小的丸子，放太陽底下爆曬，再穿掛柴火灶上煙火薰烤，薰的時間越長，臘香味越濃。

每年臘月，湘西過年的氣氛一日緊過一日，每家盤算著那天宰豬，那天做臘肉、灌血腸、捏豬血丸子，日子安排得井井有條。殺年豬要翻老黃曆，擇良辰吉日，召集一家子女，邀上祖輩父輩聚餐，鄉間叫喝豬血湯，也是一個團聚的日子。

殺年豬是件煩瑣事，先要準備糯米、水豆腐、炒米粉，盆、鍋、桶等器物，刀具，柴火。柴火裏有火筒、楓樹柴兩樣不能少。火筒是農村家庭每戶火炕必備之物，長約一米，用毛竹做成，一截留節，用釘子鑽個小孔，其他竹節用鐵竿打通。柴火燃得不旺、火力不大，可借火筒吹風，吹發柴火。殺豬燒開水燙豬毛，要劈一個舊火筒作引火之物，再做一個新火筒抬杠。乾竹片容易燃燒，點火後很快燒著，幾塊竹片可以燒得熊熊大火，往上加些乾柴，火勢很快上來，灶膛裏的柴火馬上引燒，大鍋水也容易燒開。農民把燒火筒叫做吹豬，希望來年的豬長勢像吹火一樣旺。山區漫山遍野長滿了楓樹。每到臘月，楓樹葉子通紅，農民看到楓葉，爬上山坡，砍上一捆楓樹，放在乾燥處，等待殺年豬。刀柄大的楓樹，連個彎也沒有，一截一截的塞進灶膛，劈裏啪啦的冒著火星，散發著一股特有的香味，酷似年豬開邊時的肉香。農民把它叫做風豬草長，希望來年的豬長得楓草一樣茂盛。

做豬血丸子和血腸，都要將泡好的糯米接上熱豬血，剩下的血加鹽煮熟。

血腸按血原料可分兩種：一是糯米血腸，也叫生血腸，主料是糯米，將涼水泡好的糯米接上熱豬血，等血凝固，砍下熱豬肉切碎，加佐料拌糯米剁，久剁成漿後灌入小腸，灌滿二十釐米左右，壓緊密封。或糯米裏加水豆腐，增加糯性和凝固。一種熟血血腸，殺豬時接的熱血等凝固後，放大鍋裏熬熟，熬血時火要小，豬血裏氣孔就少。再劃成大塊，涼卻後切小塊，切熱豬肉，剁碎，拌上佐料，加入豬血，灌入小腸，壓緊。

血腸得在醃臘肉的桶裏，醃上五六天，小腸上泛起白色，可提出藉著陽光曬乾水分。再掛上火炕頂的木樑微薰，肉質微黃有輕微臘肉香，就包上一層竹棉紙，加柴火薰烤。不久，生血腸就滴油，熟血腸的竹棉紙透亮，拉開灶膛與柴火的距離，十天半月，血腸不再滴油，竹棉紙漆黑，就說明血腸已經薰熟，可以懸掛沒火力的地方乾燥。

吃時，撕下黑漆漆的竹棉紙，切片放鍋內蒸十分鐘即可食用。

米花泡

秋天的田野，已經收割了莊稼，成了我們放牛的牧地。

水田成了乾燥的泥胚，打過稻穀的稻草和草絮散佈在田裏，享受著陽光的金輝。氣溫比較冷，偶爾下霜，牛還是要放出去吃青草。大地雖然金黃，打過稻子的田壟間也可以找到些青草，把牛趕到收割的田裏，帶著朝露的綠草成了牛的「早餐」，人也可以輕鬆的悠閒於田畝之間。

牛對乾枯的稻草已經厭倦，田邊的地裏也許種了蔬菜，雖然與田有一段距離，牛卻是會找青菜吃的生靈，看到綠油油的青菜，牠就會偷偷的去「親」幾口，這樣，牛還是需要人去看管。我就喜歡在這樣的日子裏放牛，放眼金黃的秋天裏夾著些綠意，霜花也慢慢的融化，陽光照在身上有些暖意。這一切，有著詩意和情調。卻更讓我記憶的是帶著火柴的日子，可以燒米花泡吃。

在田裏燒米花泡，首先需要稻穀，並不需要很多的稻子，只要找些遺落的稻穗，就為燒米花泡提供了絕好的材料。在田裏找稻穗很簡單，稻穀熟了，在收割的時候，有的稻穗斷了掉在地上，有的在收割時被田壟上的草莖給割斷穗桿，落在田壟上。稻穗金黃色，很容易識出。在田壟邊慢慢轉悠，就有稻穗靜靜的躺在那裏，等待你的拾起。

燒米泡的稻穀不要太乾，穀粒上濕點，在火裏就不會被燒毀。稻穗上的穀子太多也不好，穀子擠在一起，爆裂的時候響在一起，多了很難找，一下就會被火燒掉。

燒米花泡還要草架，就是打稻穀時被打穀機打碎的禾葉。草架在取穀子時被農民抖出來，丟在田裏，幾天太陽就曬乾了。正好草架裏也有穀子，多是扁穀，卻爆不出米花泡，就是爆了，也是黃焦的米粒上有著很多條紋，有時還要剝去穀殼。只有那壯（飽滿）穀子才可以爆米花泡，燒出來的米花泡又大又白，像朵潔白的花骨朵。

田裏的草架一堆又一堆，被太陽曬乾了水分，晚上上點霜，裏面的草架還是乾的，扒開表層，點上火，火苗帶著青煙，等上面的草架燒掉，剩下草架的炭心，劈劈啪啪的聲音就響起，一粒又一粒的米花泡跳出來。人可以圍著火堆撿米花泡，米花泡潔白，如果把手伸到燒過的炭上，手指染黑，米花泡也帶著墨色，吃過幾個米花泡，嘴巴就會染成烏色，打下「偷吃」的烙印。但是，只要聽到米花泡爆開的聲音，我還是會奮不顧身的跑過去尋找它的下落，直到美美的塞進我的口裏。

如果是整串的稻穗，等到火苗漸漸的熄滅，再把稻穗分成一小支一小支，扔進火堆裏，找根棍子攪動炭火，穀粒就會慢慢的爆響，帶著穀粒的音樂和聲響，一粒接一粒的，很有節奏和快感。用棍子攪動，穀粒就下落，集中到底層，最後會燒焦或者燒毀。

每個放牛人的早上，只要有一堆草架和幾穗稻穀，就夠他們忙一個早晨，也讓我找到田野的快樂和自由，那就是米花泡的世界。

羊肉粉皮

湖南菜，瀏陽可以說獨出一例。瀏陽蒸菜館在全國各地走低檔速食，已經名聲大震，多數食客都以為瀏陽只有蒸菜。

從瀏陽的出產來說，瀏陽有三大特色：即煙花、菊花石、豆豉。而豆豉是專門做菜的香料和配料，現在成為湖南人做菜的喜愛之物，所有菜裏都加豆豉，炒出特有的湘菜味道。豆豉用於蒸菜，又是另外一種味道，這就是蒸菜產生的前提和市場。

據說，以前的瀏陽，蒸菜是上不了檯面的菜，都是普通老百姓用於下飯飽肚子的。解放後，瀏陽人大力發展豆豉事業，也就推廣了蒸菜。從此，蒸菜成了待客常用菜，也成了介紹給外地人的地方特色。瀏陽人的飲食，蒸菜只是一個部分，羊肉燉粉皮才是它的特色菜。

瀏陽屬長沙，卻多山地遠。山溝溝裏，最適宜養黑山羊，是湖南產黑山羊的地方。瀏陽是湖南的丘陵地，紅色酸性土壤，產紅薯和白薯，生長快，個大汁豐，澱粉多。瀏陽人喜歡自製薯粉，把紅薯白薯磨爛，清水淘洗漿汁，收集沉澱的薯粉，用明礬製成粉絲和粉皮。瀏陽人喜歡吃粉皮，一釐米寬的粉皮經過開水一煮，亮晶晶的掛在湯鍋裏。

我到瀏陽去過多次，朋友常在二〇二餐館請我吃蒸菜和特色菜，都沒有感覺。一次與朋友到左家塘北美吃飯，遇上一個瀏陽人，他在長沙經營一家餐飲連鎖店，給我介紹瀏陽特色菜，還推薦羊肉燉粉皮。

吃過很多南方羊肉，都是久燉慢煮的，煮得成一絲絲精肉，吃起來粗糙，也難於下嚥。我喜歡啃骨頭，吃羊肉時多次喉嚨劃傷，吞嚥更困難。牙齒也每次用餐後必挑撥一番，剔出牙縫裏的肉絲。因為牙齒，我情願吃肥肉，也不吃精肉找麻煩。吃過幾次小炒羊肉，找不著羊肉味，就與羊肉疏遠了。

羊肉燉粉皮端上來，是一個火鍋，鍋不大，在金亮的小鍋裏盛著，紅色的湯汁飄散著幾段青蒜葉，羊肉和粉皮都看不到，只能聞到一股芬芳的肉香，非常的純正，還帶著點土味和自然的甘甜。火鍋底的火焰慢慢燃燒，湯汁開始沸騰，羊肉跟著湯汁跳躍、翻滾，展現它的身段。

我夾起一塊羊肉，看清是按著肉理橫著切的，肉不到一釐米厚，卻有半個掌心大，呈微黃色。仔細聞聞，沒有南方山羊的騷氣，只有一股肥肉的清醇香。我先吃那帶皮的肥肉，肥肉不油膩，咬起來稍微有些彈性細膩，沒有豬肉久燉腐嫩與軟和，也無法用吸食的方法吮吸。久咬之下，越咬越香，一股股清香飄出嘴裏。清香過後，羊肉有股微甜。羊肉皮像豬肉皮，變成一種彎弓形，角質層很厚。咬肉皮，有韌性和粘性，輕輕一咬，很快沒入牙齒，稍微用力，一聲清脆的咬斷聲。連續咬，那韌性較強，也有些玩味。羊肉的主要成分是精肉，新鮮的羊肉燉在粉皮裏，肉比較柔比較嫩，還很滑膩，咬下去有韌性和彈性，還聞到一股鮮味。

吃羊肉，農村人喜歡吃臘羊肉。我認為，吃羊肉的味道，最好是吃新鮮羊肉，新鮮羊肉的味道在於鮮。羊肉的鮮香，大於任何菜的味道，可以掩蓋其他菜的菜味，而且甜得非常自然，比雞精、味精好，不會在嘴巴裏產生那種鹹味和乾渴感。新鮮羊肉，吃多了也不會感覺到嘴巴上有滷的感覺。

羊肉燉粉皮的味道在粉皮和湯裏。紅薯粉皮經開水一煮，都會柔軟，但羊肉燉粉皮卻有些區別，粉皮不染羊肉味。羊肉一煮，粉皮的鮮味被羊肉帶花，粉皮的味道自然呈現，非常新鮮純正。粉皮也更加的透亮明朗，像玻璃紙一樣明亮光澤，吃起來非常滑爽，少有顆粒感。

其次，吃羊肉燉粉皮要喝羊肉粉皮湯，體驗一下羊肉與粉皮的混合味。羊肉燉粉皮，會產生一種新的味道——羊肉湯被沖淡，粉皮味增加，刪掉羊肉騷味、紅薯生味，形成一種新的味道。

吃過羊肉燉粉皮，我才對瀏陽菜有進一步的認識，發現瀏陽菜除了蒸菜外，還有更加上得了檯面的菜。

湖南人的辣椒心

「湖南人會吃辣椒」，這句話也許會有傷其他地方的自尊心。其實不然，這並不是講其他人就不會吃辣椒，而是說湖南人吃辣椒有自己的個性和追求。比如說：湖南人吃辣椒就喜歡那點辣味和辣椒的那點甜味。並且把辣椒當成主菜來吃，而不是把辣椒當成調料放在其他的蔬菜裏。

湖南這片土地上生長的辣椒就適宜於生長在這裏的湖南人吃。洞庭湖之南的湖南，與湖北僅一湖之隔，兩地對辣椒的嗜好卻切然不同。

湖北人幾乎不吃辣椒，吃也是象徵性的吃一點點——吃那種不太辣的辣椒。我漫遊曾經好幾次去過湖北，走過數十個縣市，都沒有吃到有辣味的辣椒。湖北的辣椒個兒大，卻沒有辣人的味。我想：這也許跟湖北人有點類似，他們塊頭很大，很難看出他們有多麼的兇狠。還有，應該跟湖北的水土有關。湖北地勢平坦，少有山谷峰巒，又看不到多少河流，儘是湖泊，連河水也不太清澈。

湖南這片帶酸性的紅土地，適宜於栽種帶辣味的植物，湖南人生活在這片酸性土地上，需要吃一些有辣味的東西來減少胃酸，加速食物消化，激化生存潛能，發揮最佳狀態。我想：湖南人扮得蠻也許就是辣椒激化的。就因為這種扮得蠻，在外省人眼裏就成了「霸蠻」，也就組成了所謂的「霸蠻世道」。

湖南還是一個多山多水的地方，湖南的地形是山地與丘陵的搭界，還有四水錯綜。俗話說：「高山有好水。」其實不然，只要有山就有水，山不在高，只要溪水清澈就行。湖南人受酸性水土的影響，個頭不是很大，但是清秀自然，有種精緻的感覺。

與「湖南人」這個詞齊名的還有「辣椒」一詞，湖南辣妹子、湘女多情、湖南人霸蠻無不是「辣椒」的代名詞。辣椒也是湖南人的代名詞，湖南人和辣椒在口語交際中成了等義詞。湖南人有一個共性：只要是湖南土地生長的，不管走到哪裏都要吃辣椒的；也只要是湖南本土生長的，不管走到哪裏幹事都很霸蠻。

吃辣椒的重大事件可能要數抗美援朝吧。在朝鮮戰場上，這麼多的中國戰士在寒冷中衝鋒殺敵，卻衣服單薄。但是，幾十車的辣椒粉一到朝鮮戰場，比什麼先進的武器都有用得多，朝鮮的冬天就成了中國式的春天。

今天，湖南人家庭吃辣椒的習慣也在改變。主要原因是中國人要把身高搞上去。湖南人吃辣椒的人群不是少年人，而是中老年人，特別是四五十歲的男人，把辣椒當青菜吃，像北方人喝酒一樣豪爽。北方人小的時候很少去喝酒，胃保養得很好，等到了成年後，就可以大量喝酒，身體也能夠忍受。湖南人吃辣椒的發展戰略也是這個模式。父母們吃辣椒，很少給小孩辣椒吃，長大的孩子不再受父母的管束，而是自覺的要求吃辣椒。這些人吃辣椒就更有湖南人的風格，大把大把的吃辣椒，不怕辣，也辣不怕。成年人吃辣椒更懂得吃辣椒的涵義，吃辣椒不是只圖嘴巴上的快感，而是一種念祖、思鄉的情懷。

湖南人也像湖南的辣椒，表面上是辣辣的，內心卻是甜甜的。湖南人的心就如辣椒的心是甜心，所以，有人稱湖南人的辣椒心。

長沙瓿豆角

長沙的夏天，在火城裏的日子酷熱無比。夏季是萬物生長最迅速的時候，也是地裏蔬菜大收穫的季節，餐桌上常見的辣椒、豆角、茄子、絲瓜、南瓜、冬瓜、黃瓜等蔬菜，已經是吃不完、摘不盡，農家必須變著方法把新鮮蔬菜儲存起來，儲備到其他沒新鮮蔬菜的季節去吃。

長沙人做美食有自己的天賦，在研製美食的時候，也不放過天氣和陽光的恩賜，利用夏日酷熱的太陽資源，開發他們特色的酸辣食物，這就是聞名的瓿豆角、瓿辣椒。長沙人把新鮮蔬菜從地裏採摘回來，用開水炙燙、陽光曝曬、陶罐儲存等方式，製作出長沙特有的瓿菜類美食，滿足自己好吃的食欲和刁鑽的口味。

長沙夏天極其酷熱，影響人們的正常食欲和奢望，飲食狀況大不如冬春兩季。長沙人為了吃好夏天的飯菜，研製適合夏天的美食，把菜園裏吃不完的新鮮豆角、辣椒摘下來，用傳統的曝曬方式做成酸辣可口的瓿豆角、瓿辣椒、茄子皮、南瓜乾等菜式，還做成名揚海外的外婆菜，成為夏日的下飯菜和開胃菜，給夏天帶來了美味和食欲。

做瓿豆角、瓿辣椒，首選剛採摘下來的新鮮長豆角，挑個大、肉厚、籽小的長豆角品種，摘去筋蒂，用清水洗乾淨，泡一段時間，泡出豆角裏的蟲子。經開水燙過之後，在夏日的太陽底下曝曬，曬到半乾，就準備收藏，切成小段，保存在陶瓷罎子裏，等到帶點酸味，就取出來炒肉泥吃，酸辣可口，回味無窮，非常爽口，既開胃又下飯，是大人和孩子的共同美食。瓿讀古音ㄆㄡˇ，音接近撲，也曾經有人把它寫成撲或覆，覆又代表豆角和辣椒在曝曬之後，要裝進覆水罎子裏醃一段時間，才回味變酸、生味。

長沙人管長豆角叫豆殼，新鮮的豇豆清洗乾淨後，在開水裏氽一下，豆角表面變色就行，不要燙熟、燙焉，否則只能做乾豆角。然後放在太陽底下曝曬一天或者半天，豆角變成白色即可停曬，在暴曬的過程中，一面曬得變成白色之後，就要翻過來曬另外一面，飽滿的豆角曬得軟塌塌，顏色嫩白。把暴曬後的豆角切成兩釐米左右的小段，灑上食鹽，攪拌均匀，在大盆子裏使勁揉搓，讓食鹽浸進豆角裏。把加鹽的豆角放進泡菜罎子或者密封容器，盛好蓋嚴，過三四天，豆角開始變味，成甜酸味，清脆有嚼頭，取出後爆炒，加肉泥、臘肉等即可成菜。炒菜時，先爆香肉沫，加剁辣椒，放瓿豆角、蒜米，一起爆炒，香味飄逸，酸甜可口。醃製時候鹹淡要適中，炒菜時可以不加鹽。豆角曬得稍微乾點，在炒菜的過程中要加少量清水，煮一會，沾點葷腥，豆角原有的香味更加濃烈，吃起來更有嚼勁，非常下飯。

瓿豆角是道地道的長沙美食，每到夏天，家家戶戶都會去做。每當正午時分，走在街頭小巷，街邊的竹匾、竹盤裏曬滿了燙過的蔬菜，散發濃香的辣椒、豆角、茄子皮的味道，彌漫了整個熱氣騰騰的街巷，讓人進入美食的天堂。當豆角、辣椒、茄子皮完全曬乾，就成了長沙人秋冬兩季蒸魚蒸肉或炒臘魚臘肉的乾豆角、白辣椒。太陽曬焉的豆角、刀豆、黃瓜、蘿蔔、紅薯坨、藕片、蕹菜梗子、馬齒莧、辣椒、蒜頭等菜蔬，都可以裝進陶瓷罎子裏，成為地道的瓿類菜。如果把豆角、刀豆、黃瓜、蘿蔔、辣椒拌在一起醃在罎子裏，就成為有名的外婆菜，是下飯和吃窩窩頭的理想食物。長沙人不閒置器皿，其他季節，也會在罎子裏放幾個蒀頭，把罎子養起來，吊酸味，成為來年曬瓻豆角、瓻辣椒的首選罎子。

現在瓻豆角的需求人群越來越多，菜市場有專門做、專門賣瓻豆角、瓻辣椒的小販，開始了商業化生產。

記得我小時候，每當夏日，母親有空就做瓻豆角、瓻辣椒、茄子皮等食物，刺激我們姊妹進食，那帶點酸味的瓻豆角、瓻辣椒，把它們炒在一起，酸甜可口，很下飯，是我們每餐必備的菜蔬。

我吃過的瓻豆角經典菜式，有道叫瓻豆角炒藕丁，脆爽可口，味道酸甜，非常有味。現在我還經常做這道菜，鍋中的油燒至八成熟，倒入瓻豆角翻炒，然後加藕丁，翻炒片刻加辣椒，出鍋前加鹽、味精、醬油、大蒜葉。清爽可口，脆嫩無比，既有藕的清香爽口，又有瓻豆角的酸甜味，加上辣椒的辣味，真是菜間極品，吃著是種享受。

第二輯

遊食雜憶

鵝尚

中國著名的鵝種有獅頭鵝、太湖鵝、溆浦鵝、豁眼鵝、四川白鵝、皖西白鵝、黑棕鵝、黃棕鵝、泥鵝等，尤其以黑棕鵝最受歡迎。

黑棕鵝又名草鵝，產於廣東省清遠、從化等地。體軀寬短，頭細腳矮，屬小型鵝種，嘴、額瘤、趾、蹼為黑色，頸項至背有明顯灰黑色羽毛，故稱黑棕鵝。一直被列為全國四大名優鵝種之一，是廣東人的最愛。

黑棕鵝早熟，育肥性好，骨細肉嫩，味道鮮美，成年鵝約五至八斤，是粵港澳地區烹飪燒鵝的首選鵝種，深受食家青睞。

黑棕鵝以食草為主，肌胃與盲腸發達，善食稻穀、青草、青菜，皮薄肉嫩，肉細多汁，營養豐富，蛋白質含量達百分之十七到二十二，不飽和脂肪酸含量高，溶點低，容易被人體吸收。

鵝是人們餐桌上的至愛，人們把鵝做成各式各樣的美味佳餚。廣東著名的鵝肉菜肴有燒鵝、三杯鵝、酸甜鵝、滋味鵝、銅盆勁抽碌鵝等等。用鵝雜烹調的菜肴有滷鵝肝、蔥撈脆口鵝腸、酸菜煮鵝雜等。其烹飪方法五花八門，白斬、吊燒、滷醬、焗燒、乾煸、湯羹、煎炸等，不下數十種。

我在一個販鵝朋友的帶領下來到廣東清遠的一座小鎮，去品味那裏的正宗黑棕鵝。

廣東鵝肉的傳統吃法是燒鵝，以整鵝燒烤製成。燒鵝的方法源於燒鴨，燒鵝以黑棕鵝為優。現殺的黑棕鵝，再砍掉翅、腳、脖子、鵝頭，去除內臟。塗上五香料，縫肚，吹氣，滾水燙皮，過冷水，糖水勻皮，晾風後醃製，再掛在烤爐裏或在明火上轉動烘烤，烤熟後鵝皮橙黃或金紅，油光發亮。再斬件或切片，裝碟上桌，便可進食。上等燒鵝色澤金紅，鵝體飽滿，富涵滷汁，滋味醇厚，味美可口。燒烤好的鵝肉斬成小塊，其皮、肉、骨連而不脫，入口即離，具有皮脆、肉嫩、骨香、肥而不膩的特點。如佐以酸梅醬蘸食，更顯鵝肉風味。

養鵝的彭老闆見我是食客，閒聊時很投機，硬要親自下廚，做幾樣他的拿手好菜給我吃。他現殺了兩隻黑棕鵝，把鵝掌、鵝翅、鵝脖、鵝頭現滷；鵝肝切片，直接油煎；把鵝肉做一隻燒鵝、做一隻清燉，還做了幾樣配菜。

廣州燒鵝店眾多，最有名的是長堤的裕記燒鵝飯店的燒鵝和黃埔區長洲島上的深井燒鵝兩家，鵝肉嫩香而不韌，是冷冬進補的美食，為食客所嚮往。

彭老闆告訴我，宰鵝的方法是先割喉放血。用繩子把鵝的腳縛住，吊起，然後左手執鵝頭，右手執刀。鵝血也是一道美味，四川人就喜歡用來下火鍋。褪鵝毛的次序與褪雞毛相同，沸水七成冷水三成調均，把宰殺的鵝在水裏浸透，燙五分鐘左右，鵝毛就很好褪了。毛褪乾淨，用清水沖洗，再開膛取出內臟，斬去腳、翅、脖，懸掛起來。內臟最多的是鵝油，潔白晶瑩，足有半斤。鵝心、鵝腸、鵝肫都是很好的食材，可以小炒。鵝肝煎滷均可。

中醫學認為鵝肉肉味甘平，營養豐富，有補陰益氣、暖胃開津、祛風濕、防衰老的功效，食療的上品。《本草綱目》載，鵝肉「利五臟，解五臟熱，止消渴」。民間有「喝鵝湯，吃鵝肉，一年四季不咳嗽」的說法。冬季吃鵝肉，喝鵝湯對治療感冒和急慢性氣管炎有良效。

廣東人吃鵝，要先槽鵝。把鵝清腸排毒，蕩滌內外，去除污穢雜質，調理淨化。鵝買回來放鵝棚裏圈養一段日子，每天給鵝吃粟米，喝清水，槽足半個月，最後兩天只讓鵝喝清水，使鵝的內臟徹底清潔，皮下脂肪退減，肉質結實，嫩滑鮮美，再宰殺烹飪，這樣的鵝才美味。

我邊聽彭老闆介紹鵝文化，邊吃著他做的美味鵝肉、鵝雜，是種享受。

香榧

香榧又名榧樹、玉榧、野杉子，屬世上稀有樹種。生長在浙江、安徽、福建、江蘇、貴州、湖南、江西等省，以浙江楓橋香榧、安徽太平香榧、江西玉山香榧最負盛名。

香榧樹幹高大，筆直挺拔，側枝發達茂密，樹姿優美如傘，枝葉蔥綠異常，四季常青，細葉婆娑，很有觀賞美。香榧抗煙塵性較強，很少被病蟲害侵染。木材紋理較直，硬度適中，為造船、建築、枕木、傢俱、工藝雕刻等行業使用的良材。

在浙江會稽山區，高山嶺峻之間，雲霧繚繞，溫濕涼爽，山間的香榧也生長得非常茂密，成為浙江香榧的主要產區。最著名的香榧有諸暨趙家、紹興稽東、嵊州穀來，不僅產量多，質地優良，諸暨趙家被評為中國香榧之都，紹興稽東被評為中國香榧之鄉，嵊州穀來被評為浙江香榧之鄉，為世人稱道。

香榧樹生長壽命長，可以長四五百年，被稱為壽星樹，為江浙老人所嚮往。香榧樹壽命長，也許是文人雅士喜歡的另外一個原因所在。

香榧樹在中國有一千三百多年的栽培種植史，成為江南一種主要喬木。

香榧樹的乾果香榧子，又稱香榧、細榧、真榧、赤果、玉山果、玉榧、野極子。香榧果皮堅硬，呈黃褐色或紫褐色，大小如紅棗，果核似橄欖，兩頭尖，呈橢圓形黃白色，富涵油脂，帶有特殊香味。香榧樹結果十分奇特，一代果實需兩年成熟，連同採摘的乾果三代同樹。

香榧果營養價值高，富涵蛋白質和多種微量元素。性味甘平，《本草綱目》載：「常食，治三痔，去三蟲蠱毒，鬼疰惡毒。」入藥有殺蟲、消積、潤燥等作用，對治療痔瘡、小兒遺尿症有裨益。

香榧果可以生吃，吃時有講究，先找到乾果的兩隻「眼睛」，用拇指和食指按「眼睛」開門，硬殼自然開裂，果仁破殼而出，露出黃褐色果仁。香榧仁吃起來香美鬆脆，像花生仁，富涵蛋白質、脂肪，微甜。最著名的香榧果當屬楓橋香榧，殼皮特薄，仁肉清香濃郁，多受食客選擇。清朝末年，楓橋鎮致和等三家商號收購香榧，加工成雙熄香榧，運銷滬杭，生意火爆。

早在宋代，香榧果就成為人們宴席上的美食，加工成椒鹽香榧、糖球香榧、香榧酥、榧子飲、炒榧仁、榧子素羹等美食，還被列為朝廷貢品，進入宮廷宴席。

宋代詩人何坦，專為香榧果賦詩，〈乞蜂兒榧子郭德誼〉：「味甘宣邵蜂雛蜜，韻勝雍城駱乳酥。一點生春兩齒頰，十年飛夢繞江湖。銀甲彈開香粉墜，金盤堆起乳花園，乞君東閣長生供，壽我北堂難老仙。」任杭州知州的蘇東坡，也曾為會稽香榧作詩：「彼美玉山果，餐為金盤實。瘴霧脫蠻溪，清樽奉佳客。」

以後，各朝各代的文人墨客一到江南，就要尋找夢寐以求的香榧，吃後，文人多有讚譽，給香榧賦予了文化韻味。

樅菌

回到闊別十多年的故鄉，吃到的第一道菜是樅菌，故鄉的事物慢慢爬上我的心頭。樅菌在故鄉代表秋雨綿綿、秋意涼爽。我覺得故鄉的秋天是那麼的溫柔可親、舒適爽人。俗話說：「秋不濕衣。」在故鄉，秋天不怕它下雨，農人出門，不用看天氣，也不用帶雨傘和衣服。故鄉的秋天，氣溫明顯下降，偶爾雨點飄零，卻無法打濕農家人的衣服，是個非常舒適和享受收穫的季節，山野裏還滋生了各種野生菌群和野果，給我們的生活增添了無數的美味。

故鄉並非高山野嶺、深山老林，只是雪峰山與江南丘陵的交界處，大片的松樹林，漫布大大小小的山崗。每當秋風蕭瑟，松葉飄落之時，地上覆蓋著厚厚的一層松樹枯葉，地表織上金黃的松葉錦，隨著秋季的深入，織錦由金黃色向黑褐色轉變，灑下零星雨點，經過樹葉阻擋，滑落到枯錦上，慢慢腐化消融，飄散著黴味，錦下攀滿黴絲。樅菌在秋雨的催促下隨著雨滴來到人間，鑽出腐葉，豎起它的小傘，招引農人的採摘和甘露，來到故鄉人的餐桌上。

秋雨連綿，農人無法收割花生、玉米、稻穀、紅薯等農作物，多歇息在家裏，看著飄灑的雨點暇思，偶爾想起祖先的生活，是靠野果和菌子活命的。故鄉人就背起丟棄的背簍，穿越在低矮的松樹林裏，尋找他們酷愛的美味——樅菌。

故鄉出產著名的三蔸：樹蔸、竹蔸、茶蔸，是主要的外貿產品，換取鹽巴和生活物資。雖然松樹繁多、長勢茂密，卻不是銷售的主要產品，只能降級用於造房，修築自己的家園。

中秋節前後，故鄉的青壯年勞力都要進山勞作，主要工作是砍伐碩大的樹木，包括竹子、杉樹、松樹、梓樹、株樹以及優良雜木，竹子、杉樹砍倒後在山裏臥上一個冬天，第二年春水暴漲，沿著山溪進入資江，走出大山來到外面的世界。松樹、梓樹、株樹是二等木材，農人用於建房，在冬天大興土木，建設渴望的莊園。

樅菌主要生長在低矮的松樹林裏，深山老林不多見。低矮的松樹林主要靠近農人耕種的地方，在開墾後荒蕪的土地上，幾年的功夫，漫山遍野的荒坡上，風力播下松子，小松樹林茁壯成長，非常茂密，長勢喜人，在春雨的催促下，在夏日的照耀裏，在秋雨的滋養中，小松樹林清脆鮮嫩、欣欣向榮，也滋生了它們的菌群——樅菌，更吸引了農人的關心。

酷熱的夏季，讓山野的農民非常難熬，希望秋日早些到來，涼爽舒適。秋天的到來以立秋下雨為準，立秋之日下了雨，叫做潤秋，就可以種蕎，得到半季收成，人們也盼望樅菌這種美味的出現。立秋之日沒有下雨，那就沒有潤秋，接著的日子是二十四個秋老虎，連續晴二十四天，更加酷熱難擋。農民多麼希望中秋來點秋雨，洗刷一下酷熱，欣賞中秋圓月。

秋雨洗漱過的松樹林裏，除了樅菌，還有其他野蘑菇，更誘人的是山果，獼猴桃、八月桂、百合等都可以順手採摘，及時品味。農民忙裏偷閒，找到生活的歡樂，也吃到甜蜜的野果和美味，在收穫的喜悅上飄忽。

中秋撿蘑菇，是故鄉童年的一件快樂事。故鄉的大人，為可以撿蘑菇吃野味而高興，也預兆著冬天不遠，夏日遠去；故鄉的小孩，光著腳丫漫山遍野的尋找蘑菇和快樂，樅菌是主要目標，也兼顧收集野果和歡樂。穿行於松樹林裏，看到冒出來的樅菌，心裏歡天喜地，又喊又叫。卻輕悄悄摸著樅菌的柄，把它從土上摘掉，粘著沙粒或者松樹葉，拿在手裏，喜滋滋的撫摸，特別是新生的蘑菇，滋潤、光滑、涼爽，摸著邊緣，光滑透出涼爽的味道，代表著秋天的氣息。

樅菌是種群生菌，喜歡生成一圈一圈的，據說松樹腐葉底下的菌絲會連在一起。當小孩找到一個樅菌，就會找到大片大片的樅菌。小孩先悄悄的採完，才會叫喊：這裏有好多蘑菇，其他的小朋友聽到喊聲跑過去，叫喊的人早已溜到了其他的松樹林裏，尋找新的蘑菇群。

這樣的秋天和雨點，就是我快樂的童年時光和現在時常回憶的對象。

麻糖

回到故鄉，手工麻糖已經罕見，早已被工業產品替代，回想起童年的生活，麻糖留給我的記憶難於抹沒，深深的痕跡和甜蜜，豐富了記憶的碎片。

童年生活在不足三公里的山沖，活得有滋有味。每年臘月，我希望能夠吃到甜酥的麻糖，可是幾次落空，親戚朋友知道我的愛好，在春節送幾塊麻糖給我，我把它當作寶貝，分給姊妹品嚐。吃麻糖時特別珍惜，每次咬下一小口，邊吃邊回味糖的甜而不膩糙米脆而酥軟，猶如一道絕味美食。

家鄉麻糖，是純粹的手工產品，與工業麻糖的味道不一樣。慢慢回憶童年，覺得最甜蜜的還是那些有麻糖的日子，帶著它的特殊節日氣氛，將我帶入年關。麻糖的名字來源於它的顏色和味道，顏色是麻色，界於黃色與黑色之間；吃起來非常甜膩，就像糖一樣。家鄉的先人根據麻糖的兩個特點，給它取名為麻糖。

地道的家鄉麻糖，是用農村的剩餘產品或雜物做成，味道極其鮮美。

我的童年，饑寒是冬天的兩大難題，家家吃不飽。秋天收割後，田裏掉了些落在地上的穀子，我們把它撿回來，洗乾淨後把穀子煮熟，穀子煮得開花開朵，形狀各異，漏乾水後，就著秋天的陽光暴曬，幾天後穀子乾燥了，在打米廠加工去皮，留下米花，用做麻糖的基本原料。

白糖是當時稀缺物資，農村只能自己製糖。農村的每年秋天，家家戶戶都要曬紅薯碟子，選擇一些優質紅薯在秋風裏風晾幾天，糖分分泌出來形成黑點。把紅薯洗淨，切成紅薯片、紅薯條、紅薯仔等，選擇一個秋高氣爽的早晨，燒一鍋開水，把切好的紅薯倒在開水裏，燙到變軟，曬到準備好的坪面上。開水就成了一種微甜的糖水，有紅薯糖成分。農民為了做這點紅薯糖，提前準備好麥芽，把一盆小麥洗濕，放在溫暖的地方，等待麥子發芽，麥子發芽生根後，抱成一個餅，用繩子穿起掛在火坑上，麥芽越長越青。在紅薯糖水裏加入麥芽，開水慢慢涼卻，等到晚上，把紅薯糖水過濾，猛火燒乾水分，底下的就是糖。農村習慣叫紅薯糖，其實是麥芽糖，暗紅色，稠稠的，可以用筷子挑起，拉成很長的絲。

到了臘月，每家每戶都要做碟子，準備春節接待客人。順便炒些芝麻、玉米、花生米，加在麻糖裏做輔料。

做麻糖要敲打，農村叫做打麻糖，把豆腐夾放平，倒入米花、芝麻、玉米、花生米，攪拌均勻，燒熱融化麥芽糖，淋在米花上，麥芽糖慢慢流入縫隙，再包好，用大石頭壓緊。還要不停的用木棍捶打，讓糖液分佈均勻，米粒壓緊，播上石塊壓榨幾小時，不再粘包袱布後切成豆腐塊，再切成小片，放乾燥地方儲存。

農村比較看重麻糖，多用陶罐儲存，在陶罐底放上木炭，用報紙隔開，上面放麻糖，再密封，吃起來非常乾燥，很有脆響。

麻糖還衍生一種糖，叫糖片，麥芽糖裏加花生米和芝麻，吃起來非常粘牙齒，也特別甜膩，家鄉做得不多。家鄉很多人在西北的青海、甘肅、新疆和東北三省做生意，把這種花生麥芽糖在當地生產，因為當地冬天乾燥，花生麥芽糖有韌性又有彈力，非常受歡迎。

吃麻糖是我個人的愛好，親戚見我回鄉下，他們常給我送點麻糖嚐嚐鮮、試試味。

現在深居都市，懷念家鄉的每樣美味，卻很難吃到。

豆腐年代

吃城市的豆腐，我非常痛苦，它在打破我對豆腐的美好記憶。一是城市豆腐沒有豆腐味，像吃泥巴；二是城市做豆腐的方法太少，少得連做豆腐的最佳方法都沒有找到。每當這個時候，我就懷念起我的農村生活，我那些吃豆腐的日子。

我家在新化大熊山下，因為有很好的泉水，豆腐非常的細膩。我在那裏待了十九年，也吃了十九年的家鄉豆腐。家鄉豆腐屬白溪豆腐系列，是非常好吃的水豆腐品種。曾經流行過一句話：「有豆腐就是肉。」那時，家鄉的生活水準還很低，一般家庭吃不上肉，卻每家每戶都種了黃豆，到了下雨天或者農閒季節，就有人在家裏磨豆腐吃。買豆腐也只要一毛錢一片，一家人買上四片豆腐，煎著就可以下一頓飯。當吃到煎豆腐，我們都把它當肉，小口小口的咬，吃得津津有味。

我家是種黃豆的大戶，一年要收穫一兩擔（三四百斤），一年磨豆腐是怎麼也吃不完。母親是個做豆腐的能手，她磨的豆腐既結實又厚盾，非常有分量，鄰居的婦女們都跟母親學經驗，母親成了她們的「免費顧問」。

我小的時候，母親非常忙。我家六口人，還要照顧祖父祖母、外公外婆，剛父親一個人掙錢是不過的，母親也做一些力所能及的事。我們姊妹想吃豆腐，也要等到逢年過節，母親才有充足的時間磨豆腐。那一般是父親回家的日子，母親和父親兩人推磨，我們小孩燒的燒開水，餵的餵豆漿，兩三個小時就做出了一箱豆腐。家裏做豆腐一般是兩三箱，逢年過節就要多做點，特別是春節，會做十幾箱。我們就鬧著要吃豆腐拌肉，母親一定會開一箱剛乾水的熱豆腐，劃成塊，取四塊熱豆腐切片，先煎一面，把肉炒一炒，再與豆腐一起炒幾分鐘，加點調料和水，煮開就可以出鍋，我們吃得很有味。

母親把剩下的豆腐榨乾水，劃成一塊一塊的，用篩子裝好，等一個晚上或者一天，豆腐裏的水就漏乾，再分類做煨豆腐、油豆腐、黴豆腐等。

姐姐進入中學，母親做豆腐的時候多起來了。每次做的都是煨豆腐，也就是一種豆腐乾。後來我才知道，煨豆腐做成菜可以吃幾天。姐姐在離家二十公里的小鎮讀書，飯在學校蒸，菜要從家裏帶。其實，做煨豆腐的時候，我都參與了。母親把豆腐上箱後，榨乾水開箱劃成塊，漏乾水，晚上趁燒的柴火留下的火子，把豆腐煨在帶火星的草木灰裏，帶熱氣的草木灰很快就把豆腐裏的水分吸乾。等第二天早上起來，就把豆腐從灰裏掏出，我再用籃子裝好，帶到溪邊，在溪水裏把豆腐上的灰洗乾淨，逢太陽曬乾或者在灶上烤乾。姐姐回學校就切片炒菜帶到學校去。

我進入中學，只吃過一兩次煨豆腐，覺得味道很好，現在都常常懷念。

等我讀高中，家裏只剩下我一個人讀書了。家裏的生活水準有所提高，我又在學校待兩個禮拜才能回家一次。父親、伯父隔三差五的到我讀書的鎮上賣扁籃（一種竹織的背籃），順便給我帶菜。母親一般做肉炒辣椒，有時也做煎豆腐。但是我覺得父母的休閒時間多了，常給我做些新鮮的菜，卻沒有做煨豆腐。後來，我才知道，母親的身體不是很好，根本不能沾涼水。

讀大學期間，我在家裏待過一個多月。那是夏天，父母準備給姐姐準備嫁妝，在家裏做木器傢俱。母親已經不磨豆腐了，吃的豆腐都是從外面買來的。當時二伯母天天磨豆腐賣，我每天早晨走四公里路去拿豆腐。

豆腐年代已經離我有五六年，我卻時時懷念家鄉的豆腐和父母，卻只能在文字裏糾纏和思念。

長沙冬天一鍋涮

長沙的冬天，有些寒冷，也有些溫暖。這寒冷是從天氣來說，溫暖卻是從長沙的吃來說的。長沙的冬天，吃是另有一翻滋味的。

長沙是一個好吃之城，曾經以吃為名，這幾年更以吃成名。因為一個吃，在不大的長沙城就崛起了一個飲食湘軍，以湘為號不是酒店做得好就能迎來這個稱號的，而是全民皆吃、全民好吃、全民會吃得來的。長沙人可以不分四季，無論什麼時候都能找到自己愛吃的和好吃的，就是乾冷的長沙冬天，也不例外。

北風呼呼的長沙城，在每個角落的排擋裏，活躍著許多愛吃和好吃的人，他們為了吃，冒著寒冷遊蕩在街頭或者角落裏，品味著長沙的滋味。

長沙本來算不上火鍋之城。火鍋全國沒有流行的時候，長沙人沒有發明火鍋，而是發明了涼菜，喜歡把涼菜和啤酒一起吃。等全國都流行吃火鍋了，長沙人也沒有任何抵抗就接受火鍋了，火鍋在長沙城的大街小巷流行起來，並成鼎盛之氣。有了火鍋，長沙人開始有了轉變，寒冷的冬天，大家都萎縮在家裏，圍著自家的火鍋尋找溫暖。

長沙人愛吃，主要是為了尋找一份溫暖。長沙人聚在一起吃為的就是那點溫暖，其實，溫暖可以在其他地方找到，但是在飯桌上的溫暖卻不同，只要有一點火或者一點熱，就不再哆嗦，甚至大汗淋漓。愛吃的長沙人找到了火鍋，火鍋能給一家人溫暖，也可以給一家人歡樂。聚在一起，吃得溫暖、吃得熱乎。大家也願意在家裏熱乎，畢竟家裏的熱乎還可以暖和一家人的心。

冬天的長沙城，做飯的方法也有所改變。不管做飯的是女人還是男人，都想出了一鍋涮，把帶肉的先燉好，其他小菜等都一齊涮在裏面。其實，這也是從長沙城的實際出發的，長沙天氣很冷，炒一個菜出來，下一個菜還沒炒好前面的就涼了。在做一鍋涮的時候，需要炒熟的就先炒熟，其他的菜洗乾淨就可以，再燒上一鍋湯，大家圍在一起就可以涮了。

家家戶戶都在家裏做火鍋，長沙人也心甘情願的一鍋涮。就這一鍋涮，其實是從長沙人的小資引發的。長沙人很小資，追求趣味和熱鬧。一家人圍著涮，大家都行動起來，當然是一種有趣味性的行為。自己想吃什麼就可以涮什麼，可以按自己的方法去涮、去吃，絕對不受別人的限制。就這小小的方便，給長沙人迎來了小資的滋味，迎來了小資的資本，大家都開始熱愛起來。

小資的女人與男人，吃完了火鍋，都不願意離開。在回味吃過的美食，回味得興趣快然。從火鍋裏，我讀到了長沙的風味，也讀到了長沙人的前衛。圍著火鍋的長沙人，就用火鍋闡釋著自己的人生和追求。

瀏陽夜味

我記不清第幾次去瀏陽了，但是我每次去瀏陽，都是當天上午去，當天下午或者晚上回長沙，從來沒有在瀏陽市區待過一個晚上。欣賞瀏陽的景色，也是在白天走馬觀花。這次我到瀏陽參加劉繼德先生主持的劉氏宗親大會，組委會安排我在瀏陽住一晚，我只好遵從他們的安排，並且參加了瀏陽夜遊活動，瞭解一些瀏陽的夜生活。

在長沙，夜宵是夜生活的主要內容。凡是有燈影的地方就有夜宵攤點，只要有夜宵攤點的地方就有紮堆的人享受美好的夜生活，特別是夏秋季節，晚上涼爽舒適，夜宵攤點見縫插針，紅一片綠一片的搭開餐桌、雨棚，收攬三三兩兩的遊客，結伴而來的有情侶、有朋友、有家人、有學生，品味長沙的鴨寸骨、鴨脖子、口味蝦，忙活到翌日凌晨三四時才散宴，攤主收拾完餐具已經迎來了第二天的太陽。

我在長沙生活十數年，參與過無數次夜生活，在霓虹燈下，享受過夜的美麗和溫柔，尋找過夢想和理想。隨著年齡的增長，夜生活的次數越來越少，主要把晚上奉獻給書本。

這些年，瀏陽的建設非常迅速，我偶爾有所瞭解。

這次夜遊瀏陽，我沒有坐組委會準備的大巴，還是由老張開車，三四個人坐輛小車。從教育賓館出發，欣賞瀏陽河畔的夜景。

我們按下游往上游走的方向行走，以前都是白天，看到的都是建築，也沒有其他裝飾和襯托，在這樣的夜晚，瀏陽河畔的建築被燈光和煙花裝點，在五彩的霓虹燈下，變得狐媚動人，豔麗非常，加上瀏陽河的水，晃蕩著建築的倒影，連著河上的彩虹，明暗襯托，更加迷人。我們的車速不快，可以清晰的看到車外的景物。車道邊就是傳說中迷人的瀏陽河風光帶，不僅修飾得如影如幻，瀏陽人在風光帶上漫步賞風，更增添幾分繁榮景象。我們看完觀禮台的煙花閃爍，就欣賞對岸的瀏陽新城，隔著明晃晃的瀏陽河，在霓虹燈的照射之下，構造出無數幅優美的圖案。我很想到瀏陽河風光帶走走，讓自己成為別人觀賞的一部分，被通知晚上還要參加其他活動，我們只好回到賓館。夜遊只有半個小時，我們覺得沒過癮。

到賓館，另一個節目已經開始，瀏陽地花鼓上演了。我雖然不是票友、戲迷，從小還看過不少地方戲，每到一個地方遊玩，有地方戲我必然去欣賞，瞭解當地民情。瀏陽花鼓戲婉轉的唱腔，獨特的表演藝術吸引了我，雖然演員都是群眾演員，操練也不是很精湛，卻帶給我另外一種感覺，很有鄉土味。我們幾人吃著水果，欣賞戲文、品評著藝術，無比的愜意。幾個劇目很快演完，正好有個當地的朋友來見面，就在大廳裏交流起來。

看了看時間，已經十點多，朋友約我們去吃宵夜。瀏陽的餐飲，以蒸菜聞名，不僅實惠，味道也不錯！吃瀏陽的宵夜，我還是第一次。

我們開車來到新城區，臨近瀏陽河畔，有條街叫碧灣，全部是宵夜店。

我們到時，很多店面擠滿了人，找了一圈，終於找到個座位。朋友說：「碧灣吃宵夜，最繁華的時刻是凌晨兩點以後。」我們都想早點休息，不想再到兩點來看熱鬧。

據說，瀏陽城區吃宵夜的地方多，有金沙路、圭齋路、解放路、北正路、人民路、勞動路。圭齋路的黑哥滷味，土豆、鴨舌、豆腐不錯；菜市場門口的唐氏滷味，品種齊全，醬板鴨最有名；梅花社區的劉氏滷味，毛豆、藕片、香乾百吃不厭。瀏陽的夜宵，這些年熱鬧非凡，春夏秋冬沒有淡季，都吃熱滷，體驗快樂健康品質生活。

我們才坐下來，老闆沒有倒茶，搬來幾件惠泉啤酒，嚇我一大跳。朋友解釋才知道，瀏陽人吃夜宵，每人能喝一箱啤酒，而且喜歡惠泉。朋友要我點菜，我對瀏陽的宵夜不瞭解，不敢妄為，請朋友代勞點幾樣特色小吃即可。朋友是個誠實人，把他喜歡吃的瀏陽特色夜宵全部點了。

第一道菜是炒毛豆，與我在其他地方吃的有區別，加了紫蘇葉、青辣椒炒的，炒出了它特殊的味道，吃著豆子非常清脆，帶點生豆漿味，辣椒子像芝麻一樣覆蓋在毛豆上，喝點冰啤酒，還算不錯。

第二道菜是鴨脖子，顏色黝黑發亮，肉質緊湊，用的是常德鴨霸王的做法，切成一節一節的，吃起來不是很辣。我沒有吃出鴨脖子的特色，卻感覺到它的香甜，非常純美。

第三道菜是滷豬手，是瀏陽宵夜的特色，漆黑的豬手，像薰黑的臘肉，嚇了我一跳。在城市裏生活習慣了，不敢吃黑乎乎的東西。其實，我是個喜歡啃骨頭的人，遇到帶骨頭的食物，吃得津津有味，骨頭上的肉也啃得很乾淨。朋友吃完豬手，見我們還沒有下手，就給每個人夾一份放進碗裏。我仔細看了看豬手，那黑乎乎的是滷汁，我才敢吃。我咬了一口，肉質很軟很嫩，精肉比較少，吃起來不油膩，醬油味稍濃，肉質很甜、很鮮。我慢慢的吃，越吃越辣，我就喝冰啤酒，還是不行，又喝涼開水，才稍微緩和。其他人也像我一樣，辣得呵斥呵斥。我吃得有滋有味，絲毫沒有放棄豬手的意思，一邊加緊吃豬手，頭頂不停的冒汗，吃完豬手，感覺痛快淋漓，舒適異常。

第四道菜是鴨腦殼。豬手這麼辣，我不敢再嘗試鴨頭了。朋友告訴我，鴨腦殼不辣，我才抱著再試試的心理，夾了一邊鴨腦殼，確實沒有豬手那麼辣，味道也不錯，甜味很濃，骨頭容易剝去，啃起來柔嫩得很，嚼起來柔軟出味。

最後吃了些涼拌黃瓜，味覺才回歸正常。

回到賓館，我回味著這晚瀏陽的夜生活，覺得比白天的瀏陽有滋味得多。

珠梅雞

已經很少在外面吃飯，常想擠點時間做那些無法再拖的事務。守著工作，每天都要出門溜搭，那又好似是不能少的事情。從這裏轉到那裏，遇上吃飯時間，常被朋友留著吃飯，又把時間耽誤了。

到德雅村找李健，談點圖書出版的事情，不知不覺說到文學，我倆激動不已，談論起一年的成績，兩人的收穫都不錯。因為高興，時間溜到了下午五點半，免不了李健要請我吃飯。我提議不要邀很多朋友聚在一起，到附近找家小店，隨便吃點東西就行。李健一改往日風格，沒有呼朋喚友，只找了個女朋友作陪。

省社科院門口有家紅火樓，掛著一塊紅色條幅，寫有漣源一絕——珠梅土雞。我們看了看，李健的女朋友提議去那裏試試口味。

珠梅是漣源的一個小地名，以出產三黃雞有名。根據珠梅人自己的口味，創造了一種吃三黃雞的方法，經過一代又一代人的演變，做成了現在的珠梅雞吃法，珠梅人把這種吃雞的方法叫做珠梅雞。

我到漣源去過多次，吃過漣源的很多地方美食，也與朋友考察過漣源地方美食，卻沒吃到珠梅雞，時時感到遺憾。

李健知道我好吃，主張去品味一翻。我正好很久沒時間品味，難得今天有興趣，就應承了。曾經聽食界的朋友說過，珠梅雞與其他雞的做法完全不同，雞需要漣源珠梅產的正宗三黃土雞，多以吃天然的青草和山野的蟲子長大，有時還吃點五穀雜糧。選毛重四斤左右沒有下過蛋的仔母雞，吃時味道純正，營養價值高。帶皮五花肉需要吃純草豬的肉，以飼料養大的豬肉不行，並且要精肥肉分明，成行成格。辣椒要香甜超辣的漣源朝天尖椒，不能用其他辣椒代替。三黃雞砍成大塊，加雞腸子、雞雜、雞血，五花肉切成大片，一隻雞加七八片，每片小巴掌大。五花肉先入鍋爆炒，精肉呈黃色，肥肉出油，放雞塊翻炒，加料酒，煸乾水分加薄薑片和一鑵勺水，加青辣椒、紅辣椒、鹽、雞精紅燜，到快收乾水出鍋。

朋友們還說，正宗的漣源珠梅土雞老店有一種秘方，是煮雞時的一種湯汁，從不外傳。現在婁底、長沙的珠梅土雞分店，特配秘方湯汁還是由老店配送，地道的珠梅土雞煮菜的時間和下配料的先後順序都非常講究，他們不僅做原料是純天然也做炒菜技術。很多到漣源視察的婁底或湖南的領導，想吃土菜都會去珠梅土雞老店品嚐，感覺地道的漣源特色。

為了吃雞，我們怕油膩，先點了一個涼菜——酸辣蘿蔔條解油膩。紅火樓的蘿蔔條很有味，潔白的蘿蔔條上有點緊縮的霜色，吃在嘴裏有點辣味，更多的是酸甜，改變了蘿蔔原有的味道，吃著就越想吃，也不怕胃酸。

吃完兩盤蘿蔔條，珠梅土雞終於上桌了。端上來的時候，確實把我嚇了一跳，與我們想像的完全不同，菜沒有溫熱裝置，還用一個大如臉盤的不銹鋼盆盛著，滿滿一盆，看上去全是辣椒。辣椒有青色和紅色，在盆裏比較起眼，卻一律的是個頭小的朝天尖辣，橫著切成長度約一釐米的筒，也沒有湯汁。

我是一個吃辣椒的人，吃過不少厲害的辣椒。當看到這種朝天辣椒一盆一盆的端上桌來，我倒是第一次，有些害怕，也增加了鬥志。不跨過吃辣椒這道坎，想品味珠梅土雞確實是一道難題。

李健拿起筷子，在盆裏揮掃了一把，雞肉露出來，看到一塊巴掌大的五花肉。我馬上聞到了一股油炸的雞肉香味，並且非常的鮮美，有別於燉、煮的雞肉香。我沒有夾雞肉，還是夾了那塊露出來的五花肉。五花肉足有一釐米厚，放在碗裏占了半個碗的空間，顏色像油渣經過水煮一樣泛白，而且起伏有須。

我仔細盯著五花肉，心理有些慌張。十多年前，我會毫不猶豫的兩口吃完；今天，我已經在城市待了上十年，農村的那種大吃大喝的膽量早已成為過去，只會吃樣式和花樣，不在乎吃飽。夾起五花肉看看兩面，心裏嘀咕，應該不會油膩吧。咬了一口，還好，油水很少，特別香純，精肉不是很乾，也沒焦，沒有粗條的感覺，比較柔軟。吃完一塊，還想吃。李健見我吃了一塊那麼大的五花肉沒有反應，他也夾了一塊。李健的女朋友楊旭也要了一塊，吃完又在盆裏翻找，我們都找五花肉吃。

我夾了一塊雞肋肉，準備品味。

吃雞肉有很多講究，農村表示主人熱情，給客人夾肉多之處或雞腿，給老人夾雞頭，並尊稱鳳頭，有些人不吃雞皮或雞雜，有些人只吃雞爪或雞翅。美食之客，喜歡吃雞肋。

珠梅雞皮純黃色，古銅感。咬在嘴裏，糯性很濃也很粘，雞肉卻非常細膩，沒有半點粗糙感，隨便怎麼嚼，也嚼不出一絲一線。慢慢品味，雞肉非常甜美，甜得很自然，有著甘甜純正。加上辣椒汁的辣氣，雞肉香完全改變，成為一種辣香。雞肋肉沒有完全脫骨，吃時需要慢慢嚼，更能找到吃的感覺。盆裏有雞腸子，每節都不長，卻很綿軟，帶著辣椒汁，吃起來味道香辣。雞血小塊小塊，辣椒湯全部煮進雞血的氣孔，吃起來有湯辣和雞血的脆嫩。雞雜切成小片，既脆又香。吃珠梅雞，在於品味它的香辣和別樹一幟的風格。

盆很大，我們三個人根本吃不完。辣椒很下飯，我們都吃了好幾碗米飯，也喝了不少茶水，卻感覺很舒服，吃完身體也覺得非常輕鬆。我想，這種感覺就是珠梅土雞吸引食客的原因。

豬腳王

漂泊在外，除了工作，最大的興趣就是找個地方尋點美食吃吃，來滿足個人的野性和嘴巴的嗜好。長沙飲食界有一句很流行的話：「吃在長沙！」長沙是「飲食湘軍」的集中地，幾乎匯集了湖南所有的名菜，也有不少的外省菜館。而真正理解「吃在長沙」的意思後，好吃的並不是那些高檔賓館、酒店，還是民間的那些特色菜館。如果有閒工夫，就可以到長沙來尋找遺失在民間的美食。銀盆嶺的豬腳王就是川菜流失在長沙的典型美食。

我聽說銀盆嶺的豬腳王的菜好吃有一段時間了，卻時時抽不出時間來前去品味一二。為了打探虛實，我還是先派了一位朋友到實地考察了一番，得到確切「情報」才打的前去。

豬腳王並不是好找的地方，先要到河西的銀盆嶺，再從創遠花園門口進去，約行百餘米，再往左拐，往前一百五十米就看見一塊招牌，亮著燈光，上有「豬腳王飯莊」幾字。

在創遠花園，沒有什麼商場，也沒有什麼單獨的飯店，全部是統一形式的居民樓。豬腳王也就依偎在居民樓裏。

下車後，我才發現周圍已經停滿了摩托車、小轎車、的士。跨過圍欄的鐵門，有一個大棚，空地上有四五張桌子，卻擠滿了人群，我以為就是這類的排擋。準備喊老闆，卻又想去裏面看看，憑著感覺直接往裏走，走到第二間房子才看到一個吧檯，立著一位三十歲左右的少婦。她根本就沒有搭理我們的意思，我只好走上前去問她：「還有地方坐嗎？」

她才抬起頭來，打量了我一下，問道：「你是第一次來吃吧？」我聽她這麼說，就知道這家飯店的回頭客特別多。我只好擺出一副老江湖的樣子，要她給我們四個人安排一個房間。她說只有三樓有一個包間了。我正準備上樓，她又叫住我，要我點了菜再上樓。我先點了一份豬腳，其他的就不知點什麼是好，就直言道：「你給我推薦幾個菜吧！」她也挺爽快，先推薦了一個水鴨，我們天天吃雞吃鴨，覺得沒有什麼口味。她就給我推薦了脆皮乾鍋、鮮煨土豆、手撕包菜、燒辣椒炒豆角，還給我們推薦了一瓶冰鮮橙多。我本來是不喝冰鎮飲料的，看到她那麼熱情，也就沒有拒絕。

坐在三樓的包廂裏，看著外面的燈火，微風吹拂著臉上的餘熱。點上一支煙，悠閒的噴吐著煙霧，感受著飯前吞雲吐霧的快感。也把吃飯的氣氛給調動起來了。

一會兒，菜就上來了。第一個菜是豬腳，用一個潔白的大瓷盆盛著，開始只聞到桂皮、茴香的香味，卻聞不到豬腳的肉香味，看到那黃橙的豬腳，就勾起我的食欲。我先夾起一坨放在碗裏，等漏掉油水之後，吃了一口，是甜甜的感覺，好像帶糖水的蜜桃，再吃，才感覺到有點香，再是有點辣。等我吃完一坨，才知道特別的辣，不是辣在心裏，也不是辣在喉嚨和口，還是辣在嘴巴皮上，也有點麻，麻得嘴巴皮都在顫抖。我才知道川菜的厲害。喝一口冰鎮鮮橙多，感覺嘴巴稍微好了點，讓口裏又回到了甜的感覺。

在做菜的境界裏，只聞到一點輕微的配料香，這是菜的第一層境界，聞到肉香是第二層境界，聞到配料的大香是第三層境界，肉香滿室為第四層境界，也是最高境界。

細細打聽，才知道：這豬腳是用大鍋燉好的，在燉出肉香之後，放入茴香、桂皮、香葉等香料，再加入尖紅乾辣椒溫火燉半個小時，湯就成了黃湯色。吃的時候再加熱，要是能吃辣椒的，再加粗辣椒粉。

我仔細看了一下湯，裏面的油很厚。所以香味被油所覆蓋，在沒有攪動的情況之下，菜的香味就很淡。

第二個菜是鮮煨土豆，土豆看上去如銅丸，大小如煮熟的蛋黃，完整無損。老闆連忙解釋說，這土豆是先煨熟，用水淋一下，再把皮剝掉，放入鍋內，用油先煎一煎，形成一層煎黃的薄皮，再加上鹽等調味品，放在盤裏。盤中的土豆壘成山型，看著漂亮又有形。我夾了一個，稍微用點力，就把土豆夾成兩塊，飄出煨土豆的味道，是一種誘人的成熟味，有點甜有點膩，還帶著特殊的煨熟味。

第三個菜是脆皮乾鍋，上來以後，我先是感覺到鍋裏的湯很少，怕把鍋子燒熱就把菜燒乾了，問服務員，她告訴我這裏的乾鍋是只放一點點湯的，還告訴我之所以叫乾鍋就是用一個沒有湯的鍋子熱菜，湯多了應該叫火鍋或者湯鍋了。再看鍋裏的菜，都是那麼的新鮮，就像剛切好的，我再看配料，是脆皮和臘肉，脆皮黃黃的，像熟透了的穀子，黃得很可愛。臘肉是條形的薄片，約兩釐米寬，六到七釐米長，不注意還以為是臘腸之類的東西。燒了幾分鐘之後，就能聞到一股脆皮香，帶著點菜湯的味道。我吃菜有個習慣，就是先吃素的再吃葷的，因為素菜是蔬菜，一是有水分，二是有甜味，先吃就能夠品味到菜的鮮味。其實做菜真正的工夫在於素菜，還不是肉類做得怎麼樣。一般肉類就是那麼固定的幾種味道，而蔬菜就不同了，炒到不同的熟的成分就有不同的味道，配上不同的配料也有不同的味道，可以說是味道豐富。人在眾多的味道中就很難把握住，特別還有一些蔬菜是敗味的，可以強迫其他的菜改變其味道或者中和其他菜的味道。如果吃到菜裏的蔬菜是鮮美的，那麼這道菜就是成功的。脆皮乾鍋的味道就在脆皮的鮮美，只要脆皮一鮮，整個菜的味道就上來了。再煮一會，脆皮的鮮味就飄出來了，我吃了一塊，脆皮果然清脆可口，卻有辣椒的味道，我看得仔細的是裏面沒有多少辣椒，後面我才想起這是川菜的風格，裏面放了胡椒、花椒，帶有麻辣味。我越來越想清了：這是按湖南人的口味做的四川風味。因為在湖南的北部——湘北地帶（常德、張家界等地）有吃花椒的習慣，其他地方也可以吃一點，只是不常見而已。

第四道菜是燒辣椒炒豆角，辣椒的表皮已經沒有了，剩下的是辣椒肉，非常的柔軟，紅紅的辣椒肉像肉泥，豆角摘成一段一段的，菜裏還加了一點酸菜末，吃起來味道與辣椒炒豆角完全不同，就那麼一點酸味，增加了食欲，也改變了菜的風味，讓一道普通的菜變得可口誘人。

臨著窗戶，外面吹來一陣冷風，中和了室內的火鍋產生的熱量，喝口啤酒，覺得酒是那麼的爽口。最後一道菜是手撕包菜，裏面夾些切碎的乾紅辣椒，盤底有一層厚厚的油，黃橙橙的，色氣特好，像剛撕的新鮮包菜。我吃了一片，柔柔的，嚼的時候還有些脆，有股濃郁的香味。我才想起是用油淋的。先把包菜撕好放在清水裏洗乾淨，把油燒開，再把包菜放在油裏，燙三四分鐘就撈起來，倒掉油，加入紅辣椒和鹽就可以了。

我吃完，身上已經出了汗，才真正體會到吃美食時痛快淋漓的幸福和快樂，也讓我感覺到品味的艱辛。我回家後想，如果以後有機會再去吃豬腳王，我一定要他們做得最辣，認認真真的體會川菜，做一個川菜的愛好者。又想，如果有四川朋友來長沙，我就帶他（她）去豬腳王，吃長沙的川味。

合肥龍蝦

凡是有江河、湖泊的地方就有龍蝦，也凡是住在江河、湖泊邊的河民都喜歡吃龍蝦，這是我吃了很多地方後總結的經驗。

在長沙，雖然沒有大江大河，但是長沙人喜歡吃龍蝦，就有很多商人到洞庭湖邊去把龍蝦運來滿足長沙人的胃口。長沙人吃得興起，乾脆把龍蝦改名為口味蝦，創造自己的一絕。到了初夏，洞庭湖的龍蝦游進了商人的秤上，長沙滿街都掛起耀眼的招牌——口味蝦。夜晚時分，當吃宵夜的小資們開始活躍時，整個長沙城就飄浮著口味蝦的味道，與臭豆腐味爭雄。有愛講排場者：就號稱長沙是南方口味蝦之城。

五一到安徽出差，有朋友告訴我安徽的龍蝦好吃，還問我愛不愛吃龍蝦。我以為他們所說的是那種大龍蝦，等我詢問，才知道是長沙所說的口味蝦，吃的食欲就淡了一半。

見到合肥晚報社的張小石編輯，他建議我晚上去吃宵夜，並且告訴我有一個地方的龍蝦好吃，要我嚐嚐合肥的龍蝦的味道。小石看過我寫的一些美食文章，知道我是一個好吃鬼，所以就特地給我推薦去吃龍蝦。

其實我知道，在中國有兩個中國龍蝦節，一個在合肥，一個也在離合肥不遠的江蘇盱眙。合肥人都愛吃龍蝦，這樣說應該不會錯。我到合肥的幾天裏，見到的所有朋友都推薦我去吃吃合肥的龍蝦，可見龍蝦在合肥人的心目中的地位是何等的重要。

晚上九點之後，合肥的氣溫開始涼下來了。走在街上，吹來一股股涼爽的晚風。我們去的地方離合肥汽車總站不遠，是一個大廣場，空空曠曠的，對面有幾棟高樓大廈，放眼望去是熙熙攘攘的車流與人織，廣場卻只有安靜的食客，就是某個人很想說話，也是悄悄的討論或者咬耳朵。

我們走的是一條小巷，到廣場的口子就見荷花朵朵，飄浮在夜幕裏。其實那不是荷花，還是綠色的太陽傘，每把傘下放著一張四人桌。走到攤點前，才發現每把傘下都坐滿了人，大部分是戀人，來此培育感情的；也有一家人來的，就是父母帶著幾歲的小孩來找氣氛或者感覺的。我們找了個露天的座位坐下，點了份龍蝦和一些其他菜品。

小石是個實在的男人，工作與寫作是他的兩大嗜好，其他愛好就不多。吃龍蝦也是中規中矩的，筷子夾著慢條斯文的嚼，連一個龍蝦的爪子都不放過。

在長沙吃口味蝦，端上來的蝦子是用大菜碗盛著，煮了紫蘇、薑片等物，還伴著一碗湯。合肥的龍蝦不同：個頭要比長沙的小，只有小指頭大；用一種平碗盛著；沒有湯；也沒有紫蘇等物，鹽分淡些，如果吃慣了長沙的口味去吃合肥龍蝦，就會感覺到沒有放鹽；也沒有辣味。

在長沙吃口味蝦戴著薄膜手套，用筷子從菜碗裏撈出來，就直接用手抓著，撕下螯，折斷螯的上節，咬開吃裏面的肉，再把口味蝦剝去外殼的地方折斷，吸煮後的汁水，然後是吃真正的口味蝦，就是口味蝦的身子，剝掉皮，只吃蝦肉。這大部分的過程是用手完成的，所以看上去有點野蠻和湖南人的豪爽。

我見小石吃得那麼斯文，也跟著他學著吃，才知道，吃合肥的龍蝦要無欲無求，看著街道上熙熙攘攘的車流和人群，心中要非常平靜。在研究吃龍蝦的同時，只要注重吃的過程就可以了，不要追求吃到多少蝦肉，那樣才吃得到龍蝦的味道。

我有這一心得，就用筷子夾起龍蝦，聞到一點腥味。眼睛盯著街上的人流，嘴裏嚼著龍蝦，開始是一種淡淡的清香，飄蕩在口腔；接著而來的是新鮮的蝦肉味，有一股沒一股的飄散；再細細的嚼，就能夠感覺到一股甜味，淡淡的，然後把蝦肉吃下，覺得吃的過程是那麼的完美。

我才知道，同是一種菜，在不同的地方有不同的做法和吃法，就是同一種吃法和做法，也會吃出不同的味道，那就是吃的心境，也是人的心氣和境界。

紅薯香

久居都市，吃慣了美味佳餚，也想找點稀奇的東西解解油膩。長在城市的孩子，很少吃過粗糧，總把那些粗糧當做寶貝，吃上點鄉下的零碎就歡蹦不已。

每當進入秋季，妻子就會跟我說：「愛哥，我要吃紅薯。」我就為她扳著手指數時間，告訴她什麼時候才有紅薯吃。妻子生長在北方的城市，從小到大只下過兩次鄉：第一次是我們讀大學的時候，剛認識她不到半年，正值金秋，我帶著一班同學去老家秋遊，在山野裏挖人家的紅薯煨著吃。第二次是我們結婚——在老家辦酒。母親聽說媳婦愛吃紅薯，就給她準備了很多風乾的紅薯。妻子只專心吃紅薯，盡然在婚禮上還拿著一個剛剝的烤紅薯，搞得婚紗上粘滿了紅薯梢，鬧了一場大笑話。此後，我們就很少回鄉下。

中秋一過，鄉下就開始挖紅薯了。城市的街頭巷尾也就飄散著一種烤紅薯的香味，行走的女人和孩子都被香味所吸引，圍著一個烤紅薯爐轉。妻子看到這種情景，就會跟我說：「愛哥，爸爸的紅薯什麼時候才能送來，我現在就想吃了。」我就只好先跑上街頭去給她買烤紅薯。再打電話給父母。

其實，妻子不知道紅薯的香與甜並不是烤出來的，還是紅薯的水分被風乾後，表皮的澱粉被大自然的風力所分解，生成了二糖和香醇，再加上火一烤，香氣就飄散出來，糖也被烤成一個一個的黑點。我知道，母親在農曆八月初就會挖一兩擔紅薯，放在二樓的走廊上。紅薯要十天半個月才能風乾，在風乾中要爛掉一部分，還有一部分達不到火候，就要遴選。

父母接到我的電話，就得到處打聽有沒有熟人進城，如果碰得好，馬上就可以找到人，否則就要等三五天。紅薯一運到長沙，妻子第一個跑到車站去接車，還會好好的款待老鄉。回到家，我就會架起多日沒生火的煤爐，準備煤火烤紅薯。妻子就在旁邊跑來跑去，一會兒看紅薯香了沒有，一會兒看熟了多少了。我邊照看紅薯還要邊做妻子的安慰工作，有時不得不把她哄到客廳裏去看電視，我關上門才烤得出紅薯。

當第一個紅薯烤好了，妻子滿意的「抱」著它去客廳裏「欣賞」，我看到妻子的笑顏，心裏在不停的感謝父母。第二個、第三個也是同樣的「下場」，到最後，我才能吃上一個，我卻已經很滿足了。

敦煌羊雜燴

敦煌是沙漠中的明珠，也是河西走廊的美食天堂，匯集著甘肅、青海、新疆三省的美食。因為妻子的緣故，我多次到敦煌探親，在妻子的陪同下在敦煌大街小巷品味美食，享受人間美味，欣賞敦煌風光。

敦煌的美食分兩類，一是肉類，主要是羊肉，還有雞肉、牛肉等；一是麵食，主要是拉麵，有多種吃法，還有餅、饃等。

敦煌市區很小，東南西北每條小巷都走到，不要花兩個小時，所以為我尋找美食提供了方面。在敦煌尋找美食，不要打車，也不要詢問路人，自己邊走邊尋，看到食客多的地方，坐下來吃，絕對讓你滿意。敦煌有幾句關於美食的俗話：天上的龍肉，地上的驢肉；吃羊排去七里鎮，吃羊雜燴找沙洲。

我是南方人，吃麵食和烤肉都不習慣，有點天生的拒絕感。妻子告訴我羊雜燴是煮的，應該適合我的口味，讓我產生了興趣，想去沙洲市場轉轉，體驗一下羊雜燴。

我不喜歡貿然去尋吃，還是詢問了岳母及妻子在敦煌的姊妹們，覺得值得去試試，才下定決心。那天正好陪妻子進城買衣服，路過沙洲市場，又是正午時分，妻子想找個地方吃點東西再回七里鎮，我順便提議去吃羊雜燴，妻子同意了。走進沙洲市場，卻是一條商業步行街，盡是敦煌土特產杏仁、葡萄、夜光杯；走進一條小巷，內有寬闊的廣場，紮滿了店鋪，全是各式各樣的羊雜燴和敦煌特色小吃，就是傳說中的沙洲美食街。

每家店鋪門口，都架著兩口大鍋，鍋底大火長燒。鍋大如盆，鍋深如桶，鍋裏的湯汁不停的沸騰著，鍋緣上的羊頭傲立，有等待人來品嚐的架勢；羊蹄子的羊蹄筋和蹄子皮已經縮短大半截，裸露著小腿骨，靠近鋁鍋，香氣飄逸，勾起我的食欲。切碎的羊雜燴挨著熱在旁邊的平底鍋裏，大片大片的羊雜，粉粒狀拌料和湯汁唧唧的叫著，噴吐著羊膻味。我看著這些美食，口水不自然湧出，刺激著食欲高漲，很想來碗嚐鮮。

我在攤邊桌椅上坐下，妻子要了兩份羊雜燴，老闆從鍋裏打出部分羊雜燴，在平底鍋裏翻炒一番，加上大蔥片、孜然、辣椒面、鹽、大料，盛成兩個小碗，給我們送上餐桌。我與妻子看著碗裏的美食，同時埋下了頭，一起享受味覺的快感。

羊肺、羊肝、羊肚、羊心的味道不一，羊肺吃起來軟軟的，帶著血醒味，吃慣南方菜的人會感覺到噁心，只要少嚼快吞，就會沒事；羊肝有腥味，熱時吃還好，氣味不難受，只是質地比較硬、比較緊促，需要嚼碎才能下嚥，據說，羊肝還是滋陰補陽之物，男人多吃羊肝精力旺盛，夜生活無比威猛；女人吃羊肝青春奮發，身輕如燕；羊心沒有膻味和腥味，比較嫩，有韌性，雜燴裏一般放得比較少，用於調味；羊肚比較柔滑，不脆不腥。羊雜燴吃前聞不到膻味，邊吃邊喝水，膻味就竄出來了。

妻子說，吃羊雜燴要趁熱吃，否則羊油一冷，全部滷在嘴巴上，很難受，味道又膻又澀。點菜時不宜點得太多，只用於嚐鮮，吃完一樣上一樣，才不至於吃膩。

羊雜燴主要是把羊肝、羊肚、羊頭肉、羊肺、羊心與大料煮在一起，煮得越久越好吃。

吃完羊雜燴，妻子要了四個羊蹄子，看著不到五寸的羊蹄子，像個小豬手。吃前羊膻味很濃，如果迎面走來，南方人一定會薰倒，我算得上馬虎的人，還不影響食欲。吃羊蹄子，主要是吃蹄子上的羊蹄筋和肉皮，蹄筋有韌性，大鍋熬久了，韌性全無，反而柔性十足。羊蹄子上的皮煮久後出現糯性，靠近嘴巴就粘上了，咬下去，嫩嫩的、柔柔的，沒有騷味，沒有醒味。

羊頭可以切片放雜燴裏，也可以單獨吃。吃整個的羊頭不能性急，慢慢來，先吃頭皮，再吃頭皮底下的肉，再往裏吃。羊頭是個大頭骨，吃時要耐心和細心。據說，一個羊頭可以頂得上一腿羊肉，吃前要充分考慮自己的食欲和食量，食量太小浪費一個羊頭，吃點其他雜燴就行。

之後，我又去沙洲市場吃過幾次羊雜燴，才知道羊雜燴是羊頭、羊蹄子、羊肺、羊肝、羊肚、羊心的統稱，在喜宴上都是邊角料，無法上席，後來被做成小吃，充分發揮了它們的價值。

羊雜燴還有羊腰子、羊腸子，在敦煌不煮著吃，流行青海格爾木的燒烤風味，把羊腰子、羊腸子烤著吃，叫做烤羊雜，散上孜然、辣椒面、鹽和大料，邊吃邊流油，還有點焦糊味。

吃完羊雜燴，我喜歡馬上喝杯開水，把嘴巴洗洗，清除羊油味。

紅菱飄香

有首民謠：「吃菱角，剝菱殼，菱殼丟在北壁角。不吃菱角不剝殼，菱殼不丟北壁角。」

江南河網湖泊交錯，盛夏的戲水季節過後，秋韻聲裏泛舟湖河，漂浮的菱角會吸引我的興趣，伸手採摘，剝去皮就生吃，那有一番滋味。

我漂泊於湖海，遊蕩在山水間，每年秋季，最讓我懷念的是那漂浮的菱角，有青的、紅的、紫的，伸著兩個彎彎的牛角，像個雕刻的牛頭，朝我怪笑。隨著我泛舟的波瀾蕩漾，在那充滿詩意的湖面上，我斜躺在漁船中，享受傍晚的夕陽和湖面的餘波，心中構思著一幅又一幅美妙的圖畫。我伸出右手，輕輕划動湖水，推動漁船慢行。不遠漂來的漁船，漁歌唱起，大家的歡樂和收穫帶來的滿意，溢於言表。我指頭一陣刺痛，心想：一定是抓到了菱角。回頭期望，幾個紅色的菱角豎起它的尖角，我順手摘了菱禾，紫紅色的牛頭帶角，端祥著我，在空中顫抖。在那菱角飄香的湖面，讓我無法抑制不偷吃的欲望。

菱角是水生植物，屬菱科，原生歐洲、亞洲，中國有三千年的栽培史，種在江南的池塘、沼澤地。菱角分鈍角短刺、銳角長刺，即我們所說的深水菱、淺水菱。早稻收割後，栽下菱角幼苗。菱角從幼苗到開花結果，只要九十至一百二十天。菱角的葉子深墨綠色，葉柄肥大中空，葉子浮於水面，葉型成菱狀，花藏在葉片中，純白色，隨著太陽轉動。花落後結果，生出小菱角，成綠色，長大成暗紅色，即可收割。一株幼苗可結八十朵花，每朵花結八到十二個菱角，五到八月有菱角上市，產量較少，九到十一月，菱角盛行。菱角又稱水栗子，肉厚味甘美，含有豐富的澱粉、蛋白質、葡萄糖，營養價值與堅果媲美。

我深居城市，很少回到自己的農村，也很少回到自己的漁船上，看湖面的夕陽，偷吃湖裏的菱角，偶爾有親友來探望，帶些菱角，都與記憶相去甚遠。

我曾有多次想念我的紅菱，想在秋季爽朗的天氣回到那菱角遍佈的湖面，劃著小船，蕩遊湖上，欣賞那美好的夕陽，品味我記憶裏的味道，都沒成行。

前幾天，我背著包在長沙城裏滿街找蓮蓬時，卻遇上了思念已久的菱角。一位中年婦女，挑著一擔籮筐，蓮蓬還有一籮筐，菱角卻只剩下一小堆，雖然沒有養在湖水裏的那麼鮮活，還可以看到紅綠相間的顏色。我抓起一個，用力掰掉菱角，撕掉外殼，露出一個晶瑩剔透的小餃子，塞進嘴裏，嚼的叩嚓叩嚓，生脆有汁，味甜香醇。雖沒有兒時的鮮嫩甜美，也算美味可口。

我全部買下，才不到三斤。

帶回家，妻子只留下少許生吃，其他全部下鍋煮熟。吃著煮熟的菱角，就像水煮花生般甜膩、煨紅薯般芳香、炒板栗般粉滑，這才是我童年的記憶。

菱角不宜多吃，每餐只能吃幾個，很容易吃飽，像飯一樣塞肚子。那點菱角我足足吃了三天，第四天找到沒煮熟的菱角，角已經焉了，剝開菱殼，菱角肉有些暗淡，不再潔白，吃起來卻更加有汁、甘甜。剝了幾個菱角熬粥，香氣四溢，也補脾胃、強股膝、健力益氣。

麓山酸棗

進入秋天，伴著雨點的敲打，我想起了住在嶽麓山的一些舊事，有關那些酸棗的記憶。

當時我住嶽麓山腳下的赫石坡，從岳王亭往上走，一條路到七十三軍烈士墓，一條沿小溪到赫石坡，路邊長滿了酸棗樹。

伏夏過後，長沙的秋天有些雨水，常在天亮時淅淅瀝瀝的下，路邊的花草樹木沾滿雨滴。我選擇從七十三軍烈士墓的階梯下山，到湖南師範大學文學院去上課，偶爾頭被東西打中，總懷疑同學裝鬼恐嚇我。我走到岳王亭的湖邊，突然風雨大作，樹葉狂舞，啪啪的大堆東西打在水泥地面，一陣蹦跳，慢慢停了下來，接著才是雨滴落地，我走過去，地上滿地野果，大部分已經被砸爛，模糊不清，青色的偶有完整的，我撿了幾粒，個兒有北方紅棗大小，長長的橢圓狀，帶到學校，洗乾淨分給同學，他們生吃，說好酸。

一天早上，天剛濛濛亮，我去火車站接一位歸校的同學，下山時遇到幾位老太太，她們邊走邊撿路邊的東西，見她們把樹上掉下來的果實撿起，裝在袋子裏。我覺得奇怪，問她們撿什麼，她們說撿酸棗，我才知道這是酸棗糕的原始面目。我知道這個秘密後，早上下山都特別的小心，避開酸棗，有時一不小心踩著酸棗，就聽到啪的一聲，心裏就歎息，覺得破壞了老太太們的美夢。

每天早上，我踏著雨水，沿著石階一級級下山，看著那些活蹦亂跳的棗兒，心裏就有幾分喜歡，常撿幾顆塞在口袋裏，有時間來細細把玩，酸棗比紅棗沉重、圓滑。

酸棗別名山棗、酸棗子、別大棗、刺棗，生長在山坡、曠野、路旁，屬鼠李科落葉灌木，產印度、中國，中國分佈在遼寧、福建、內蒙古、河北、山西、山東、安徽、河南、湖北、湖南、甘肅、陝西、四川、江西等省，酸棗又分南、北兩種，秋季八九月份成熟，果實紅軟，果肉汁酸肉糅，棗核可以生吃、炒吃，也可以入藥，《本草綱目》載：酸棗有驅除心腹寒熱，虛汗煩渴之功效，口感酸甜柔軟細膩，果實健脾，種子鎮靜、安神。

康熙年間，康熙親自西征葛欒丹，長途跋涉士卒疲憊，馬至山前，清香撲面，遍山黃棗，康熙摘一顆，酸甜怡人，神清氣爽，吩咐士兵摘下來分食，吃後胃口大開，士氣大增，數日大破叛軍，平定葛欒丹。

湖南寧鄉、瀏陽為南酸棗，味濃汁多。南酸棗產地最具代表性的是江西萬載，生產的千年南酸棗糕，風味獨特、口感細嫩、微酸可口。

酸棗可以加工成很多食品，有酸棗汁、酸棗粉、酸棗酒等，最普遍的是酸棗糕。酸棗洗淨去蒂，用高壓鍋煮五至八分鐘，冷卻後倒在碗裏用筷子攪，夾掉棗核，加南瓜糊，再一起攪，加鹽、糖、紫蘇末、辣椒粉、乾草粉，攤在鋪開的紗布上，攤薄抹平，撒上芝麻，曬乾，糕體半透明，切成小片，就成甜酸辣三味齊全的酸棗糕。吃時口感韌軟，略具嚼性。我覺得，酸棗糕酸味濃，氣味衝，辣味狠，第一次吃也許會流淚，與山楂片比，山楂片微酸，帶澀味，稍甜，有回味。

獼猴桃

深入城市生活，飲食選擇時刻困擾著我，不知道自己應該吃何物。最近到南嶽衡山遊玩，見到遊客搶購野生獼猴桃，讓我回想起家鄉和山野的獼猴桃。我生長在湘中偏湘西的雪峰山尾端——新化大熊山腳下，全國野生獼猴桃的三大產區之一。

獼猴桃一直伴著我走過童年，留下深刻的記憶，我十九歲來到城市，才遠離了獼猴桃，即使能夠在超市的購物架上看到又胖又大的獼猴桃，那都不是我童年的印象，無法聯繫那美好的過去。

在延綿起伏的群山險溝中，點綴著幾座木屋，那就是我的故鄉我的家。生活在群山中十餘年，吃過不少野果。山民的生活有別於城市，在大山裏穿行，身上很少背著乾糧轉悠，他們隨身攜帶的是一盒火柴，餓極了，挖個坑燒堆火，到附近找黃豆、花生、紅薯、玉米烤著吃。沒有這些，還有很多的野果可以生吃或者充饑。

獼猴桃是可以生吃的野果，春天白花爛漫，經過一個夏天，慢慢的長大，到暑假八九月份，獼猴桃基本長大，卻質硬生脆。山裏孩子趕上暑假，幫著父母放牛、砍柴，穿梭於山野，高大的喬木直插雲霄，太陽光從樹葉縫隙裏落下來，斑斑點點的映在地面，遇上蔭蓋，陽光不再射到地上，樹上必定纏有藤蔓，多為獼猴桃藤。獼猴桃是灌木，沒有攀附樹木，就漫山遍野的牽連而去，攀上松樹，沿枝葉伸展，極富張揚，容易形成傘蓋。站在樹底，仰望樹冠，大小不一的獼猴桃掛滿枝頭，像吊著的燈籠，甚是好看，多看幾眼就眼饞，恨不得據為己有。

我會嗖嗖的爬上樹冠，攀附樹枝，伸出細長的手，摘下眼前的獼猴桃，塞進衣服口袋，口袋沒裝幾個就滿了，邊摘邊漏，掉到地上。有夥伴時，要他們清理地上的枯葉，打掃出大塊乾淨的地方，摘了直接拋到地上。沒有夥伴，只好把長褲脫下，紮上袖口，提著褲腰，把獼猴桃塞進褲腿，很快就會塞滿，用藤拴著吊下樹，人再爬下來，背著獼猴桃回家。

夏天的獼猴桃，沒有長熟，生澀難吃，只能把它捂熟。背回來的獼猴桃，選個罈子，清洗乾淨，灑上穀糠，把獼猴桃藏於糠中，密封一週，獼猴桃變軟，剝去皮就可以吃。我們小孩歡天喜地，爭相搶吃。其實，這種溫室效應催熟的獼猴桃不好吃，除了有種米糠膩味，獼猴桃吃著不甜，夾雜水汽味，硬點如泥巴，軟點像稀粥，吃多了泛味。

孩子們最得意的是摘獼猴桃，吃上兩個也就罷手，下次遇上獼猴桃，照摘不誤。

獼猴桃成熟，已經是中秋過後，天氣涼爽，山民穿著罩衣。地裏的莊稼早已收割，野獸和鳥類退回林區，尋找山中野果，獼猴桃成了主要目標。林中野果，已經熟透，散發著誘人的芳香，尋找拾主。

獼猴桃較多，多與茶油樹、桐籽樹雜生。

山民清閒後，集中精力收割零碎的茶籽和桐籽。茶油樹和桐籽樹屬雜木，不要栽種，自我繁衍生長，沙石土壤非常適合。山民在採集茶籽和桐籽時，常常會見到成熟的獼猴桃掛在樹上，就會伸手摘一個嚐嚐鮮，這時的獼猴桃味道鮮美、清甜爽口、汁液豐富，讓人不忍放棄，就全部摘下，放進背簍。

砍冬柴的山民，秋收後實行刀耕，砍掉灌木和雜草，常常遇到獼猴桃，有些已被鳥獸嚐鮮，露出藍靛的果肉，帶著露珠，晶瑩剔透。嚐嚐剩餘果實，甜膩爽口、滑膩清新，滑過舌尖，留下一絲甜甜的痕跡，讓人回味無窮，多吃幾個，也不惡膩。

這些有關獼猴桃的記憶，常在我腦海中迴旋。我明白，這是兒時情結，希望有一天，再重溫記憶裏的獼猴桃。

故鄉的穇子

故鄉有句俗話：「沒有到過高山不知平地，沒吃過穇子粑不知粗細」。因為這句話，誤導了我三十年的穇子心結。在我心底，一直認為穇子是非常難吃的糧食之一，而遲遲沒有去嘗試這種美味。

小時候，每當秋高氣爽，晚稻還沒有收割，田壟上的穇子已經成熟。一蔸一蔸穇子，整齊的散佈在田壟上，枯黃的莖葉，隱藏在穇子穗下，穇子穗精神抖擻的立著，顆粒飽滿的穗朵也不彎腰。我卻常常好奇，農民為何不把穇子種在田裏。

穇子別名龍爪稷、雞爪粟、非洲黍、鴨距粟。穇子在中國有悠久的栽培歷史，也是非洲人和印度人的主食。在印度、錫金、尼泊爾、烏干達有大量栽培，中國西藏、海南、雲南、貴州、四川、湖北、湖南、福建、江西、浙江等省區有零星種植，產量不多，主要為民間食療所用。

穇子主要種在窪地，能克澇抗旱，種植時需要挖溝排水築壟。穇子按種水稻的間距成行成排種下，成長後像水稻一樣一蔸一蔸的整齊排列，每蔸十來棵苗，莖比稻稈粗壯，穇子穗成拳狀裂開，顆粒緊促的擁擠在一起。穇子鬚根稠密，在荒山丘陵生長力很強，在貧瘠的土地上種植收成也不錯。因為穇子本質粗糙，農民在災荒之年用於充饑。

穇子在農作物中屬雜糧、粗糧，卻營養價值高，抗病力強，含有豐富的維生素和微量礦物質，有百分之七的蛋白質，有滋陰養胃利水消腫的功效。

以前，因為研磨技術落後，穇子收割後，粉碎技術和設備差，常用的是石磨和擂缽，穇子只能用整顆或磨碎的顆粒來做食物，這樣吃起來非常粗糙，特別難以下嚥，常卡在喉嚨口，又粗又澀，有點甜味，可以回味，也就給食者留下「穇子粑非常粗」的概念，久久在心中無法抹去。

現代，憑藉先進的粉碎技術，把穇子磨成非常細膩的粉狀已經不成問題。人推牛拉石磨的時代已經過去，收割的穇子在曬乾後，用電力機器磨一次，穇子就磨成粗粉，比石磨的要細膩得多。接著再磨，一般磨三到五次，穇子粉就非常細膩，食用也柔和。再把磨好的糯米粉拌在穇子粉裏，混合磨一兩次，粉有滑膩感，做成粑粑，表面不再粗糙和坑坑窪窪，只是顏色黑乎乎的，比較光滑，苦澀味也沒有了。

穇子因為有很好的食療作用，貯藏營養價值高，慢慢又被老百姓所喜歡。很多地方用於做餅、煮粥、釀啤酒、釀白酒、做菜。有名的是湖南新化的名菜穇子粑蒸雞、江蘇興化的穇子酒。

穇子粑蒸雞是新化三大碗之一，選料講究，穇子選種在海拔較高寒濕地帶，雞選山村土雞或者閹雞，粑內加炒熟的花生餡，吃起來有雞肉的甜膩和香氣沁入穇子粑粑裏，口感柔和，香氣迷人，令人垂涎欲滴。

穇子酒是江蘇興化的特產，單純穇子出酒低，與大米混合釀造，出酒成倍提高，度數高、烈性大，酒更香醇，口感極佳，喝後不上頭。穇子酒在民間極受歡迎，好杯者以喝穇子酒為榮。

我嚐到現在的穇子粑後，完全消除了穇子粗糙的概念，那句話我還念念不忘。

蘭州熱冬果

西北之地，素產水果，甘甜質佳，給多少遊客留下回憶。

我到西北，吃過很多水果和果脯，都很喜歡，唯有凍梨我特別熱愛。黑不溜秋的梨子，在冰雪下凍得硬實，像個鐵球般沉重。一般遊客敬而遠之，蘭州人卻把它說成特產，我倒有興趣，在風雪裏買了幾個，一直提著當寶貝，後來融化卻成了一包濃湯。

在蘭州城轉了一圈，才發現蘭州的每條大街小巷都有一些農民挑著籮筐，擺在雪地裏賣凍梨，蘭州人爭相搶購。我特意與賣主攀談，討教了些知識。凍梨是產於西北的一種黃皮梨，因為成熟季節晚，西北又凍得早，很多梨子還沒來得及採摘，就被寒冷的晚風給凍著，主人趁著風雪摘下，運到城裏販賣。也有的採摘後吃不完，在寒冷的晚上在室外被凍上，成為凍透的梨子。凍後的梨子飽滿結實，確實有些讓人喜歡。

西北人吃凍梨有個習慣，把凍透了的梨子往涼水一放，浸泡一段時間，等冰凍外殼柔軟，凍透了的梨心慢慢化開，輕輕敲開凍梨的外殼，殼內一泡淺黃色蜜汁，是凍透了的梨肉。把凍梨開口靠近嘴邊，兩手用力捏壓，嘴巴用力內吸，梨汁像果凍般滑入口裏，香甜可口，涼透身心。吃後消除燥熱，清火解毒。

凍梨，甘肅省最多，以皋蘭什川、蘭州西固最優，富涵果酸、檸檬酸、蔗糖等成分，有清熱、潤燥、止咳化痰、養身袪疾等功效，是西北水果中的一種特殊水果。

在蘭州，把凍梨做成湯水甜食，叫熱冬果，是凍梨的另外一種吃法。蘭州有名的杜記甜食，以做灰豆湯聞名，也有道美食叫熱冬果。凍梨蒸熟就叫熱冬果，我卻不知道是何原因，查過些資料，也沒得到結果。熱冬果用冬梨加熱，蒸熟後文火慢熬，使梨肉入口即化，梨皮脫落。

據《本草綱目》載：梨有清熱袪火的作用。南方，民間有個偏方，咳嗽久治不愈，用雪梨蒸熟，加白砂糖稍熬，連湯帶梨服用，立刻止咳。我瞭解了一下蘭州的熱冬果，也俱有非常高的醫學價值，有生津止渴、清心潤肺、除煩利尿、清熱解毒、潤喉消痰、降火止咳。如果掏出梨核，裝蜂蜜、冰糖蒸熟，連湯食用，有止咳散寒、清肺去痰的功效。

我到蘭州去過兩次，都去了杜記甜食，吃了熱冬果，細細的品味了蘭州正宗熱冬果的味道，也感受了西北美食風情。

初端上來的熱冬果，先聞到一股雪梨香，湯汁清澈見底，顏色與凍梨相近，紅糖水色，不渾濁。梨不敲爛，還是蒸熟後用勺子鏟爛。紅糖水裏漂著梨皮，零碎的梨肉帶絲須，懸浮在水中。用勺子輕輕刨挖，很容易刮下梨肉，吃在嘴裏，甜而微酸，柔軟宜口。

吃熱冬果，據美食家們言，主要在於喝湯汁。我並非美食家，吃時也不太講究，舀了一小勺，送進嘴裏，舌頭品到了甜膩，像蜂蜜，稍有微酸。嘴唇有點粘，感覺到湯水的稠，慢慢喝，稠性越來越嚴重，有粘合作用。

喝完半碗湯，梨肉還熱，小塊小塊的鑵食，非常的細膩滑爽。我想嚐嚐梨心，鑵了一小塊，酸甜可口，細嚼慢品，才感覺梨心的肉粗糙，有質硬的顆粒。

我想，蘭州甜食，數熱冬果最天然原味，地道的綠色食品。

青稞甜醅

二〇〇八年一月，我從西部返湘，在蘭州停留一天，一個人閒來沒事，到大眾巷去探訪美食，吃到西部一道風味小吃——青稞甜醅，記憶深刻。

大眾巷曾去過多次，吃過那裏的羊肉泡膜、馬子祿牛肉麵、灰豆湯、熱冬果、熱晶糕，很讓我感動。這次去大眾巷，除了懷念，還想發現些沒有吃過的小吃，生發些新意。

多次旅走青藏高原，常聽到一首兒歌：甜醅甜，老人娃娃口水嘀，一碗兩碗能開胃，三碗四碗頂頓飯。我卻不知道甜醅為何物。一次與當地農民攀談，得知甜醅即甜酒，我就沒有深入瞭解了。我的家鄉新化，是個產米酒的故鄉，家家戶戶自己釀酒。米酒的前身是甜酒，進一步酒精化才成米酒。

甜酒在西部叫醪糟，我不知道為何，甜醅我更無法解釋。

到杜記甜食，我看食譜上有青稞甜醅，要了一份，想嚐嚐西北的青稞甜酒，感受一下它的酒力。我知道西北人喝白酒厲害，卻不知西北甜酒咋樣，想趁此解決問題。

甜醅在蘭州、西寧以及青藏高原的農業區各城鎮都是傳統小吃，土名叫酒醅子。甜醅多為家庭釀造，冬夏兼有，蘭州和西寧的大街小巷，很多酒麴之家推著小車擺攤設點，或者吆喝著叫賣，西北人爭相購買。

甜醅多以青稞為主原料，還有莜麥、小麥製作的。做甜醅，方法簡單：精選顆粒飽滿脫皮潔淨的青稞或莜麥、小麥，再三揉搓去其浮皮，青稞、小麥還要舂淨精皮。原料先用水泡發一段時間，再入鍋煮八成熟，撈出撥散晾涼，加酒麴拌勻，裝入瓷罈，密封恒溫儲藏，溫度在十五度左右，冬天要置炕頭或灶上，發酵三到五天，聞到酒精香味便可食用。

甜醅以醇香、清涼、甘甜為特點，夏日清心提神、去除倦意；冬天壯身暖胃、增加食欲。西北人嗜之不捨，還作訪親拜友的禮品。

我要的甜醅很快上來，用小碗盛著，與西部大漢風度有些出入。最先進入我鼻孔的是酒香，非常的醇正，稍微有點沖鼻。再看碗裏是接近乳白色透明液體，帶點渾濁，半不透明。我以為像我老家的甜酒，新化有錢人家裏喝米酒，要去掉酒糟，只喝酒水。當我用勺子輕輕舀動，一股甜味飄然而起，非常的醇膩，碗裏卻飄起一粒粒紅米。

我很奇怪，南方米酒，米變成紅色，說明酒糟成酸味，是周邊溫度太高，燒壞了酒釀。我再仔細看，那不是米，而像麥子。我想起來了，這應該就是青藏高原的特產青稞，雖喝過青稞白酒，吃過青稞飯，還沒看到過青稞成暗紅色被泡在水裏鼓鼓的形狀。

我突然想好好品嚐青稞醪糟，用勺子在甜醅裏打撈，青稞醪糟與南方的糯米醪糟不同，糯米醪糟常常結成塊，米粒相互粘連，青稞醪糟卻單粒單粒分開，沉澱在酒水之下。用勺子舀起，仔細看了看，與小麥不同，均勻長條，飽滿結實。淡暗紅色帶點白。用勺子鏟斷一粒，中間是乳白的漿汁流出。送兩粒到嘴裏，感覺外表非常滑爽，咬上去綿軟蠕動，好像裏面的漿汁在流動，咬開，漿汁流出，非常的甜美甘潤，細嚼如久泡的果脯，香盈滿口，綿綿掛齒。

再喝酒水，甘甜粘稠，如濃糖水粘嘴，又冰涼透心，給我一個意外的寒戰。酒水進入肚裏，酒精馬上轉化為熱量，身體開始升溫。沒喝幾口，頭就有點暈乎乎的，不亞於白酒。

喝了甜醅，走在下雪的蘭州大街小巷，身體非常溫暖，沒有半點寒意。

嘴饞的記憶

吃不僅是種時尚而且是種記憶，一種深深的埋在心底裏的記憶。

等我走出家鄉，吃在長沙，再吃到各地，才知道自己的功能姓吃。我想，我最喜歡的事也許就是吃了，在生活的日子裏找些我想吃的和一些我還沒吃過的食物，這應該就是我的「工作」。

童年時候，我並不真正嘴饞，卻留下些嘴饞的痕跡。

這要從嘴巴上的痣說起，嘴巴上有四五顆痣，母親常說我生的是好「呷」（湖南話吃的意思）痣，還說我以後吃是不用愁的。當時，我沒有發現我很會吃，也沒有發現自己是一塊吃的料。還常常想，如果人可以不吃飯，那可以省很多的事。就是嘴上的這幾顆痣，我時時記著讓它們發揮作用，給我帶來榮耀。

姑媽離我家不遠，翻過一座山就到了。姑媽家境貧寒，常常缺糧少吃，她的三兒子我的小表哥與我年齡相仿，兩人玩得來，在同一所小學讀書。放學回家，我們到岔路口你拉我我拉你的扯一翻，才分手各自回家。如果哪家搞好吃的，就把對方拉到自己家去享受。姑媽家條件不好，我還是很喜歡去她家，姑媽把我當她自己的孩子，滿崽滿崽（寶貝）的叫過不停。姑媽很好客，姊妹間與母親的關係特好。常從我嘴裏瞭解母親的近況，兩人互通有無。

秋後一天，小表哥告訴我，二表哥昨晚在他家背後竹山裏打了六隻斑鳩，要我去他家吃斑鳩。我沒有吃過斑鳩，很想去嚐嚐。另一個想法是跟二表哥晚上去打獵，看打獵是什麼樣子。

我家不准打獵，母親常告誡我「十次打獵九次空」。還舉了很多例子，說他們打獵的都是窮人，過一天算一天的。我對打獵很感興趣，也很想瞭解詳情。

到姑媽家，看到兩隻鳥，問姑媽，說是竹鳩。姑媽沒有什麼招待，就把熱在鍋裏吃剩的老鼠肉端出來，說是野兔子肉，要我嚐嚐看味道怎麼樣。我年幼無知，雖吃過野兔子肉，卻忘了是什麼味道。只記得野兔子肉有很多的小骨頭，肉卻很少，要仔細的吃才能吃出味來。老鼠肉也有很多小骨頭，吃時涼涼的、腥腥的，肉雖細膩，卻是一絲一絲的，有點韌勁。當吃到一塊肝臟時，我才明白那不是野兔子肉。我吃的肝很腥，是老鼠肝，進口就感覺不舒服，只想吐出來，我又不敢對姑媽說。

第二天回家，母親問我到姑媽家吃了什麼好菜，我把吃的味道講給母親聽。母親說那是老鼠，我就嘔了。

母親在姑媽家吃過一次老鼠肉，母親的味覺很靈敏，一下就感覺出來，當場就嘔了。姑媽就再也不搞老鼠肉給母親吃了，還說母親是金貴身體，只能吃海參、燕窩，吃平民菜就會吐。

後來我才知道。姑媽家的人都喜歡吃帶腥味的菜，凡是有腥味的東西，他們都是那麼的熱衷。如果抓到一條泥鰍，帶回家，都要當山珍海味，花盡心思，加很多的其他東西做成一碗菜，雖然一家人吃不到腥味，也能聞到腥味。父親由此給姑媽總結了一句話：「抓到一條泥鰍，用一斗白辣椒煮著吃。」

從此，我到別人家吃飯都很注意，什麼菜看清後再吃，只吃眼前幾個菜，少吃點都很甘心。

回到味覺新化

旅居長沙十年，新化的味道幾乎忘記，偶爾思念父母，才會想起一些菜來。吃過新化人家的菜，才讓我慢慢回憶當初的貪吃和美食的豐富。

新化是個依山帶水的山區，旱水兩產，魚雞共生，在這塊既有沙土又有粘土的黃紅土壤上，生活著一群窮苦勞動的山民。他們靠耕種為生，山野上養著他們成群的水牛、黃牛，早晨與傍晚，河邊、山坡演義牛羊編織的風景，結伴著山民的勞動和歌聲，土地上長著黃豆、魔芋、辣椒、糯米、穇子、山胡椒、神仙菜。稻田裏除了穀子，還有迷人的田魚、水鴨，家家戶戶雞狗成群，有著濃郁的田園氣息。這些山民，都用勤勞的雙手換取天然的食物，享受自然的賜予。

新化是古老的梅山腹地，承襲蚩尤之習，在宋代才得以漢化、歸順，很多飲食卻追求原始的天然和茹毛飲血，在湘菜裏獨樹一幟。在我的記憶裏，常被人提到的是三合湯、白溪豆腐、水車糍粑、糯米辣椒、魔芋、神仙菜、雷打鴨、三黃雞、乾牛肉、乾田魚。

到新化人家，就讓我回憶起在新化生長的十九個春秋，在那童年的歲月中，屋前屋後都是菜地，種滿了辣椒、魔芋、黃豆、花生，山凹裏，就是我們賴以生存的水田，田裏滿滿關了一丘水，春汛一來，田裏的水又慢慢漲高。我們小孩花一塊錢買上千的魚苗放在田塘裏，再插上中稻，田埂上種上穇子、黃豆、玉米，早晚牽著牛羊在田埂上巡視，看著作物的瘋長，牛羊吃著田埂邊的青草，漫過青春歲月。五個月後，晚中稻熟了、黃豆熟了、穇子熟了、糯米熟了、辣椒紅了，農民收割完糧食，開始收拾附加產值。魚兒吃著溪水和青草，長到半斤八兩，就被農民帶著喜悅收拾上岸，加鹽烤乾，做成冬天的菜品。冬季，家家戶戶準備年貨，婦女在家磨豆腐、魔芋，男人們宰豬殺牛、殺雞殺鴨。

新化人家，搬來了古老的石磨，做童年的石磨豆腐，也讓我感受家鄉的風貌。石磨，是每戶新化山民屋簷下的景致，展示著那家的家史和富有。白溪、圳上兩鎮，山泉和井水非常甘甜，磨出的豆腐細嫩柔軟，人人愛吃。富有人家把水豆腐做成油豆腐、黴豆腐、煨豆腐，來表示女人的勤勞和持家，富有家庭，豆腐要吃到第二年秋天。

新化人家的菜，是新化的代表菜，有穇子粑蒸雞、魔芋燉鴨、三合湯、田魚、煎豆腐、神仙菜、糯米辣椒、乾牛肉。新化人非常講究：穇子粑蒸雞要用當年新穇子，去皮磨粉或整粒摻三分之一的糯米粉揉成丸子，鋪一層於碗底，上蓋切塊的雞肉，蒸至香味飄逸開鍋。魔芋條由生魔芋洗淨，加石灰水磨爛成糊糊，煮熟用冷水浸泡，霜雪冰凍，炒菜時切薄片煮去城水，嚼時才韌性強勁。燉鴨時要水開加魔芋條、辣椒、山胡椒油，久煮為佳。三合湯分三合湯、二合湯、一合湯，湯要用黃牛血、黃牛百葉、水牛肉加山胡椒油、酸辣椒煮開而成，湯帶酸辣味，也可以按食者口味，選牛百葉、牛肉。田魚吃禾苗長大，有一股天然的稻米香，乾魚加水煮熟即可，越煮越香，也越有味，吃時甘甜，彈韌勁強。豆腐用黃豆加石膏磨成的南豆腐，有祛火清心的作用。瀝乾水分，兩面煎黃，加新鮮豬肉煮。神仙菜產於大熊山海拔一千六百米雲霧繚繞的大山裏，傳說八擔米山有神仙，這就是神仙吃的菜。又傳說乾隆下江南到此，吃過這種野菜，老百姓稱其為皇帝菜。前些年，日本學者發現其有很好的抗癌作用，並大量收購，成了一種珍貴的黃金菜，非常稀少。糯米辣椒是蚩尤苗裔的老菜，糯米粉加鹽，灌入辣椒中，在罎子裏醃一段時間，等成味再蒸熟或油炸。乾牛肉是新化山區的黃牛肉，冬季臘乾，農忙時炒紅乾辣椒，非常辣，主要用於下飯。

吃著這些童年的美食，我又回到了新化這個故鄉，在味覺裏流暢。

平江炸肉

平江人養豬、吃肉，有他們的講究。吃豬肉，除過年肉外都要剝皮。殺豬講究一刀準，血要放得嫩，年豬血要放老，圖個吉利，還要燒紙放鞭炮超度它。平江風俗中，豬肘最為貴重，帶腳的豬肘送岳丈做頭年，不帶腳的豬肘孝敬外婆；其次是肚皮泡肉，多送舅父，交接娘親；其他肉才是自家人吃。

平江人對豬的部位有很多特殊的稱謂，豬血叫旺子、舌頭叫賺頭、豬嘴叫聰嘴、豬耳叫順風。平江人愛吃豬下水，豬肝、豬肚、豬腸、豬腰都是他們款待貴賓的好東西，還講究用六、八、九、十大碗來區分賓客身份。在贈送豬肉上，也有特殊習俗，造船開槳犒勞匠人用豬耳朵；酬謝媒人用帶聰嘴的豬腦殼。一桌酒席，只能上一碗豬肉，禁忌兩碗或者多碗。平江東鄉人吃肉稱打牙祭，殺過年豬叫解年豬，年肉經屠戶砍成塊，醃鹽後就忌吃動，過小年那天才能嚐鮮。

平江最有名的情席，叫撤席，它離不開肉，卻又很少用肉。撤席的第一碗叫炸肉，是用麵粉裹著肥肉或者豬板油炸成的麵粉坨坨，切成薄片，加肉湯而成。

做平江炸肉，先將麵粉和水調稀，加適量的鹽攪勻，調成稀糊狀。架起油鍋，把茶油燒開，肥肉或者豬板油裹層麵粉糊，再小心翼翼地放入熱氣騰騰的油鍋裏，平靜的油鍋立刻滋滋地冒起氣泡，開始沸騰。麵粉糊漸炸漸黃，炸肉慢慢從鍋底浮出油面，待油面水汽幹後，炸肉已成，用筷子或漏瓢撈起，即可出鍋，盛涼待用。

炸炸肉，最重要的是把握好火候，火候是考驗廚師真功夫的關鍵所在。火大火急，炸肉下鍋就會炸糊，外糊內生，或者麵粉燒焦；火小火緩，炸肉很難熟，外軟內硬，肉咬不動。裏手做炸肉，一個人可以控制好全場，炸出來的炸肉外脆內酥，切開炸肉，麵團像蒸好的饅頭，藏著許多蜂窩眼，肥肉和豬板油通過氣孔裏的蒸汽蒸熟，看上去鮮活新香，聞起來香純有度，嚼起來韌性可嘉。以前窮人家擺酒席，炸肉裏不裹肥肉或豬板油，直接用純麵粉團替代，炸好的炸肉像剛出鍋的饅頭，成為孩子們的美味點心，咬上一口鬆軟有嚼頭，還飄散著肉的滋味，很是饞人。

撤席頭碗，拿剛從油鍋裏撈出來的炸肉上桌還不行，需要深加工。將炸好的炸肉切成一釐米厚的薄片，放蒸籠上蒸軟。將鮮精肉片爆炒，加上白蘿蔔片、蒜段及各種佐料，摻湯開出一鍋色豔味鮮的蓋麵湯，將蒸軟的炸肉片放入碗裏，堆滿尖尖的一碗，隆重上桌。

據曾光榮說，炸肉的誕生有兩種說法，一種是源於窮苦人家無肉待客，以炸肉代替豬肉。另一種是辦白喜事做道場吃齋不能上肉，以炸肉代替。無論炸肉的起源是那種說法，但是它的味鮮飽肚的功能永遠無法用其他美食替代，作為撤席的頭碗，也是當之無愧。

現在的平江炸肉，進行了無數改良，在麵粉裏加雞蛋、肥肉丁等，做好的炸肉，更加美味可口。還可以根據自己的飲食習慣，摻橘皮、蔥花等香料。現在流行的炸肉，最多的是帶餡的，麵粉裏裹著各種肉餡。平江人最喜歡吃的炸肉餡有兩種，一種是仁片糕，兩塊仁片糕夾緊裹麵粉糊入鍋炸，或者用餅乾替代仁片糕；一種是平江特有的虎皮蛋，把雞蛋煮熟後剝殼，用棉線把蛋切成四瓣，蛋黃蛋白不分離，蛋瓣放入調好的麵粉糊裏裹漿，再入油鍋裏炸。這樣炸出來的炸肉裏面的餡是雞蛋，雞蛋包裹著金黃色的老虎皮稱虎皮蛋，以虎皮蛋作頭碗菜的平江酒席叫虎皮蛋底子，是平江撤席中的極品酒席。

平江的極品炸肉稱麵筋坨，二十世紀五十年代以前，平江的糕點坊用小竹簍盛著炸肉或者用白棉線穿成串掛在鋪面的樓腳上，金燦燦、香噴噴，饞得路過的孩子直流口水，這就是麵筋坨炸肉。這種做法極其獨特，麵粉調水揉熟後，加清水用手邊洗邊捏，麵粉坨越洗越小。在去粗存精後，手裏的麵粉坨是筋道最好的精華部分。一斤麵粉捏洗到最後，僅存一手可以盈握。再將這坨麵筋粉搓成滾珠大小，放油鍋裏炸，炸出來的炸肉便成了一個空心的油坨，平江人叫麵筋坨。做頭碗時，要事先將鮮肉餡的油鹽佐味調好，灌入麵筋坨內，清蒸、紅燒、氽湯均可。

平江情席上炸肉要切成薄餅狀，壘成錐型塔狀結構，像砌牆碼磚般堆在八寸海碗中，過蒸籠用烈火蒸一柱香功夫，淋上靚湯和各種材質的菜肴蓋頭，即端上餐桌讓食客分享。蓋頭有雪花蓋頂，即加放芽菜、百葉絲；綠滿山川蓋頭，即加青菜肉末。我嚐後，讓人拍案叫盡，味至極致。上桌的炸肉，上面未被湯水浸泡的依舊保持原有的滋味，脆香可口；下層浸過肉湯鬆酥綿軟，麵粉間夾雜著濃濃的肉湯，一口咬下，湯水瞬間侵蝕在口腔裏，蔥香四溢，肉湯鮮嫩，兩者配合，美味柔化，鮮香無比，食後回味無窮。

平江撤席

平江縣位於湖南東北部，比鄰長沙市，與鄂贛兩省交界。平江山清水秀，群峰疊翠，山嵐起伏，氣候宜人，自古為名士修養和兵家必爭之地，被譽為「汨水之源，將軍之鄉」。平江北踞幕阜山，南依連雲山，清澈碧澄的汨羅江貫穿全境。有人用文字形容，平江縣集山的雄渾、水的靈秀、石的奇特、林的清幽於一體，為現在旅遊休閒的理想之所，備受長沙遊客的喜歡。

前不久，我到平江連雲山小住了十多天，瞭解了一些平江的客家習俗。發現他們的方言土語中保存了較多的商周語音和語素，風俗習慣、歌舞、音樂都具有客家人的神奇色彩，讓我難於忘卻，特別是古老的酒席。

平江人接待貴客，或者家裏有隆重的日子和喜事，他們都要做「情席」來表示慶祝和歡樂，招待親朋好友。一般每桌酒席十道菜，或者上十大碗菜。上菜並不像其他地方的宴席，一次性把十道菜上齊，他們是一碗一碗分開上。端上第一道菜，客人就開始喝酒，吃完頭道菜，再接著上第二道。吃罷第二道菜，再上第三道菜。從上第四道菜開始，每上一道菜要拿走一個吃完菜的空碗，即撤掉一碗菜，平江人叫「轉碗」，也叫「撤席」。直到上第七道菜之後，才停止轉碗，即見肚不回碗，與後面的菜一起組成六個碗，客人停止喝酒，全部改為吃飯。

我在連雲山小住，接連吃了幾次當地的撤席。朋友曾光榮告訴我：「撤席上菜有嚴格的先後順序，搞錯了會讓親朋好友笑話。」普通撤席的十道菜，形成了固定的做法，不能輕易改變。鄉村為了提高辦撤席的水準和在親友中的口碑，請專門做情席的廚師包辦。普通撤席十道菜分別是第一碗炸肉，麵粉油炸後切成塊，再炒；第二碗雞肉，用豬肉替代，或只放一點點雞肉；第三碗筍乾，也叫煙筍；第四碗百葉絲；第五碗紅石丸，肉丸子油炸後放糖蒸；第六碗肚片燉紅棗；第七碗西粉，或綠豆粉絲；第八碗扣豬肉，四寸方塊肉打上花刀蒸爛；第九碗清蒸魚；第十碗青菜或湯。

我小住的這段時間，發現平江的酒席種類繁多：父母過逝叫「盤子」；父母做壽叫「生」。自己初婚叫「結婚酒」；兒子結婚叫「收親酒」；女兒出嫁叫「嫁女酒」；生兒育女第三天擺酒叫「洗三朝酒」；滿月擺酒叫「滿月酒」；周歲辦酒叫「周歲酒」；建設新居宴請叫「圓屋酒」；新年親友相聚叫春飯。

平江人愛熱鬧、講禮數，喜歡在筵席的現場觀看，參與情席禮節儀式。有「新親不離喜堂，臨喜堂必登首席」，上親要坐頭把交椅，老親陪新親等習俗。坐席位，要按親友關係親疏、主次、長幼、輩份次第編排，不能亂坐。主事坐最後一個座位，叫「堵席」。席間開第一碗菜由事主謝席，揭蓋碗，賓客起立回禮後才開始吃菜。每上一道菜，主事要舉杯向全場喊：「來呀，請呀！」大家舉杯進酒，然後舉箸吃菜。

平江人好講闊氣，好表現，要臉面。情席分魚翅席、海參席、蟶蚶席（葷席）三個檔次，以前很少有魚翅席、海參席，一般是葷席。最好的酒席是壽酒，主家不能賺取，只能貼本，壽酒又叫擺格。其次是結婚酒和圓屋酒，再其次是嫁女酒。春飯菜都可以上，只不上狗肉。情席菜品雅致，菜名具有詩意，色香味型俱全，講究葷素搭配，有味美香甜的「較湯」，口齒留香，吃了還想吃。海參席有什錦海參、仙鵝抱蛋、紅荔魷魚、清蓮芙蓉、紅燒肉丸（或藥膳羊肉）、玉蘭花燦、麻辣肚絲、醋溜鮮魚、虎皮扣肉、四景鮮湯。

撤席頭碗不下桌，頭三過半飽，七碗上桌主人舉杯謝客。席間狗肉上不得，叫打狗散災；沒鱗的魚上不得。隨著現在商業盈利化的深入，平江撤席十大碗改為八大碗，除狗肉禁忌保留外，其他也進行了改良，跟隨大流。

我對平江撤席進行了一些瞭解，平江人的祖先是廣東、江西移民而來，非純正客家人，卻保留客家人的習俗，菜系不完全屬於湘菜風味，對粵贛風味進行了極大的改良和吸收，獨立成就了自己的飲食體系，有海派味，也有鄉土氣味，菜品不辣不甜，適合大眾。

建水臨安豆腐

在雲南旅遊，氣候溫和，大城小鎮夜市非常興旺，各色飲食齊備。我和家人旅遊，到夜市的攤點享受美食是門必修課程。行走在昆明的街頭，看到夜市湧動，小販用炭火烤著一寸見方的豆腐塊，小巧玲瓏，金黃燦燦，很是吸引視覺和誘惑食欲。我問朋友，才知道是臨安府的臭豆腐，產於紅河州建水縣。

我帶著好奇和疑問，從昆明出發，坐了三個多小時的汽車來到建水縣城。建水是座充滿文化和歷史的城市，到處是雕樑畫棟，又非常感性漂浮，街頭巷尾的美食讓人充滿欲望，燒豆腐做得細膩、精製、深遠，還帶著濃郁的書香味，又有說不盡的味道和感想。

建水縣古名臨安府，做燒豆腐的歷史非常悠久。清代中後期，臨安豆腐已經享有盛名，名稱沿用至今，臨安豆腐數城西周氏燒豆腐味道最佳，人氣最旺。相傳周氏家族從清光緒九年（一八八三年）開始做燒豆腐，一直堅持到現在。周氏燒豆腐選料嚴格，用大粒白皮黃豆為原料，加工精細，做出潔白如乳、細膩軟嫩、燒烤不變黑的絕色豆腐。周氏燒豆腐用小塊紗布包豆腐，包紮好的豆腐塊用木板壓乾水分，再去掉紗布，裝入簸箕內，每塊豆腐加點鹽，再蓋上簸箕，隔日翻動一次，待豆腐呈灰白色後，即可拿去燒烤。燒豆腐用木炭火烤製，炭火上架個鐵條炕篩，塗上香油，豆腐邊烤邊翻動，等豆腐充分膨脹，烤得金燦燦，盛入碗裏，蘸上醬油、辣椒末、蒜泥、味精、小米辣等佐料做成的調料，即可食用，也可打包帶走。

我流連在建水縣城的街頭，常聽到小孩在哼一首民謠：「雲南臭豆腐，要數臨安府。聞著臭，吃著香，脹鼓圓圓黃燦燦，四棱八角討人想，三頓不吃心就慌。」細細瞭解才知道，臨安豆腐製作工藝比較複雜，從黃豆到豆腐要經過篩選、脫殼、浸泡、磨漿、過濾、煮漿、點漿、成型、劃塊、發酵等十道工序，每道工序都要做到淋漓盡致，不留任何瑕疵，方可做出絕好的燒豆腐。臨安燒豆腐最重要的工序是發酵，這是燒豆腐成敗的關鍵。一般作坊採用悶捂來加速發酵，把壓乾水分的豆腐整齊的碼放在大竹篩裏，用白紗布或白土布包裹嚴實，放在通風處，等待發酵。針對不同天氣，還要做相應的處理，冬天要加蓋當年新稻草來保溫，減少發酵時間；夏天只蓋沙網，以防豆腐發酸變腐。在常溫下，兩至四天即可變成灰白色，成為燒豆腐的理想食材。豆腐沒有發好酵，就又酸又硬，影響味道和口感；豆腐發酵太厲害，外表太軟或者內腐，無法烤製。

行走在古老又狹小的建水縣城，燒豆腐攤隨處可見。他們除了烤豆腐，還烤韮菜、羅非魚、江鰍、五花肉、雞腳、茄子、小瓜等食物，卻都是燒豆腐的配角和輔料。我吃過的臨安燒豆腐，大概有三種：一種是炭火燒豆腐，用發酵兩三天的豆腐燒烤，也是最常見的；一種是炭火烤乾豆腐，豆腐只有燒豆腐一半大，烤熟後會膨脹到三五倍大小，吃起來韌勁更強，有嚼味和品味，是下酒的極品美食；一種是油炸燒豆腐，把燒豆腐放在油鍋裏炸脆吃，有點像長沙臭豆腐的油炸方式。

建水縣城的燒豆腐攤點，從早晨開始，就圍坐著一圈食客。他們坐著小板凳，圍著個小火盆，上面架著鐵箅子，寸方大小的豆腐排列成行，烤得焦黃焦黃，食客拿著筷子等待剛下架的燒豆腐，搶到一顆燒豆腐，匆匆蘸好蘸水，欣然自得的放進口裏，津津有味的嚼著，感受燒豆腐帶給他的芳香和滿足。燒豆腐要慢慢烤，烤好的豆腐才酥鬆可口，外脆裏嫩，滑爽有質，香氣迴蕩。烤時要在豆腐表面刷些食用油，豆腐油黃發亮，香味飄逸很遠。豆腐在炭火的催情下，逐漸膨脹，竟成圓球狀翻滾在鐵架上，招徠食客。鐵架較大，待烤的燒豆腐排滿一角，通紅的炭火烤著頭頂排列開的燒豆腐，發出吱吱的叫聲和歡語，隨著攤主的筷子舞蹈、跳躍，最後跳進食客的碗裏。炭火烤熟一個，食客揀吃一個，攤主撥入一個生的烤上，這樣源源不斷的來來去去，攤主也不閒著，常與客人聊上幾句家常。他面前的無數小罐，對應每位食客，每吃一個烤豆腐，攤主扔粒包穀，吃完結賬，攤主傾罐數點包穀收款。

臨安豆腐集中在建水縣城西門溥博井附近，溥博井俗稱大板井，井水甜美，清澈見底。臨安豆腐坊以家庭作坊為主，多則十幾人、少則五六人，都是手工製作，一天每人可以做兩三千個燒豆腐，分白天黑夜兩班。作坊用姓氏做招牌，寫在裝豆腐的鐵皮箱上。包豆腐的多是女人，用兩百張小花布，包個豆腐順手解開一個壓製好的豆腐，動作飛快，讓我看不清她們的手法。臨安豆腐最大的加工部落集中在南莊，已經建立起相應的採購、運輸、銷售鏈條。淩晨四點，建水西門農貿市場就開始燒豆腐的交易和批發，百分之九十的燒豆腐運往雲南各地，等待該地的食客親臨；剩下的百分之十的燒豆腐，在建水縣城自己消化。早上八點，昆明的市場就可以買到建水生產的臨安燒豆腐，進入品食階段。

吃臨安燒豆腐，蘸料有兩種，一種是以乳腐汁、燒糊辣子面、香菜末調成的湯汁；一種是辣椒面、鹽、花椒面、味精拌成的乾料。我喜歡乾料，還加點小米辣，味道很特別，也很刺激。湯汁也別有風味，豆腐浸入湯汁，小孔中吸滿腐乳汁，咬下去汁液四濺，豆香迴蕩在口腔裏，久久不能消失。

我吃臨安燒豆腐，咬破那薄薄的脆皮，熱氣從蜂窩狀小孔中散出，香味撲鼻，我就會張開口，讓香味自然迴蕩。與朋友或者我的愛人一起去吃臨安燒豆腐，我還喜歡佐點小酒或來瓶啤酒，慢慢品味，吃數十個都不厭倦。

北京爆肚

爆肚是北京的風味小吃，為湯爆肚的統稱，多由回族人經營。爆肚分三種做法，有油爆、芫爆、湯爆。油爆、芫爆多為舊時飯館、餐館製作，湯爆即白水爆，多為街頭攤點製作。爆肚中的爆是講其速度快，牛羊肚切成橫絲放在滾燙的開水中焯，一焯一撈，數秒即成。爆肚要水量大、滾開、火力旺，肚子的部位不同火候要求不一樣，行家裏手爆肚，散丹五秒，肚板七秒，肚葫蘆、肚領、肚蘑菇八秒。爆的時間短了，爆出來的肚片還生，味不夠；爆的時間長了，爆出來的肚片偏老，原味全失；只有爆的火候恰到好處時，肚片吃起來才又脆又嫩又筋道，越嚼越有味：牛肚仁水分多，極嫩微脆，蘑菇頭鮮美滑潤，食信嚼不爛只能整吞整咽。

湯爆肚分羊爆肚和牛爆肚兩種，牛爆肚又分百葉、肚仁、厚頭、百葉尖等四種，羊爆肚又分散丹、肚領、肚板、蘑菇、蘑菇尖、食信、葫蘆、大草牙、肚仁、肚絲等九種。爆好後，加作料醬油、米醋、芝麻醬、香油、豆腐乳、蝦油、蔥花、香菜、蒜汁、辣椒油等，吃起來才味道絕佳。

湯爆肚只適合於羊肚、牛百葉，牛肚的其他部位質厚易韌，不宜水爆，汆的時間稍久就不能吃。

羊肚組織細軟，洗淨後潔白，普通爆肚攤把羊肚分成四個部位，定有專名。緊接食管部分是瘤胃部位最大，有毛巾狀小肉瘤，俗稱肚板。肚板有兩塊，相連處有條較厚的肉峰最嫩，稱肚領。肚領去皮只用內部淨肉，又白又厚，稱肚仁。形如連環方形的蜂窩胃稱肚葫蘆。重瓣胃如一頁一頁折疊的布片稱散旦，也叫百葉。皺胃俗稱肚蘑菇，又滑又軟，接近腸部的一段較細小的叫蘑菇尖。羊肚中最貴的是肚仁，其次是百葉、蘑菇，肚板最便宜。羊散丹是羊的小胃，一盤散丹需要四隻羊的胃；羊肚領是羊大胃上的脊樑，一盤肚領需要六隻羊的胃；羊肚板是羊的大胃，口感發老，有嚼勁和彈口，肚板薄切成塊，爆時出現小碗，吃時用小碗兒舀佐料，久嚼後囫圇咽下，別有一番滋味。

牛百葉是牛的小胃，色澤各異，呈現黑、黃、綠等顏色，吃飼料的牛百葉發黑，吃糧食稻草的牛百葉發黃。牛肚仁是牛大胃上的脊樑，中間部分叫大樑，端部分開的叫三叉，大樑比三叉嫩。

爆肚湯是白開水加蔥絲、花椒，本身無味，味道全靠佐料來輔助，達到美味的效果。爆肚的佐料以芝麻醬為主，醬油、辣油、香菜、蔥花、乳腐鹵為輔。爆肚下鍋，一次用量很少，每次只有半小碗，二兩左右，每片都受熱均勻，爆熟程度一致。

老北京人講究「吃秋」，有俗話說「要吃秋，有爆肚」，拿爆肚來做秋冬季節的區別。清代乾隆年間，每年秋末冬初，北京的清真餐館和街頭攤販就經營起爆肚，天橋有爆肚石，門框胡同有爆肚楊，聚集了不少食客；爆肚馮、爆肚滿等，在食客中最出名，成為食客的搶手貨。

爆肚馮由山東名廚馮天傑在清代光緒年間開創，素以爆肚脆嫩，佐料爽口著稱。爆肚依牛羊肚不同部位分為十三種，羊肚板、肚葫蘆、羊食信、羊肚蘑菇稱爆肚四樣硬貨。講究羊肚牛肚新鮮現宰，不用乾貨水發；做工精細，摘、裁、切講究技巧和學問；嚴格掌握爆的時間和火候；作料精緻細膩。爆肚馮把羊肚分為葫蘆、食信、肚板、肚芯、肚仁、肚領、散丹、蘑菇、蘑菇頭等九個部位，把牛肚分為肚仁、百葉、百葉尖、厚頭等四個部位，常做的有羊三樣、羊四樣及幾個部位的組合拼盤。

爆肚王首創王金良，有百年歷史，他爆的爆肚為京城一絕，有「爆肚之王」之稱。爆肚王只做爆肚仁、散丹、牛百葉、肚板、肚領等樣，選料、加工、佐料樣樣講究，按傳統手藝去做。原料須頭天屠宰鮮肚，牛百葉、羊散丹一葉一葉地洗，刀功薄厚整齊不碎，爆的水溫、火候掌握得極為合適，堅持每次只爆一盤，不用大鍋燴。爆肚仁和爆牛百葉為王氏父子首創，肚仁乳白色，似蝦仁，牛百葉脆且嫩，別具風味。

湯爆肚風味獨特，下酒極佳，可獨酌小飲，不宜海飲大嚼，唯有小酒館、小吃攤才有。我與好友徐強，喜歡喝點小酒，也喜歡細嚼慢品，就選擇在小攤點上吃爆肚來打發時間。攤主賣爆肚時，按客人指定的部位論價下開水爆熟，我們要了肚仁、肚板、肚領、牛百葉等物。攤主告訴我們，要保持爆肚的脆嫩，必須及時吃完，稍冷即回生，時間一長不堪嚼碎。我們就現爆現吃，爆一種吃一種，把品飲當做閒聊。吃爆肚一口只吃一塊，抹著碗底托著香菜蔥蘸起調料入口，講究齒感，有嚼嫩黃瓜的聲響。

吃爆肚，品味的人要會吃，不會吃的人頂多吃出個牛百葉的脆勁，會吃的人才吃得有滋有味，而且各有各的偏好，別的根本不嚐。我聽鄰座的顧客議論，他們吃各種爆肚，全部吃得出味來，講得滿口生津，如爆到了幾分，還差什麼火候等，我聽了甚是欽佩。吃爆肚的最高境界是吃肚領，外脆裏嫩，咬時脆，咬進後嫩。肚領金貴，很嫩，比肚仁還嫩，羊肚領要把外面的皮剝了吃，牛的可以直接爆。肚領爆火候很講究，因為太嫩，火候稍微一大就老了不能吃。蘑菇尖是蘑菇的精華，只有一小塊，吃起來非常脆嫩，讓人回味無窮。

吃過北京爆肚，我才知道京城吃客的絕活和精湛，讓我感歎。

北京炒肝

從春秋戰國開始，北京就是我國北方重鎮，遼金元明清五代建都北京，政治經濟文化外交集中於此，漢滿蒙回等民族大量定居聚集，飲食文化苔革百家、兼容並蓄、格調高雅、風格獨特，自成特色鮮明的北京菜系，有牛羊肉為主的清真菜、明清皇家傳出的宮廷菜、做工精細善烹海味的譚家菜及其他各省市傳入北京的經典菜肴等。清真菜在北京菜中占重要地位，以牛羊為原料，有全羊席、烤肉、涮羊肉、煨羊肉等；宮廷菜選料珍貴，調味細膩，菜名典雅，富於詩情畫意，有抓炒魚片、紅娘自配、脯雪黃魚等；譚家菜講究原汁原味，鹹甜適中，不惜用料，火候足到，有黃燜魚翅等。北京菜由各地方菜、清真菜、宮廷菜、官府菜等融合而成，口味濃厚清鮮，質感多樣，菜品繁多，四季分明，烹調手法有爆炒溜烤涮燜蒸汆煮等技藝，深得各菜系的精華。

清軍入關，定都北京後，滿族人大量進京。滿族信仰薩滿教，有殺豬祭神的習俗，祭祀後有分食祭肉的傳統，將腸、肚等內臟燴成一鍋，眾人分食。滿洲王公貴族、八旗佐領等大戶人家進京後，仍按著滿族習俗每日殺豬，剩下大量祭肉及肝、腸、肚、肺等下水無法食盡，遂售給街頭小販，逐漸發展出白煮肉、炒肝、滷煮火燒等多種小吃。炒肝中的「炒」字並非漢語用油翻炒之意，是滿語「colambi」，有烹炒煎熬之意。炒肝先用水煮再熬為濃汁，餘湯極少，成透明糊狀。

現在的北京炒肝，由滿族炒肝與宋代民間熬肝融合而成，以豬的肝臟、大腸為主料，蒜為輔料，加薑、八角、蒜、黃醬、醬油、熟豬油、醋、明礬、豬骨湯、鹽等食材，澱粉勾芡做成。以豬肥腸為主，豬肝只占三分之一。清代同治年間，會仙居做出不勾芡的炒肝，京城流傳一句歇後語：「炒肝不勾芡——熬心熬肺。」

會仙居創建於清代同治元年（一八六二年），劉永奎和妻子在鮮魚胡同中間路南開了一家酒館，經營民間小菜和折蘿，頗受京城破落子弟和底層食客的喜愛，定名會仙居。一九〇〇年，《北京晨報》主持人楊曼青常來會仙居品飲細覓，喜食白水雜碎，後來建議劉氏三兄弟將白水雜碎去掉心肺，用豬腸豬肝為原料，加上蔥薑蒜製成醬色，再勾芡，定名炒肝。會仙居炒肝出名後，北京城的小飯館、小吃店相繼添了炒肝，聲名遠播，食客眾多。一九三〇年，會仙居對面新開張一家炒肝店，名為天興居。一九五六年，會仙居與天興居合併，掛天興居飯館的牌匾，聘原天興居經理後代沙德亮為經理，由會仙居做炒肝技術最好的師傅掌灶，另設洗腸車間，使天興居炒肝得以繼承、傳播。一九九二年，天興居炒肝評為北京十大名小吃。一九九七年，天興居炒肝評為中華名小吃，獲中國烹飪協會獎牌。

清代炒肝製售有兩種方式，一為鋪面經營，一為肩挑營生，鋪面經營首推會仙居。做炒肝非常講究，將豬腸用食用城、鹽浸泡揉搓，用清水加醋洗淨，盤成捆，用繩子紮好，將腸子從一處剪斷，放在涼水鍋中，旺火煮開，改用文火燉至筷子能扎透，蓋好鍋蓋使腸子熟透不跑油，撈出浸泡涼水，洗去腸表皮的油脂，切成頂針段。豬肝洗淨，用刀斜片切成柳葉形條或菱形片，熟豬油倒入鍋內用旺火燒熱放入八角、黃醬、薑末、醬油，蒜泥炒成稀糊狀，置罐中備用。熬上好口蘑湯。將豬骨湯燒沸，放入豬腸、蒜醬、蔥花、薑末和口蘑湯，待沸，撇去浮油，放豬肝及醬油和熟蒜泥、生蒜泥、鹽攪勻，湯沸後，用澱粉勻芡，再煮沸，撒上味精攪勻即成。

豬肝分黃沙肝、油肝、豬母肝、血肝等四種，黃沙肝柔軟微黃，油肝特軟帶光澤，豬母肝粗糙較硬帶網紋根顏色微藍，血肝充血常有血水滲出微藍有腥枯。《千金食治》載肝主明目，患有高血壓、冠心病者忌食，忌與野雞肉、麻雀肉、魚肉一同食用，生癰疽。《隨息居飲食譜》載豬肝明目，治諸血病，餘病均忌，常人勿食。

豬肝含有豐富的鐵磷元素，是造血的原料。還富涵蛋白質、卵磷脂、微量元素等，有利於兒童的智力發育和身體發育。豬肝中含有豐富的維生素A，常吃豬肝可以逐漸消除眼科病症。豬肝具有多種抗癌物質維生素C、硒等，有較強的抑癌能力和抗疲勞的作用。肝臟是養料貯存器官，又是解毒器官，不斷發揮其解毒作用，經肝臟代謝後，有毒物質和解毒產物可以隨膽汁的分泌排出體外。豬肝適宜氣血虛弱，面色萎黃，缺鐵性貧血者食用；適宜肝血不足所致的視物模糊不清，夜盲、眼乾燥症，小兒麻疹病後角膜軟化症，內外翳障等眼病者食用；適宜癌症患者及放療、化療後食用。

我到天興居，才知道其店鋪並不大，建築面積一百平方米左右，營業面積只有四十平方米左右。幾張長條桌子，配以圓凳，窗明几淨，環境清幽。製好的炒肝放在櫃檯後，顧客隨要隨盛。我們兩人各要一碗炒肝，還要了半斤包子，以補充我們的食量。看著服務員把炒肝盛在小巧玲瓏的二寸小瓷碗中，宛若寶盞含晶，晶瑩透徹，甚是誘人。看著晶瑩透亮的炒肝湯汁，聞著那豬肝散發出來的鮮香味，我不由得垂涎欲滴，胃液蠕動。我們選好座位坐下來，聞到一股濃濃的蒜味，卻在炒肝中沒有找到蒜仔，服務員告訴我，那是蒜泥，已經融化在炒肝中。

北京人吃炒肝，吃法和動作都很講究，他們不用筷子和勺子。我們幾個老北京一手托著碗底，嘴唇順著碗沿轉著慢慢吮吸。我也學著慢慢喝，炒肝的湯汁濃稠細滑，慢慢流入口中，風味獨具，再佐以熱騰騰的包子，細嚼慢嚥，別有一番滋味，味道無法言說。竹枝詞〈燕都小食品雜詠〉云：「稠濃汁裏煮肥腸，交易公平論塊嚐。諺語流傳豬八戒，一聲過市炒肝香。」

胡辣湯

到鄭州出差，常有朋友向我推薦早晨吃胡辣湯；也有人開玩笑，河南最有名的是胡辣湯，你應該去嚐嚐。我雖久居南方，卻喜歡到全國各地去嚐食、品味地方風味，也就沒有推託，在鄭州的那段日子裏，扎扎實實的吃了幾次風味各異的胡辣湯。

胡辣湯又名糊辣湯，是北方早餐中常見的湯類食物，以河南、陝西的胡辣湯最為著名。常出現在街邊攤點和小吃店，味道微辣，營養豐富，適合與其他早點搭配。

河南人做胡辣湯，將紅薯粉條和切碎的豬肥膘放在鐵鍋裏燉，加花生、芋頭、山藥、金針菇、木耳、幹姜、桂仔、麵筋泡等佐料，燉至八成熟勾精粉攪拌，兌花椒、胡椒、茴香、精鹽、醬油等調料，加少許白糖即成，色香味俱佳。陝西人做胡辣湯，原料有些相似，卻在食材上進行了改進，把白菜、土豆、胡蘿蔔作為必要食材，用牛肉丸代替羊肉丁，吃前還要澆香油、加油潑辣子，拌陀陀饃一起吃。

我常吃到的胡辣湯是肉丁胡辣湯，用熟羊肉、鮮羊肉湯、麵粉、粉皮、海帶、油炸豆腐、菠菜、胡椒粉、五香粉、鮮薑、鹽、香醋、芝麻油等為原料，分原料加工、洗麵筋、製湯等三道工序。原料加工是將熟羊肉切成丁或片，粉皮泡軟切絲，海帶發脹洗淨切絲煮去粘液，油炸豆腐切絲，菠菜洗淨切段，鮮薑切成米粒狀。洗麵筋是將麵粉放入盆內用清水調成軟麵團，把麵團揉上勁兌水輕揉，面水呈稠狀換清水再洗，反覆幾次將麵團粉汁洗淨，將麵筋取出。製湯用清水加鮮羊肉湯和粉皮絲、海帶絲、油炸豆腐絲、鹽，用大火燒沸，添涼水呈微沸狀，將麵芡攪成稀糊狀勾入鍋內，稀稠攪拌均勻，放五香粉、胡椒粉，再攪勻，撒菠菜，湯燒開後即成。

糊辣湯是糊狀小吃，聽河南朋友講，吃胡辣湯有些講究，有一聞二看三吃四品等訣竅。一聞是端起胡辣湯先聞有沒有濃烈的牛肉湯香味；二看是觀察碗裏的蔬菜和肉丸比例搭配是否合適，湯的稀稠是否適中，辣子油是否調得紅豔豔的；三吃是嚐蓮花白是否煮得不軟不硬，大小適中，土豆是否煮綿，肉丸有沒有彈性，餡肉香味足不足，辣子油和香油搭配比例是否適中，有沒有撒生蒜苗；四品是吃完後嘴裏的餘香和花椒的麻味能否保持十分鐘以上。如果符合這四個條件，這才是碗好胡辣湯，這才是河南人的最口味。

胡椒原產於印度，是種藤本植物，攀生在樹木或椿架上。又名古月、黑川、白川。胡椒是波斯語pilpil和阿拉伯語fifil的漢譯，後傳播到波斯、阿拉伯、非洲、東南亞一帶。在唐代才傳入中國，北宋《太平惠民和劑局方》等醫藥著作認為食物裏加入辛溫香燥藥物有益於行氣，辛辣食物才得以流行。宋代具有醒酒消食功效的酸辣湯肉粥，既是胡辣湯的雛形。明朝嘉靖年間，嚴嵩從高僧手裏討得一劑調味藥獻給皇帝，燒湯飲之，美味無窮，龍顏大喜，命名為御湯。明亡，御廚趙紀攜帶此藥逃至河南逍遙地界，將藥方傳至民間，當地人因此湯辣味俱全，遂名胡辣湯。清代鄭州城裏賣胡辣湯的攤點很多，民間不敢說胡字，見湯呈糊狀，把胡辣湯改成糊辣湯，並一直沿用至今。現在，人民習慣把糊辣湯稱作胡辣湯，美其名曰宮廷禦錦湯。隨著現在飲食文化的迅速發展，胡辣湯流傳到了臨近的省市。陝西西安有胡辣湯，分兩種，一種是河南人在西安做的河南胡辣湯即肉丁胡辣湯，一種是西安本地回民做的肉丸胡辣湯。在安徽中北部的合肥、淮南、阜陽、巢湖一帶，也有皖北辣糊湯，影響較大。

聽朋友說，河南胡辣湯分支較多，形成各個地方的派系和自己的味道特色。有名的河南胡辣湯有逍遙鎮胡辣湯、北舞渡胡辣湯、南陽胡辣湯、襄城胡辣湯、開封胡辣湯、許昌胡辣湯、汝州胡辣湯、潢川胡辣湯、魯山胡辣湯、冷飯店胡辣湯、周口金記胡辣湯、淮陽朱麻子燉肉胡辣湯等十數種，各種胡辣湯都有自己的特色味道，吸引著許多食客。

我曾在朋友的帶領下，在河南境內走過一圈，品嚐了一些胡辣湯，味覺明顯的有幾種。北舞渡胡辣湯是燉肉糊辣湯，肉爛湯鮮，香辣綿口，回味無窮。南陽胡辣湯吸取各地胡辣湯之長，結合南陽人口味，形成南陽當地特色。襄城胡辣湯風味獨特，呈醬紅色，味麻微辣、香韻悠長。開封胡辣湯味道濃重，肉沫少許，有花生、軟麵筋、海帶佐味。許昌胡辣湯肉爛湯鮮，香辣綿口，鮮香回味。汝州胡辣湯有葷素兩種，素胡辣湯用柔韌順滑的粉條做湯，體現汝州人的美食理念。潢川胡辣湯加黃花菜，香辣可口，回味無窮，欲罷不能。魯山胡辣湯加粉皮，口感極爽，彈勁甚強，嚼勁精妙。冷飯店胡辣湯以藥食同源為理，精雕細琢，自然鮮味和原味、後味、回味相結合。周口金記胡辣湯琥珀色，活血驅寒、醒目提神、酸辣適口、香味四溢、肉爛麵筋。淮陽朱麻子燉肉胡辣湯稀稠均勻，咸甜適中，肉爛如泥，酸辣可口。

品味完河南的胡辣湯，不得不讓我感慨，一碗胡辣湯，可以做得這麼精緻入微，形成各種口味和味道，真不愧中原大地。

第三輯

魚味無窮

湘水鯰魚

湘江古稱湘水，是湖南最大的河流。湘江發源廣西東北部的海洋山，千百年來，奔騰不息，受湘人敬仰不已。東方朔《七諫・哀命》有「測汨羅之湘水兮，知時固而不反」。就是說湘水育人之個性。

湘江上游稱海洋河，到永州市區與瀟水匯合，始稱湘江。湘江向東流經永州、衡陽、株洲、湘潭、長沙，直至湘陰入洞庭湖，歸長江。湘江上游水急灘多、云窄流短；中下游水量豐富、水流平穩，沿岸丘陵起伏，沿河沙洲斷續可見，有名的有牛頭洲、橘子洲、傅家洲、月亮島、騰飛島在途中羅列。

湘江支流有瀟水、舂陵水、耒水、洣水、蒸水、漣水等。魯迅〈湘靈歌〉：「昔聞湘水碧如染，今聞湘水胭脂痕」，是形容湘江風光。湘江自古通航，舊時是湖南湖北與廣東廣西的重要交通線，自唐宋文人、遷客借船來往於上，留下無數詩篇和哀怨，更增添了淒涼和文化。

湘江沿岸，盛產河鮮，經過數千年的精工烹飪，成為湘菜三大子系之一。湘江有魚、蝦、蟹、龜、貝等二百六十七種，其中魚類一百一十七種。名貴的有中華鱉、草龜、三角帆蚌、甲魚、青蝦、青魚、草魚、鰱魚、鱅魚、鯉魚、鯽魚、鯰魚、魴魚、鯿魚、烏鱧、鱖魚、黃顙魚、太湖短吻銀魚、藍刀魚、長吻鮠、鮰魚等二十一種，鯰魚最受湘江兩岸人們的喜歡。

鯰魚是湖湘人們最關注的魚種和美食原材料，受食客和文人親昵。在長沙，鯰魚有很多的美麗傳說，湘江河堤由鯰魚變成，鯰魚擺尾就會決堤；瀏城橋有個鯰魚套，專抓鯰魚孝敬老人；長沙有道名菜叫鯰魚煮豆腐，曾受康熙推崇，我特別喜歡吃。

長沙市區，沿湘江岸邊客運碼頭向北到新河口及瀏陽河、撈刀河與湘江交匯處，是長沙漁人夜釣鯰魚的好地方。端午將至，天氣轉暖，鯰魚開始夜行覓食。大青蟲膘肥體壯，正好做鯰魚的餌料。在無風雨的夜晚，湘江岸邊涼風習習，擇地而釣，拋竿下鉤，耐心守候，鯰魚就會靠近。當夜闌人靜的時候，城市的嘈雜、喧囂已經消散乾淨，釣人才覺心曠神怡，釣興始濃。乍聞鈴聲響起，提竿收線，活蹦亂跳的鯰魚就被提出水面，大有可喜之處。夜色朦朧中，藉著乍隱乍現的月光，確實釣趣無窮。

湘江流經株洲朱亭時，拐了個半圓形的彎，叫挽洲灣。河灣盛產鯿魚、鯰魚，谷雨時節，江中排筏相連，晚上漁火點點，似星空閃爍，漁民忙著捕撈鯰魚仔和刁子魚，素稱「朱亭漁火」。株洲諺語說：「八月南嶽夥鋪旺，三月朱亭漁民忙。」就是說朱亭的漁季開始了。二〇一〇年四月十三日，湘江株洲段湘江航電樞紐附近，一漁民撈到一條三十一斤重的鯰魚，成為媒體關注的焦點。二〇〇五年，泰國湄公河意外捕獲一條鯰魚，重達二百九十三公斤，是目前世界上捕撈到最大的淡水魚。

鯰魚俗稱塘虱，又名鯰魚、懷頭魚、泥魚、棉魚、鯰巴郎等，中國有懷頭鯰、鬍子鯰、西江鯰、越鯰等品種，分佈在全國各地，生活在池塘、河川、湖泊中。

鯰魚無鱗，背脊蒼黑，腹部雪白，頭扁口闊，長須四根，感觸味覺，尾圓而短，不分叉，背鰭短小，臀鰭尾鰭相連。鯰魚有青灰色、牙黃色兩種，牙黃色的鯰魚身上有花斑。鯰魚肉質白嫩，魚皮肥美，兼有河豚、鯽魚的鮮美，沒河豚的毒素和鯽魚的刺多。鯰魚卵有毒，誤食會導致嘔吐、腹痛、腹瀉、呼吸困難。

嚐食鯰魚，就知道有三大，即嘴大、頭大、肚子大。鯰魚適應性強、生長快、易飼養、易起捕，是世界聞名的養殖品種和遊釣物件。鯰魚是雜食性魚類，攝食底棲生物、水生昆蟲、浮游動物、輪蟲、有機碎屑和大型藻類，捕食的小型魚類有餐條、鯽魚、鰕虎魚、麥穗魚、鯉魚、泥鰍等。

我們製作鯰魚，可以按《黃帝內經》「五穀為養、五果為助、五畜為益、五菜為充」的傳統經典飲食結構原理，烹出土中見特，俗中見雅，葷素相宜，世人所愛的特色口味，滿足食客需求。

我吃鯰魚，有很多深刻的印象。

二〇〇〇年，我還在湖南師範大學求學。那年暑假，學校不准住宿舍，我與幾位同學在附近租了間房子。那時，我們吃得最多的就是鯰魚燉豆腐。當時，我們的生活條件比較低，正是缺吃省錢的時候，每天除了豆腐、冬瓜，就是肥肉加鯰魚。

我住在學堂坡的湘江邊，旁邊有個菜市場，買菜很方便，每天家教回來就自己去買菜。我們四五位同學吃冬瓜、豆腐、鯰魚來改善生活。為了增加油水，每餐買半斤肥肉，把肥肉切成大片，魚切成大塊。在煎魚的時候，加入肥肉塊，蓋好鍋蓋，一起燜煎。肥肉的油全部炸出，在肉油的高溫下，魚肉容易煎透，兩面金黃膠結，再加水煮一會，放入大蒜、紅辣椒，加豆腐燉，直到湯色乳白，香味四溢，才出鍋上桌。這樣做的鯰魚，吃起來魚肉表面很有韌性，魚皮糯軟，肉質細膩滑爽，形成瓦狀小塊，湯汁鮮美，豆腐細嫩。我們四五人，飯量大，三四個菜不夠下飯，我常常用鯰魚湯下飯，湯汁又辣又鮮，油膩可口，一碗飯泡上魚湯，很容易就吃完。我當時沒有掌握好煎魚的技巧，總是把鯰魚煎碎一部分，倒為久燉久煮做湯做了準備，湯汁中的魚肉更加入味，入口即化。

鯰魚味甘性溫，補中益氣，利小便，療水腫。適合體弱虛損、營養不良的人食用，老、幼、婦女產後及消化功能不佳的人最為適用。鯰魚除魚子不能食用外，全身都是寶。史書記載，可與魚翅、野生甲魚相媲美，強精壯骨和益壽。《食經》載「主虛損不足，令人皮膚肥美。」《隨息居飲食譜》載「鯰魚，甘溫，微毒。痔血、肛痛，不宜多食。餘病悉忌。」品食鯰魚，最佳季節在仲春和仲夏之間，這是鯰魚最肥最鮮的時候，也是鯰魚迅速生長、繁殖的時候。

鯰魚體表黏液多，宰殺後放入沸水中燙一下，清水沖洗，就可以去掉黏液。鯰魚不能與牛羊油、牛肝、鹿肉、荊芥同食，對人體健康不利。鯰魚還是大發物，有痼疾、瘡瘍者慎食，最好不吃。產婦發奶，可以多喝鯰魚湯。

全國聞名的鯰魚菜肴甚多，有名的有蒜香鯰魚、紅燒鯰魚、水煮鯰魚、平鍋鯰魚、鯰魚燉茄子、鯰魚燉豆腐等，我都嚐食過。

在中國南方沿海地區，有種鯰魚專門誘捕老鼠。牠夜間遊近岸邊，將尾巴露出水面，散發陣陣腥臭味，引誘老鼠。老鼠靠近，撥動鯰魚，牠一動不動，老鼠以為是死魚。咬住尾巴，使勁往岸上拖。鯰魚使出全身力氣，尾巴一擺，將老鼠拖入水中，成為美餐。

鯽魚專家劉筠培育的四倍體鯽魚發展後，鯰魚在長沙餐桌上消失了一段時間，很少有人再吃、再買。

二〇〇五起，長沙興起吃河魚的風氣，在湖南大學門口到猴子石大橋之間的瀟湘路旁，一夜之間開起了很多河魚館，吃活魚和河魚，有人開始想到了鯰魚，在天馬山開了家土菜館，專做土鯰魚。其他飯店也重新推出鯰魚菜肴。

天馬山是岳麓山東側前翼，伸進湘江岸邊。是古人登岳麓山必經之地，與鳳凰山、桃子湖合稱兩山一湖。在此沿岸垂釣的人很多，釣到鯰魚的頻率很高。

土鯰魚不再是大鯰魚，專挑鯰魚仔，五六寸長，剖去內臟，煎得背面金黃色，再煮出乳白色的湯汁，燉入豆腐，加辣椒、紫蘇等，非常好吃，受食客喜歡。

我與湖南師範大學化工學院的易揚老師、湖南師範大學出版社的楊遵民老師常去天馬山吃土鯰魚。我們每次選擇在餐館的屋頂，找一處偏僻的地方，幾個人圍著一張桌子，吹著湘江的習習河風，享受著自然的美景，非常涼爽、舒服。吃飯不需要空調、風扇驅熱，喝點小酒，閒談些瑣事，那是享受和生活。

二〇〇八年冬，我調查湖南飲食資源，在全省尋找民間食材。從衡陽到湘潭，有朋友推薦我去湘潭湘江邊吃土鯰魚，我打車來到湘江北岸石嘴埚陶公山下十八總唐興橋，進了一家叫黑皮哥河魚館。飯店很普通，為連綿不斷的棚屋，食客卻很多，都是來吃土鯰魚的，有點農家土菜館的味道。

當天下午下著小雨，我乘興在雨中品味湘潭的土鯰魚，那美食確實不錯，甘甜可口。夜幕初下，對面的湘鋼正好出爐，看著遠處紅透了半邊天，我非常感歎，在此品味，即可享受美食還可享受美景。

吃完土鯰魚，我沿著河堤行走，來到不遠處的望衡亭。望衡亭是王揵俊於一九三二年籌資修復，相傳陶侃曾在此屯兵，在湘江邊建有望岳、釣魚二亭，專為釣土鯰魚而建，我才知道為什麼有這麼多人來此吃鯰魚是有淵源的。我登高遠眺，南嶽衡山隱約可見，岳麓紅楓歷歷在目。在夜幕下欣賞了湘江，也猜測了湘潭土鯰魚的無限未來。

這些年來，我一直在回味鯰魚的味道，也在尋找土鯰魚的餐館，想重溫過去吃鯰魚的日子，卻少了那份雅興，多了些浮躁。

寶塔鱔魚

寶塔黃鱔是大梅山新化的一道名菜，因外觀看上去黃鱔一條條捲曲起來像寶塔一樣呈螺旋狀，所以命名寶塔黃鱔。在大梅山深處，山民的飲食習慣有其獨特性，吃得原汁原味，吃盡各色物種，吃得茹毛飲血，寶塔黃鱔就是其代表作。

西漢時期，長沙地區的飲食已經有百多種名貴菜品，燉燜煨燒炒溜煎薰臘等烹調方法已經齊全。大梅山的深處，飲食製作還很原始，過著茹毛飲血的日子。直到宋神宗時期，梅山才置新化、安化兩縣，先進的烹飪方法和中原文化才進入梅山，飲食習慣開始慢慢改變。

梅山地處湖南中部，氣候溫暖，雨量充沛，自然條件優越，是丘陵、盆地、山林交界處。家牧副漁發達，梅山人飲食注重香鮮、酸辣、軟嫩。溪中河鮮和田中水產備受梅山人喜愛，泥鰍、黃鱔、蝦米常見於餐桌，所以飲食界稱他們為貓食族。而梅山人在實際的生產勞動中，不是每時每刻都可以抓到泥鰍、黃鱔的。他們要在春種之後，泥鰍、黃鱔開始躍出泥巴，游弋於溪水、水田中，農民在犁田、除草、施肥、打藥、收割的過程中，在農田裏都會撞上泥鰍、黃鱔，農民不會放過抓泥鰍、黃鱔的機會。只要逮到一條，就在田埂上找根草藤，穿著泥鰍、黃鱔的腮幫，掛在農具上，勞作完帶回家，滿足孩子們的腥食味。家庭主婦不會為了一條泥鰍、黃鱔去做一鍋菜，還是把抓來的泥鰍、黃鱔在鐵鍋上煎熟，用碗盛著，儲存起來，等待其他的泥鰍、黃鱔一起做菜。幾天的勞作，一般可以搞上十多條甚至數十條泥鰍、黃鱔，就可以做一碗好菜，改善生活。

春夏之交，梅山雨季來臨，調水的泥鰍、黃鱔聚集在田坎和畔水，是山民抓泥鰍、黃鱔的好季節，只要到田坎、畔水去溜達，總有收穫。

抓鱔魚最好的季節有兩個，一是春種時候，山野開始發動，農田在冬浸後灌滿了水，鱔魚感覺到水暖天燥，晚上出來歇涼，農民點著松明或者煤油燈滿田坎轉，這就是山民在抓黃鱔。一是收割季節，稻穀已經金黃，農民放乾農田裏的水，等待收割，鱔魚就在田壟邊打洞，躲在裏面。等收割完稻穀，小孩找到這些小洞，用一個指頭沿著洞穴找下去，鱔魚從另一頭逃出來，很容易就抓住了，成了孩子們的獎賞。這樣抓鱔魚，一天抓的量不少，足夠一家人美餐一頓。孩子們就會吵著要母親做寶塔黃鱔吃，母親也會高興的做起寶塔黃鱔這道美食。

做寶塔黃鱔，最好選擇中等個兒的黃鱔，大小如小拇指，在鹽水裏養兩三天，黃鱔排泄乾淨體內雜質，再用清水養一天，鱔魚的體型變得瘦小起來，游水的性情卻很暴躁、迅速。

做寶塔黃鱔時，要把菜鍋洗乾淨，稍微加點清水在鍋裏，放入鱔魚，蓋好鍋蓋，再生大火，火越來越大，鍋裏的水馬上沸騰，很快就燒乾，鱔魚開始成了熱鍋上的螞蟻，到處亂竄，在鍋裏打得劈劈啪啪亂響。鍋內的溫度繼續升高，鱔魚開始翻滾、跳騰，身體扭做一團，形成一個螺旋狀，粘液自然去掉。再燜幾分鐘，鱔魚就成形，有些寶塔樣，就可以揭開鍋蓋，退去明火。

山民抓到的鱔魚，與城裏的不一樣，有大有小，沒有定數。在製作寶塔黃鱔的時候，一般要去除內臟。廚師從鍋裏取出黃鱔，把頭、尾去掉，再去除內臟。也有簡易的方法，就是把嘴巴張開處撕開，黃鱔就分為兩部分，內臟自然裸露，去掉內臟，擰下頭，剪了尾，成了美食的精華。梅山的大鱔魚，有的有半斤一條，長約兩尺，粗如棍子，那就要去掉骨頭，把鱔魚肉撕成多塊。在撕掉內臟後，還要撕開背脊肉，一線一線撕下來，只剩骨頭。這些只是粗加工，還沒有開始做菜。

做寶塔黃鱔，主要有兩種方法，一是煸炒，直接炒乾鱔魚，吃起來肉嫩滑爽。一種是油爆，把黃鱔炸乾，加輔料炒，吃起來肉質緊促酥脆。隨著農民生活條件的好轉，油爆寶塔黃鱔越來越受農民喜歡，山民對口味的要求也越來越高。

廚師洗淨鐵鍋，燒上半鍋植物油。農民炸東西，喜歡用植物油，也有直接用豬油去炸的，冬天冷了就不好吃。油燒開後，把去掉內臟的鱔魚輕輕的丟進油裏，就聽到吡吡的叫聲，油鍋上馬上冒起一層白霧，飄飄渺渺，霧水漸漸減少，用菜勺翻動黃鱔，不讓其粘鍋炸焦，更要鱔魚炸透、炸酥、炸脆，等白霧很少時，可以撈出黃鱔，瀝乾油汁。另外起鍋，放少許油，放薑、大蒜瓣、辣椒爆香，再加鱔魚爆炒。黃鱔外皮爆開，油水浸入，焦黃色或者漆黑色，寶塔形狀有彈性和定型，就起鍋。盛入菜碟，加蔥花，紅、白、黑、綠多色雜呈，香味飄逸，讓人垂涎欲滴。

梅山人吃著美味的寶塔黃鱔，食欲大增，辣味濃烈的寶塔黃鱔，咬上去脆酥可口，又辣味十足，鹹鹹的鱔魚肉，非常下飯，一家人爭相吃著美味的鱔魚，辣得嗦嗦的聲音不絕於耳。

山民有的圖簡單，做菜時沒有去掉內臟，在吃的時候再來撕掉內臟。這些人一般都是喜歡吃腥味的人家，不願意放過一條泥鰍、黃鱔。他們吃寶塔黃鱔，有自己的妙法，直接用手抓起鱔魚，兩手掐住鱔魚的上下嘴唇，用力撕開，內臟直接吞到地上，鱔魚肉放回自己的飯碗裏，再慢條斯文的來品味，吃得津津有味。家裏稍微斯文點的人家，把手改用筷子和嘴巴，用筷子夾住黃鱔頭部或頸部，用嘴咬住鱔魚背脊肉，輕輕用力，就撕裂了鱔魚背脊肉，一線一線的撕下來，露出背部的脊骨。再用同樣的方法，撕下腹部的肉，鱔魚就只剩脊骨和腹腔內的內臟，看去白骨森森，有些慘烈。

梅山俗話說「夏吃一條鱔，冬吃一支參」，所以梅山人特別喜歡吃黃鱔。現代醫學表明，鱔魚的營養價值像人蔘一樣，每一百克鱔魚肉含蛋白質十八克、脂肪一點四克，還有磷、鈣、鐵及多種維生素。是高蛋白低脂肪食品，尤其適合中老年人食補。中醫典籍記載：其味甘、性溫，無毒，入肝、脾、腎經，能補虛損、除風濕、通經脈、強筋骨，主治癆傷、風寒濕痹、產後淋瀝、下痢膿血等。

我外公特別喜歡吃鱔魚，他還發明了許多稀奇的吃法，最常見的是把吃剩的寶塔黃鱔用來煮麵條吃。我跟外公吃過幾次，麵條的味道非常鮮美，越煮越甜，麵條柔潤、滑爽，輕輕吸一口，就可以長驅直入進入胃裏。

梅山人離開家鄉，漂泊他鄉，懷念的第一道菜就是自家的寶塔黃鱔。我在長沙生活了十多年，每次遇到老鄉，聊起家鄉的美食，首先想起的是母親的寶塔黃鱔。其實，在長沙這個美食之都，也有寶塔黃鱔，只是它的名字不一樣，長沙人習慣把它叫做太極圖。

長沙人對寶塔黃鱔進行了一些改良，在菜市場，鱔魚分大小飼養，按大小論價，為做寶塔黃鱔提供了理想的條件。筷子粗細的黃鱔是做寶塔黃鱔的理想食材，用清水加幾滴菜油餵養兩天後，用開水燙死鱔魚，無需清除內臟，整條放進油鍋裏炸就可以了。邊炸邊翻，黃鱔自動捲縮成羅盤形，撒上鹽、醬油、白酒、薑絲，蓋鍋燜透，裝於盤碟或海碗內。吃時咬掉頭，也不必撕去內臟，因為在炸透、炸枯之後，內臟已經沒有異味，吃起來更有韌勁。

太極圖是道家思想理論圖形，湖南道縣的理學泰斗周敦頤，用理學的觀念對太極圖進行了解說。理學思想在長沙嶽麓書院生根發展，深入民間。理學之士見黃鱔捲縮的形象恰似太極圖中陽動陰靜的形狀，於是以太極圖命名鱔魚，並擺上長沙人民的宴席，讓飲食文化多了一些古風雅趣，讓長沙人民多了些食興。

我在全國各地行走，鱔魚做的美食不計其數，特別是江南一帶，各地吃法不盡一樣。知名的鱔魚菜肴有雙仙燒黃鱔、生蒸鱔段、醬爆黃鱔、火燒黃鱔、炒黃鱔絲、紅燒馬鞍橋、太極鱔魚等，都非常美味可口。

在雲南的紅河縣和通海縣，有著寶塔黃鱔的同宗異法。

紅河縣彝族支系卜家人，有道非常奇異的美食叫火燒黃鱔，用燒熟的黃鱔做菜，味道麻辣乾香，鮮美爽口。卜家人收完早稻，翻田搭埂，每當夜晚，黃鱔從泥巴中鑽出，卜家青年腰繫鱔籮，手舉火把，用竹鉗捕捉黃鱔。黃鱔捉回家，放入火塘的草木灰中，活生生的燒成圓圈狀，再串在竹竿上，逢年過節或家裏來客，成為首選葷菜。

通海縣的興蒙漁村，居住著正宗的蒙古人，他們是七百多年前元朝入滇的後裔。蒙古兵在曲陀關駐紮時，常到通海境內的杞湖畔牧馬，掌握了逮黃鱔的本領，蒙古人抓到黃鱔，沒有向漢人學習吃法，還是用荷葉包著、塗上泥巴，投到火堆裏烤，烤熟後奇香無比，鱔魚全部曲蜷成圈，像太極圖案。

太極圖案在滇南民間是能夠驅妖避邪的鎮宅之寶，凡是生活中厄運連連的人家，總能想到這個圖案，在門楣上方插青松毛，請人繪製太極圖，並書上「姜太公在此」。太極鱔魚色香味美，還可以給食客帶來好運，沖掉身上的晦氣。

我雖吃過不同的鱔魚及近宗的寶塔黃鱔，卻還是忘不了家鄉的寶塔黃鱔，更希望吃到母親親手做的寶塔黃鱔。

情侶烤魚

從長沙到武昌，就讓我想起了毛澤東的一首詞：「才飲長沙水，又食武昌魚」，就很想吃吃武昌魚。

在長沙有一家連鎖餐館——金太陽，有一味風乾武昌魚做得特別好，上了長沙的魚菜單。魚被風了半乾，清蒸後上桌，鮮香純口，吃起來嚼味十足，也挺下飯。可我想吃吃湖北做法的武昌魚，體驗地道的武漢魚味。

武昌的小吃集中在聚義園，密密麻麻的擠滿了各地的美食，最出名的卻是湘味和川吃。武漢朋友朱輝和湯淼是聚義園的常客，告訴我要吃漢味就去吃情侶烤魚，並且推薦他們常去的小張烤魚。

我是個愛吃魚的洞庭湖之子，在長沙就搜集過各種各樣的魚和各式做法的魚美食。卻沒有吃過大烤魚，也沒有品嚐過長江之魚，今天得到他們的推薦，當然不會放過一飽口福的機會，就尋思著美食的影兒。

湯淼告訴我，吃烤魚有點上火，要邊喝冰啤酒邊吃就沒事。我認為這是個好主義，就要了幾瓶冰啤酒。菜還沒上，我們就每人倒了一杯啤酒當冷茶喝。不久，菜就上桌了。端來的是一個長條型盒子，裏面燒著酒精火。接著，又有一個人端著個長條型盒子上來，那是菜，盒子裏臥著一條魚。看色氣是漆黑的，卻趴在盒子裏，翻騰翻騰的冒著熱氣。我心裏想：「烤魚怎麼還用水煮得熱氣沖天，又烤得焦焦糊糊的，怎麼吃呢？」

等盒子一放穩，朱輝就說趕快趁熱吃，他們舉起筷子就開始「搶」。我看到這道菜遲遲不敢下筷子，在他們的催促之下才嘗試性夾了點。是燒焦的魚皮，黑糊糊的，夾著就是那麼軟軟的，筷子顫一顫，魚皮就有收縮地上下擺動；嚼在嘴裏卻有點糯性，還有點韌性，被烤的一面比較脆，帶著濃濃的咖喱粉味。這樣一品，倒覺得比紅燒魚、水煮活魚、酸菜煮魚、清蒸魚都要有味。夾了一塊魚肉，可以聞到一點血腥味，帶著熱氣，嚼魚肉，綿綿的，有火烤的脆香和水煮的甜美，吃得我「吃性」大發，夾魚的不同部位品味烤魚的風味。

接著，又上了一盒烤魚，式樣一模一樣。我心裏嘀咕：「是不是他們哪個看出了我吃的饞樣，又給我加了一份呢？」我剛要表示感謝，湯淼就開口了，告訴我這是情侶烤魚，先上的是鱅魚，後上的是草魚，要我比較一下情侶烤魚的不同味道。我又一個部位一個部位的品嚐烤草魚的風味，卻發現魚的肉的味道有所區別，草魚的肉很嫩，帶著煨後的清新和血味的淡涼。我才明白，為什麼店家要把牠們作為情侶烤魚來賣，因為這樣才能完全比較出兩種烤魚的味性，得到一種美食的區別。

吃完魚，盒子裏又露出一盤菜，是豆腐、魔芋豆腐、豆腐皮、豆芽等。我吃了一塊豆腐，進了魚味和咖喱味的豆腐像煮得非常到位的麻辣燙，味道十足。再吃魔芋豆腐、豆腐皮、豆芽，既嫩又有麻辣香，真的讓我大飽口福。

後來我突然想起，情侶烤魚的精華應該在豆腐、魔芋豆腐、豆腐皮、豆芽裏，而我當時沒有好好的品味一番，只吃到了它的名還沒有吃到它的實，那是品食裏的一大損失。

酸湯魚

貴州地屬西南，毗鄰湖南、廣西、雲南、四川、重慶五省市，山川秀麗、民族眾多、資源富集。古代世居土著，宋朝土著首領普貴以矩州歸順朝廷，卻遠在要荒，到明朝永樂年間才建省。

貴州是雲貴高原的凸起部分，西高東低，向東南北三面傾斜，山地居多，山脈甚眾，重巒疊嶂，綿延縱橫，山高穀深。貴州少數民族甚多，僅次於雲南，居全國第二位。世居少數民族有土家族、苗族、布依族、侗族等，分佈在湖南、廣西交界處，他們粗獷豪放、熱情質樸，善做食物。

貴州菜系屬於大川菜，又有自己的獨特風味。以鮮辣、酸辣為特色，突出辣麻酸三味。貴州菜加上自家釀造的米酒，很有農家風味和地方特色。菜喜歡用酸湯調味，以酸湯魚最好吃、最有名。製作方法簡單、美味可口、食後開胃、味美湯鮮。現在，貴州少數民族的酸味菜肴已走出苗嶺深山，來到大小都市，酸湯魚也延伸到酸湯雞、酸湯鴨、酸湯狗肉、酸湯豬腳、酸湯排骨、酸湯牛雜等菜品，形成龐大的酸湯系列。

酸湯魚是貴州人的最愛，更是貴州菜的頂樑柱。有人說：「到貴州，不能不吃酸湯魚。」我吃過酸湯魚之後，也覺得吃貴州菜有必要吃吃酸湯魚，那酸酸的感覺，吃過以後胃口大開，食欲猛增。

做酸湯魚，廚師都會提到酸湯。酸湯很原始，在湘黔邊界，苗族、侗族人家都會做。最初的酸湯用尾酒（即米酒糟）調製，後改米湯發酵及其他做法製作，也有用糟辣椒與番茄、白醋、檸檬酸等做酸湯的。但是，生活在湘黔邊界的苗侗族人家，還是採用最原始的米湯發酵，做白酸湯。

傳說苗嶺住著一位阿娜姑娘，青春貌美，能歌善舞，善釀美酒，酒有幽蘭之香，清如山泉。小夥子們都來求愛，凡求愛者阿娜就斟碗美酒，不中意者吃了覺得其味甚酸，心裏透涼，又不願離去，夜幕臨近，蘆笙悠悠，山歌陣陣，小夥子們房前屋後用山歌呼喚阿娜出來相會，阿娜只好隔籬唱著：「酸溜溜的湯喲，酸溜溜的郎，酸溜溜的郎喲聽妹來溫暖；三月檳榔不結果，九月蘭草無芳香，有情山泉變美酒，無情美酒變酸湯。」

貴州酸湯種類甚多，以品質清澈度分：高酸湯、上酸湯、二酸湯、清酸湯、濃酸湯等；以味道分：鹹酸湯、辣酸湯、麻辣酸湯、鮮酸湯、澀酸湯等；以原料分：雞酸湯、魚酸湯、蝦酸湯、肉酸湯、蛋酸湯、豆腐酸湯、毛辣果酸湯、菜酸湯等；以民族分：苗族酸、侗族酸、水族酸、布依族酸等。苗族酸湯最為有名，以魚酸湯、毛辣果酸湯、菜酸湯、辣酸湯最為常見。

白酸用清米湯在酸湯桶中慢慢發酵而成，色澤乳白、酸味純正，愈存愈香。紅酸即毛辣果酸，酸味醇厚，色淡紅而清香，由野生番茄或番茄代替製作。紅油酸即辣酸，以糟辣椒用油炒至見紅油，加新鮮野生毛辣果炒香出色加湯熬制去渣，調製而成，葷厚酸辣醇厚，色澤鮮紅。

貴州人擅長製酸，亦喜食酸食。民謠云：「三天不吃酸，走路打躥躥。」貴州眾多酸湯中以苗家酸湯最為著名，酸香豐富，是苗族傳統菜肴的必備品。湘黔邊界的苗族侗族同胞居住在大山裏，山高路遠，幾乎家家都有酸罈，少的一兩個，多的好幾個，甚至幾十個。苗家侗家釀製酸湯取自高山泉水和自種香糯釀製而成，味道獨特、酸鮮可口。

用酸湯烹製魚肴是苗族侗族人的最愛，苗族有句民謠：「最白最白的，要數冬天雪。最甜最甜的，要數白糖甘蔗。最香最美的，要數酸湯魚。」在湘黔邊界，結寨而居的苗族侗族同胞，靠天水種植糯米，這種塘田結合的高山梯田，種植季節必須珍惜每一滴雨水，有水從不放掉，都關起來熬旱，農家為了合理利用稻田的雨水，在稻間養魚、養鴨，實行增產。黔東南各地都有酸湯魚，黃平酸湯魚原汁原味不施油脂，凱里酸湯最有名，麻江縣酸湯魚獲過中國名宴金鼎獎。黔南布依族苗族自治州有毛辣角酸、紅油酸。三都水族自治縣有小磨酸、獨山縣有蝦酸等。黔東南榕江、劍河等地沿河兩岸的侗族，家家都有酸罈，製作酸湯。

稻田裏養的鯉魚、鯽魚，秋收時節，農家乾水捉魚，煮酸湯魚、清水魚吃，吃不完的魚用來製作醃魚，留給其他季節享用。在湖南通道縣，酸湯醃魚慢慢演變成了侗族的醃魚、醃肉等醃菜系列，酸香醇厚，成為懷化合攏宴的主材料。黔東南雷山縣郎德苗寨，食苗家酸湯魚時還配上苗家敬酒歌，邊唱邊吃，其樂融融。水族酸湯魚有二種，其烹調方法和味道各異。一是取魚數條，刮鱗洗淨，開膛去臟，砍剁成坨，放入冷水鍋中，加上調料及老罈酸水後，在火上煮沸，稱冷水酸湯魚。一是選稻田鯉魚數條，不開膛破肚，也不取內雜，只從鰓邊第三片鱗處開個小孔，取出苦膽，隨著放進配好調料的沸水鍋中煮至魚背綻開，即可食用，稱連心酸湯魚。

傳統方式製作酸湯魚，選鮮活鯉魚或鯽魚一條，清亮白酸湯，薑片，蔥節，精鹽，糊辣椒面，花椒，木薑子油，香油。活魚清水餵養一天後，在腮後第三片魚鱗處橫劃一刀，取出苦膽。乾辣椒切成碎塊。取鍋置火上，倒入酸湯，將魚和乾辣椒放入鍋內，再放入花椒、精鹽一同煮至魚鱗脫去，酸湯吸入魚肚，滲透到魚的各個部位，起鍋放入盆內，然後將糊辣椒面、木薑子油、薑片、蔥節、精鹽、麻油、酸湯兌成湯汁拌魚食。汁濃味鮮，肉質細嫩，風味獨特。

吃酸湯魚有三種方法，第一種是蘸食，用糊辣椒面、精鹽、木薑花末、蔥花、蒜泥等調為蘸汁，蘸食鮮魚。魚肉鮮香，湯汁酸鮮，蘸汁糊辣香味濃郁。第二種是拌食，把魚夾進菜缽，剔去魚刺，把糊辣椒面、精鹽、蔥花、蒜泥、番茄調勻，倒入魚肉拌勻後食用。魚肉鮮香細嫩，糊辣香味濃郁。第三種是麻辣涼拌，雷山縣苗家酸湯魚又名涼拌麻辣魚，用白菜、青菜等鮮菜合煮於酸湯中，水沸即可食用。魚肉清香細嫩，辣味濃郁。我三種都吃過，覺得最地道最適合貴州人的是蘸食和拌食。

剁辣椒魚頭

做剁辣椒在湖南地區的秋季是件很普遍的事情，老少兼愛，男女喜歡，也是湖南人儲存新鮮辣椒的一種傳統方法和普通吃法。用剁辣椒去蒸魚或者魚頭，確實是湖南人的一大發明和貢獻。剁辣椒蒸魚，有名的是瀏陽蒸菜裏的手撕魚，常見的是豆豉辣椒蒸鯽魚、清蒸鯿魚等，最有名的是剁辣椒魚頭。剁辣椒魚頭即發揮了剁辣椒的辣味，吸收了剁辣椒的酸味，也弘揚了魚肉的鮮味，去除了魚本身的腥味，使兩種味道達到完美的結合，形成了魚頭的至味。

剁辣椒魚頭起源於湖南湘潭，在長沙發展壯大，傳播到全國乃至世界各地，成為湘菜的代表。湘潭屬於湘江流域飲食帶，以河鮮聞名於世，與衡陽、長沙的餐飲齊名，並同屬一帶。因為湘潭遲班椒的出現，改變了湘江魚類的吃法和味道，形成了剁辣椒蒸魚等系列菜，湘潭的魚頭也變得有理想和方向，終於走出了一條剁辣椒魚頭的崛起之路。

剁辣椒魚頭在湘潭本地又叫鴻運當頭、開門紅，象徵著一種紅紅火火的生活和對美好未來的嚮往。火豔豔的剁辣椒覆蓋在白嫩嫩的魚頭上，紅白區別鮮明，卻又完全融為一體。當還冒著熱氣的剁辣椒魚頭端上您的餐桌，擺放在您面前，那股清香飄逸的魚香味迎面而來，刺激著您的欲望和吃性。剁辣椒的酸味滲透在魚肉裏，魚的鮮香保留在肉質中，辣味催生出魚肉的鮮甜，充滿味道的誘惑。從魚頭的腮下挑開腹部的魚肉，魚肉晶瑩剔透，細嫩如凝脂，剁辣椒的湯汁嬌豔欲滴，紅亮透明，濃濃的肉香和魚鮮來回飄蕩，有種誇張的感覺。當您溫文爾雅的送進嘴裏，肉質細嫩、肥而不膩、口感軟糯、鮮辣可口，雖有小小的魚鱗咯齒，卻不用細嚼，慢慢吸食魚肉，如豆腐腦緩緩流入喉嚨，鮮香辣一起湧向味蕾。

清朝雍正年間，湖南新化的數學家黃宗憲先生為了躲避殘酷的文字獄，逃到湘潭郊區。借住在一戶農家，農民家窮，買不起肉菜來招待鴻儒黃宗憲先生，農戶的兒子在溪水裏打撈到一條河魚，女主人加鹽、辣椒剁與魚頭同蒸，作為款待黃宗憲的主菜。愛吃辣椒的黃宗憲吃了剁辣椒魚頭覺得味道鮮美，非常感激房主。從此，黃宗憲對那道剁辣椒蒸魚頭十分想念，又無法吃到這道美味，只能在記憶裏回味。避難結束後，他讓廚師到湘潭農家學習剁辣椒魚頭的製作方法，並進行了適當的改良，成為我們今天的絕味剁辣椒魚頭。

魚頭不僅味美，營養價值很高，含有豐富的優質蛋白，容易被人體吸收。魚肉中脂肪酸有降糖、護心、防癌的作用，魚肉中維生素D、鈣、磷有抗衰老、養顏的作用，有利於血液循環、開胃、滋補、防止腫瘤。剁辣椒味酸，有開胃消食、暖胃驅寒、止痛散熱、肌膚美容、降脂減肥、抵抗癌症、保護心臟，促進血液循環、降低血壓等作用。兩者的結合，更符合營養學的要求。

剁辣椒魚頭可選用草魚、鱅魚、鰱魚等魚頭，我們在餐桌上最常見的魚頭為鱅魚頭，個頭大，且肉質細嫩，剁辣椒容易入味，蒸後極鮮。做剁辣椒魚頭，並不是只要單純的魚頭，還要與魚頭連接的魚身，一般與魚頭等長。切掉魚尾巴時，多採用斜切法，多留點魚腹肉，擺盤就成為優美的扇形。魚頭去除內臟，洗淨切成兩半，背部相連，魚頭放在巨大的盤裏，像把打開的扇面，抹上蒸魚油，撒上剁辣椒、薑末、鹽、豆豉、料酒等佐料。待鍋中冷水燒沸，將魚頭連盤一同放入鍋中蒸熟，約十分鐘，將蒜茸和蔥碎鋪在魚頭上，再蒸一分鐘。而現代餐館採用的是高溫蒸箱，更加方便。從鍋中取出魚盤後，再將炒鍋置火上放油燒至十成熱，鏟起油淋在魚頭上即成。魚頭潔白如銀，魚肉挺實鮮美，魚皮膠質顫動，魚腦晶瑩剔透，辣椒紅瑩鮮亮。

隨著剁辣椒魚頭的廣泛傳播和二十一世紀飲食之風的盛行，剁辣椒魚頭開始升級換代，從製作和用料上都有所改良，剁辣椒在蒸的過程中會物化部分，剩下的是辣椒皮，顏色沒有那麼鮮豔可愛，剩下的辣味並不完全可以滿足湖南人對辣椒的需求。有人開始採用衡東縣的黃貢椒，把它切碎，放在魚頭上一起蒸，辣味更濃，辣椒保存完好。從此，慢慢誕生了雙色魚頭，在魚頭兩邊，一邊用紅色剁辣椒，一邊用黃色黃貢椒，形成鮮明的對比，一個魚頭吃出兩種風味。更有甚者，黃貢椒改為小米辣椒，不再是普通剁辣椒魚頭，而是小米辣椒魚頭。現在到餐館吃剁辣椒魚頭，其實就是小米辣椒魚頭。

湖南人在一起聚會吃飯，必然會點一道菜，那就是聞名的剁辣椒魚頭。在長沙，市民對酒樓、飯店的評價標準，很多時候是以剁辣椒魚頭做的好壞為標準。大家在一起吃飯，吃得滿頭大汗，還不停歇，繼續吃他們的至愛剁辣椒魚頭。吃到最後，連一點剩魚湯也不放過，他們要煮一碗白麵，下到魚湯裏，把湯汁吃掉。麵條在小米辣椒魚頭湯的浸泡下，即有魚鮮味，又有辣味，雖然辣味被沖淡，吃起來還是很辣。湖南人卻每人瓜分一碗，作為最佳美食，撐起圓圓的肚子，才滿意的摸著肚子，心甘情願的離開酒店。

第四輯

粉麵製家

武漢熱乾麵

武漢熱乾麵與山西刀削麵、兩廣伊府麵、四川擔擔麵、北京炸醬麵並稱中國五大名麵，名聲非常大，卻是武漢過早（吃早餐）的小吃而已。我曾有幾年常到湖北出差，卻愛上了熱乾麵這種早點。看著熱乾麵那纖細的麵條，吃起來又根根有筋力、有韌勁，總在琢磨它的特點。拌好芝麻醬的熱乾麵，色澤金黃，油潤鮮美，拌以香油、蝦米、五香醬菜等配料，吃起來更具武漢特色。

熱乾麵的起源非常偶然，二十世紀三十年代初，漢口長堤街的李包，常在關帝廟一帶靠賣涼粉和湯麵為生。一天，天氣炎熱，剩下不少湯麵沒有賣完，怕麵條發餿變質，將剩下的麵全部煮熟瀝乾，晾在案板上。不小心碰倒了案板上的油壺，滿瓶的麻油潑在煮熟的麵條上，很快染滿了熟麵條。李包只好將就用麵條吸乾倒出來的麻油，把麻油在麵條上拌勻，重新拿去晾乾。第二天早上，李包將先天染油的麵條放開水裏稍燙一會，加上各種調料。麵條香氣四溢，路人爭相購買，有人問及麵條的名字，李包說熱乾麵，從此名聲鶴起。李包從此專賣熱乾麵，食客眾多，轟動武漢，不少廚師向他拜師學藝，專做熱乾麵。

幾年後，蔡明偉夫婦在武漢中山大道滿春路口開了家熱乾麵館，取名蔡林記，因為麵好、味正、吃法獨特，在飲食界聲名大噪，成為武漢市熱乾麵名店。後遷至漢口水塔對面的中山大道，改名武漢熱乾麵。

二十世紀八十年代，武漢熱乾麵傳入河南信陽，信陽人根據當地的飲食特點和市民口味，改良了武漢熱乾麵，做成具有信陽特色的熱乾麵，熱乾麵在信陽得到迅速發展，成為信陽人最喜歡吃的早點之一，名聲蓋過了武漢熱乾麵。

我最早吃到武漢熱乾麵，是二〇〇三年初夏到湖北黃岡出差。第二天早餐，我按長沙的飲食習慣點了一碗牛肉米粉，卻看到同行的幾位同事每人端碗光頭麵，還加一勺豬血狀的黑糊糊淋在麵上，拌勻就吃。我看到他們的舉動，覺得奇怪，他們在長沙都喜歡吃米粉，跑到湖北就吃麵？來過數次的劉告訴我，那是湖北有名的熱乾麵，是著名的特色小吃。第三天早上，我也點了碗熱乾麵，加了一勺黑糊糊的芝麻醬。當我把芝麻醬拌勻在麵條上時，散發出濃郁的芝麻香，非常誘人。第一口，我只敢嘗試，夾了一根麵條塞進嘴裏，麵條極富彈性，咬起來還有韌勁，不容易斷。裹在麵條上的那層芝麻醬，形成小小的顆粒，吃起來粉粉的，打在舌尖上，就如跳躍的珍珠，刺激著味蕾，產生滑爽的快感。稍微過一會兒，麵條上的水份全部被芝麻醬吸收，麵條顯得晶潔透亮，更加橙黃亮麗；芝麻醬顆粒也開始縮小，滑過舌尖的感覺變得輕爽快捷，芝麻的鮮香滿嘴飄逸，逗出蘊藏已久的唾液。這種嚐食，打開了我的好吃之門，增加渴望的食欲，就囫圇吞棗，三下兩筷吃完滿碗熱乾麵。

熱乾麵不同於涼麵、湯麵，講究撣麵和配料。首先是煮麵條，既要煮熟，也不能煮得太爛，要非常硬挺，有種立得起的感覺。接著是撣麵，每根麵條都沾上麻油，又要均勻，又不能太油膩，這樣才堅韌有嚼勁。接著是晾乾、晾透，麵條不能粘連、打結。最重要的是製作配料，要用正宗的小磨香油把芝麻醬慢慢調成稀糊狀，切勿加水，否則就味道不純。吃時可以根據食客的喜歡加醬油、鹽、醋、味精、蔥花、胡椒粉及辣椒汁，還可以加酸豆角、海帶絲、蘿蔔丁、醃菜等佐料，佐料過多會掩蓋芝麻醬原有的濃香或者串味，味道就完全不同。我喜歡吃純味的熱乾麵，只加芝麻醬。

一九八三年前，武漢熱乾麵分叉燒熱乾麵、全料熱乾麵、蝦米熱乾麵三種。一九九六年，武漢熱乾麵擴展到八個品種，有全料熱乾麵、蝦米熱乾麵、蝦仁熱乾麵、雪菜肉絲熱乾麵、炸醬熱乾麵、財魚熱乾麵、三鮮熱乾麵、果味熱乾麵等。二〇〇五年後，武漢熱乾麵又出現紅油熱乾麵、紅油牛肉熱乾麵兩個新品種。現在達十一個品種之多。

半個月後，我與龍坐火車去黃岡出差，先到武昌，正好中午，來不及找地方吃飯，在火車站附件有家蔡林記，我們每人點了碗熱乾麵。吃到了傳統老牌熱乾麵的味道，芝麻醬裹了薄薄的一層，沒有顆粒，味道純正，更加滑爽，比我自己在黃岡調製的要好吃得多。我又要了一碗，龍說我真能吃。我告訴他：「遇到美食不能放過，情願肚子吃點苦。」

後來，我常去黃岡出差，不再要單位派車送我們去黃岡，還是選擇坐火車，可以先到武昌，在蔡林記吃碗熱乾麵，再去黃岡。

二〇〇六年，我離開出版社，自己從事圖書策劃，常去武漢出差。那時已經認識了很多武漢的文友，包括路勇、湯禮春、葉雷、李笙青、蘇白、朱輝等，在文友的邀請下，常到他們指定的地方去品味美食，很少再吃熱乾麵了。一次住在湯禮春先生家，第二天早上，他為我煮了一碗家常做法的熱乾麵，麵條顯得大一些，而且綿軟，吃後很回味，久久不忘。

在與湯禮春先生閒聊時才知道，吃熱乾麵還要配合飲料，最好是蛋酒、牛奶、豆漿，一邊吃一邊喝；只吃不喝，覺得嘴巴乾乾的，吃不出熱乾麵的極品味道。

現在，武漢熱乾麵流傳到豫南、陝南、贛西、皖西、湘北和川東以及京、津、滬、渝等地，成為一種全國人民的美食。很多奔波在外的湖北人，遠離家鄉，好想飽吃一碗噴香的武漢熱乾麵，來表達那種濃濃的鄉愁。歌曲〈熱乾麵〉唱：「武漢太陽火辣辣，黃鶴樓下是我家，人人愛吃熱乾麵，百年經典味道佳，生薑大蒜加香油，芝麻醬上灑蔥花，拿雙筷子拌均勻，武漢口味頂呱呱。」

宜賓燃麵

到宜賓旅遊，遊客渴望嚐食到中國酒都的名酒五糧液。我卻聽人介紹過宜賓的麵條神話——燃麵，想借這次到宜賓旅遊的機會品嚐一番，了卻已久的牽掛。

宜賓在四川中南部，金沙江與岷江匯合於此，號稱萬里長江第一城，川滇黔三省結合部。宜賓城人人喜愛麵食，常見的麵有燉雞麵、鹹鮮麵、肥腸麵、牛肉麵、京醬麵、口蘑麵、三鮮麵、辣雞麵、鱔魚麵、龍鳳麵等。宜賓燃麵原名敘府燃麵，又叫油條麵。因為麵條煮熟後，乾拌而成，麵條油重無水，點火即燃，所以民間又叫它燃麵。

宜賓燃麵從清朝光緒年間便開始有人經營，並且發展越來越迅猛，現在是宜賓城裏的麵館都有，還向全川發展的趨勢。燃麵用宜賓當地優質水麵條為主料，以黃芽菜、小磨麻油、鮮板油、八角、山奈、芝麻、花生、核桃、金條辣椒、花椒、味精、香蔥、豌豆尖或菠菜葉等做輔料。燃麵輔料非常講究，芽菜主要用黃芽菜，即敘府特色芽菜（宜賓別稱敘州城）。與涪陵榨菜、南充冬菜、內江大頭菜齊名，共稱四川四大醃菜，香脆甜嫩、味美可口，暗香回味。麻油為石磨芝麻油，即滴口香。色澤橙黃紅亮，粘質純淨，香飄四溢，滿座生香。將麵煮熟，撈起甩乾，去除堿味，按傳統工藝加鮮板油即成。燃麵香氣濃郁，重油重色，入口筋道酥脆，鬆散紅亮，香味撲鼻，辣麻相間，油而不膩，味美爽口，回味悠長。食客既可佐酒，又可果腹，是最好的長江船工的江湖食物。

宜賓人吃燃麵，主要集中在早晨，把它當早餐。寧靜祥和的宜賓城，太陽還沒升起，市民都在沉睡之中，麵館的夥計已經開始打掃店鋪，用大鐵鍋燒開水，準備蔥、黃芽菜、花生米等佐料，等待第一批顧客的光臨。我趁著長江的霧氣還沒有散盡，早早起床，到宜賓的大街小巷上轉悠，感受宜賓麵館的開張和食客的瘋狂神態，做個身臨其境的體驗。

宜賓人早晨不在家裏開伙，大人小孩簇擁到街頭的麵館，或站或蹲，端著一碗熱氣騰騰的燃麵，哧溜哧溜吃得山響。這時，宜賓街頭飄逸著燃麵的香氣，還雜陳著黃芽菜、花生米的味道，在人頭攢動的燃麵世界裏，總聽到老闆扯開嗓門吆喝：「一燃一口，提黃！」（一碗燃麵，一碗口蘑麵，打硬一點）「一牛一雞，打盒！」（一碗牛肉麵，一碗燉雞麵，裝盒帶走）。各家麵館，燃麵做得最地道，也是顧客最喜歡的麵條之一，顧客不必挑選和尋找老字號，也不必要記住自己曾經品嚐到的美味，只要在街沿坐一方小桌，就可以興致勃勃的欣賞燃麵，吃得滿頭大汗，笑顏逐開。

燃麵的麵條要乾，揉麵時摻進的水要少，製成的麵條條圓挺硬或者方正，煮熟後才有筋力和骨力，用油揉散時才不會斷節。入口時滑爽，嚼到末尾時還有回香的味道。甩乾是整個燃麵製作要領中最重要的環節，將粘附在麵條上的水份甩乾，才能使油脂、味料、麵條沾裹融合，既上味又利用油脂的可燃性，使麵條具有點火即燃的獨特品性。

使勁甩乾的麵條，盛入碗中，淋入煉熟的菜籽油，趁熱用筷子挑散和勻，不再粘連，再淋上醬油、油辣椒，加芽菜末、花生末、蔥花，挑拌均匀即成。如果在燃麵上澆一勺炒香的肉臊，就成了葷燃麵；

如果在燃麵上淋上骨湯，則成燃湯麵。

我吃了幾天燃麵，喜歡自己來把佐料拌均，在店家端上燃麵後，只是普通的麵條加了芽菜末、花生末、蔥花，在自己慢慢的攪拌中，燃麵的顏色開始轉換，由白色轉變成黑褐色，再由黑褐色轉變成淺醬色，挑起麵條，根根晶瑩剔透，我就食欲大增，開始了自己的品味之旅。

做燃麵，煮麵條時要掌握好火候，以沸水下鍋，待麵條斷生，漂鍋，即剛好煮熟變軟後撈起，此時麵條中的澱粉受熱糊化，形成外表保護層，加之受熱時間短，麵條汲水有限，煮熟後的麵條既柔軟潤滑，又柔中帶韌，骨力好。對醬油等染色液體，也容易上色，入味更均勻，吃起來更爽口。

吃燃麵，要不冷不熱後開始品嚐，小口小口地細嚼慢嚥，才能品嚐出燃麵的味道，體會到是那樣美味爽口，辣麻相間，香氣四溢，連黃芽菜也回味無窮。漸漸的，會感到口辣、臉辣、心辣，您可千萬別喝水解辣，否則會越喝越辣。據宜賓人介紹，最好的辦法，就是以骨頭海絲湯來解辣。等吃完一碗燃麵，再喝碗骨頭海帶湯，辣味已經開始淡去，還滿口留香，回味悠長。

津市牛肉粉

我到全國各地出差，瞭解到早餐吃米粉的地方很多，聞名的有三種：雲南過橋米線、桂林米粉、津市牛肉粉。在早餐裏，喜歡津市牛肉粉的食客特別多，也很普及。我到津市出差數日，就只吃津市牛肉粉，也從民間瞭解到津市牛肉粉的不少歷史材料和典故。

津市位於洞庭湖西緣、武陵山北麓，南臨沅江，西有七省孔道（又名南北皇華驛道），是孟姜女故里、車武子（車胤）家鄉。古為荊楚之地，水陸交通優越，過往舟筏商旅傍津設市，由此得名津市。清朝咸豐、同治年間，為澧州四鎮之一，舳艫蟻集，商賈雲臻，連閣千重，炊煙萬戶，有小上海、小南京的美譽。逐漸形成水運樞紐、流通商埠。清朝光緒三十一年（一九〇五年）後，與長沙、湘潭、衡陽、常德、洪江並稱湖南商務繁盛之區。一九四九年七月二十三日，津市和平解放，八月建縣級市。津市歷史上匯聚十三省移民，文化多元又交融包容，特色小吃豐富多彩。今天，津市在湖南經濟版圖上卻失去了位置，越來越不為人所知。

明末清初，才開埠的津市醫藥水準很差，治病多用偏方，飲食以辣臘亂為主。津市人做菜好用中藥和香料，追求多層次的口感，津市滷菜、小缽子菜在中藥浸漬後回味無窮，極有特色，醬板鴨、回腸等特色食物很受當地人歡迎。津市有句俗話：「劉聾子的粉，望江樓的包。」牛肉粉在津市非常普及，外人稱津市牛肉粉，並不是只有牛肉粉，還有豬肉粉、三鮮粉、丸雜粉、魚骨粉等，只是在所有粉裏用到了煮牛肉的原湯和調製好的牛肉汁，所以稱牛肉粉。

津市牛肉粉歷史悠久，原料是大米，經過加工製成潔白、混圓、細長且有彈性的粉絲，用開水燙熱，加上佐料即可食用。吃起來潤滑可口、韌性十足、風味獨具。米粉潔白，圓潤細長，形如龍須，象徵吉祥。逢年過節吃米粉，以示往後團團圓圓；家人共吃米粉，有如米粉一樣細水流長、日子紅火。

津市牛肉粉分免碼粉與油碼粉兩種，油碼粉又分漢碼粉、回碼粉兩類，漢族油碼粉有肉絲、肉片、紅燒、紅油、三鮮、炸醬、菌油、酸辣、滷汁、醬汁、蹄花、排骨、雞丁、鱔魚等碼子。回族油碼粉有牛肉絲、牛雜、羊肉片、滷蛋、羊肚片、雞絲、鴨條、滷汁、三鮮、燉牛肉、牛排、牛筋、紅燒牛肉等碼子。現在能夠吃到的多為漢族油碼粉，做回族油碼粉的在津市也只有極少幾家。

津市牛肉粉離不開牛肉，把新鮮牛肉按照肥、瘦、嫩、老分割成塊，每塊一斤左右，泡在清水中反覆擠壓、漂洗，去除血水。採用茴香、砂仁、中安、桂皮、甘草、陳皮、公母丁、花椒、三乃、十景香、甘松等香料用紗布包好與牛肉同熬煮，不時舀出浮沫，牛肉煮到手指能捏爛時撈起，放器皿中冷卻，後切成小塊或片，拌以牛油、辣椒粉等佐料作為紅辣椒湯汁的牛肉碼子。

撈出牛肉的湯水加入二分之一的清水再燒開，收盡浮油，澄清湯汁，湯水透明晶瑩，作為下粉的原湯。米粉燙好後，放入盛有溫熱原湯的碗中，加蔥花、油、味精、鹽等，淋上兩勺紅辣椒牛肉湯汁，就是一碗湯鮮味美的津市牛肉粉。長期吃津市牛肉粉的食客還少不了兩樣東西，即榨菜絲、酸豆角，吃時泡入米粉湯水，增加酸味和食欲，吃完米粉，再吃榨菜絲和酸豆角，清脆爽口，回味無窮。

津市牛肉粉可追溯到清朝雍正時期，當時改土歸流，新疆維吾爾族的一支遷到津市東田堰定居，回民喜吃牛肉麵，當地以大米為食，不易找到麵條，回民以當地原有的米粉充當麵條，創造了凳粉，即最早的牛肉粉，與雲南過橋米粉相似，口味清淡。後來，津市人接受並加以改進，口味加辣加鹹，逐漸演變成今天的津市牛肉粉。

真正把津市牛肉粉發揚光大的是劉松生劉聾子。一九三八年秋，劉聾子攜家眷來到津市，在春樂園餃餌館隔壁開了家牛肉米粉館，雅號劉聾子粉館，他的牛肉粉有一滾、二淨、三香、四鮮、五辣等特色，食客讚不絕口，名貫湘鄂，獨領風騷。解放後，改為國營，現為股份制公司，有三家連鎖店。它不再是手工粉，而是以機器製細粉為原料，可以大批量生產。

津市牛肉粉流入常德，油碼發生了一些改變。在常德歷史上形成三種有名的牛肉油碼，大西門百年老店回族黃憲記粉館的小坨牛肉粉；東門回族黃珍記的清燉牛肉粉；高山街清真第一春的五香紅燒牛肉粉，尤以清真第一春紅燒牛肉油碼更為著名，選上等半瘦半肥牛肉；漂清血水，切成小方塊，放在缽中，缽內放入公丁香、母丁香、山奈、花椒、桂皮等香料，小火燒煮，牛肉油碼保持牛肉的原汁原味，又增添了各種香味，與米粉一起食用，香氣四溢，回味悠長。我曾在朋友的陪同下到常德市區尋找這三種油碼粉，雖經歷了一些艱辛，還是如願以償的吃到了帶有歷史味的米粉，至今難忘。

津市牛肉粉進軍長沙後，與長沙本土的寬粉結合，切粉、燙粉更加容易。從此，津市牛肉粉分為圓粉和扁粉，肉香氤氳、透明晶瑩、鮮美異常。也在全國流傳開來，成為早餐界的一匹黑馬。

桂林米粉

說起桂林，都知道桂林山水甲天下，說起桂林美食，都知道桂林米粉很韻味，有些年月，在長沙的大家小巷，常常見到一些餐館打著桂林米粉的招牌，記憶最深的要數黃興路與營盤路交叉路口的一家桂林米粉店，一樓店面不大，二樓有幾個包間，客人特別多。我常到那裏去吃桂林米粉，感受瑤族飲食風味。

這次到桂林旅遊，我特意一個人去了桂林米粉的原產地興安縣及與米粉有著淵源的靈渠，尋找我夢想中的米粉和味覺。興安歷史悠久，古屬百越，秦屬零陵，漢屬始安，唐初置臨源縣，後改全義，宋太平興國二年改興安，取「興旺安定」之意，一直沿用至今。興安地處楚越交界，聚攏中原漢文化和嶺南百越文化。曾經讀過的詩文有：柳宗元〈全義縣復北門記〉千古傳誦；袁枚的「江到興安水最清，青山簇簇水中生；分明看見青山頂，船在青山頂上行」膾炙人口；蘇宗徑的〈出陡河過興安縣〉：「徑緣橋底入，舟向市中穿；槳腳揮波易，篷窗買酒便」的靈渠水街市井風情，讓我在腦海裏晃蕩。這裏是湘方言與西南官話的交匯處，夾雜瑤語。飲食多受湘菜、粵菜、嶺南少數民族風味影響，有香芋扣肉、清水燉雞、白果燉老鴨、酸辣禾花魚、冬筍炒臘肉等，小吃有桂林米粉、粑粑、油茶等，每個村都釀米酒，被稱為瑤酒，清涼可口、風味別樣。

靈渠古名秦鑿渠、陡河，又名湘桂運河、興安運河，建於秦始皇三十三年，是世界上現存最古老的人工運河，全長三十六點四公里，分南北渠，北渠入湘江，經湖南入洞庭，南渠入灕江，經珠江達南海。靈渠與四川都江堰、陝西鄭國渠並稱秦代三大水利工程。唐朝，靈渠又修建了古閘門，方便於防洪。我漫遊靈渠，兩岸風景優美，文物古蹟眾多，徘徊在歷史文化之中，有股馨香之感。

到了靈渠，我得吃碗桂林米粉，選擇一家百年老店坐下。店裏播放〈桂林米粉歌〉：「興安米粉，遠近聞名，千年工藝，流傳至今，興安米好，潔白如銀。榨出米粉，味道上乘，綿軟精細，甘甜芳馨。鹹淡適中，不膩不腥。湯粉潤喉，滷粉香醇；螺絲豬腳，雞肉清燉；骨頭熬湯，油炸花生；色香俱全，老闆熱情。一吃讚好，再吃添神；三吃回頭，回吃上癮。」歌詞歌頌桂林米粉，讓我興趣奮發。

據傳說，桂林米粉開始於秦代，秦始皇派史祿率民工開鑿靈渠，靈渠修通後，秦始皇微服遊覽桂林山水，喜歡灕江的鯉魚須、鯉魚肚下酒，遊覽半個月，殺了成千上萬條鯉魚，漁民為了挽救鯉魚，想出用大米磨漿製成魚鬚（米粉）、魚肚（切粉）替代鯉魚鬚、鯉魚肚，秦始皇吃了米漿做的魚鬚、魚肚，拍案叫絕，桂林米粉從此問世。

另外一說是西北將士來修靈渠，水土不服，天生吃慣了麵長大的西北軍人，在南越沒有麵，非常思念家鄉，史祿下令，用米做麵，伙夫根據西北餄麵原理，把大米泡脹磨成米漿，濾乾水揉成粉團，蒸半熟到臼裏杵舂，榨出粉條，有圓根和片狀，圓的叫米粉，片狀叫切粉，通稱米粉，直接入開水鍋煮熟即吃，米粉筋力好，顏色潔白，口感細嫩軟滑爽口。軍中採用中草藥煎製湯藥防疫，士兵常把米粉、藥湯合在一起吃，逐漸形成滷水味桂林米粉。滷水用草果、茴香、花椒、陳皮、檳榔、桂皮、丁香、桂枝、胡椒、香葉、甘草、沙薑、八角等多種草藥熬製，專治腕腹疼痛、消化不良、上吐下瀉，講究的滷水以豬骨、牛骨、羅漢果和各式佐料熬煮而成，香味濃郁。靈渠修成後，興安一帶當年參加開鑿靈渠的瑤族同胞用口傳記事記錄下做米粉的過程，在瑤族同胞中確定為基本飲食。

桂林米粉到清代和民國年間，發展到鼎盛時期。清代桂林有軒榮齋炒粉、會仙齋滷粉、易榮齋湯粉，各有絕活，回頭客無數，互相勉勵，公平競爭，演繹了「三齋打擂」的典故。民國及抗戰時期，桂林米粉名聲大噪，馬肉米粉、擔擔米粉非常有名，也增加了吃法和原料。逐漸，桂林米粉派生出醋水粉、生菜粉、涼拌粉、酸辣粉、三鮮粉、牛腩粉、原湯粉、滷菜粉，又包容了柳州螺螄粉、廣東捲腸粉等優點，成為全國赫赫有名的名米粉。

我吃著地道的桂林米粉，品味滷汁中的中草藥味道，才回想起瑤族同胞那神奇的草藥和飲食習慣，漸漸明白桂林米粉的特色。

百味粉

吃米粉，湖南比較流行，出名的有常德津市牛肉粉、長沙米粉、新化麻辣粉等。這些地方，米粉非常出名，常被城市人選做早餐。

在長沙生活十年，成了一個貨真價實的「粉絲」，也習慣了它的夜生活和早生活。在那深更半夜，一群人縮在某個角落裏吃夜宵，品味長沙的鴨寸骨、辣魚頭，加上兩瓶啤酒，把一個寒冷或者酷熱的夜晚吃得很韻味。午夜的街頭，非常清淨的時候，再悠閒的溜回家，這就是地道的傳統長沙人的夜生活。長沙人的早生活，那是早晨漸漸過去的時候，那些沒有上班時間約束的男女，瞌睡已經醒了，到自己熟悉的街頭尋找吃食，同樣悠閒的步子，在生活裏度量光陰和品覓味道。

長沙人，早晨吃米粉的占絕大多數，這是長沙人的傳統食德。歷史遺痕中，長沙留下許多特色美食和街頭小吃，至今還在人民的記憶裏留戀。曾經輝煌的米粉，還在大街小巷展示自己的風姿，尋找味道的知音。

這幾年，長沙米粉的味道在墮落，被常德津市牛肉粉所取代，就連盛名遠揚的無名粉店也只留下一個名字。我曾經想尋找長沙米粉的遺老，卻好好品味一回長沙米粉，卻被歷史所覆蓋，沒有蹤跡。

一次偶然的機遇，在解放西路與姜靜談論書稿出版事宜，她告訴我在坡子街有家百味米粉，味道做得不錯，邀我去試試。

那時正是下午五點，初夏的時光氣溫較高，天色還早，走在坡子街，流連過往的行人和店鋪，被商業氣息所彌漫。走到百味米粉店，人比較稀疏，店面寬大，裝飾有些仿古。我走進去，客人不多，選個舒適的地方坐下，面對風扇的吹拂，略感涼快。

吃粉有個習慣，喜歡肉絲粉。吃過幾年粉，總結了一些經驗，吃粉主要是考慮它的味道和本色，肉絲粉是真正的本色粉，也是其他粉的基本粉。店家做粉，要從做好肉絲粉開始，其他粉是在肉絲粉的基礎上做成的。做粉的主要工序在於做馬子，馬子做好了，粉就做好了百分之八十。粉好吃與否，與馬子的關係很大。出名的粉店，都非常講究馬子的做法和刀法、切藝，常常有祖傳秘製，其他店家無法模仿。

吃百味粉，我也選擇了肉絲粉。百味粉的肉絲有些特別，肉絲沒有加醬油，看上去雪白如初，肥肉精肉各半，大小粗如指頭。一般的肉絲要加醬油催熟和縮緊，讓肉絲著色變黃，肉質緊密質硬，成條形狀。一般肉絲以小著稱，百味粉反而以大成味。一碗粉裏漂流著五六根粗壯的肉絲，卻保證了粉的動物油脂，給粉增加了保溫和滑膩。百味粉選擇的粉料與眾不同，比一般粉皮較厚，切得稍寬，漂在湯裏，有著粗大厚實的感覺。沒有翠綠的小蔥，改芹菜葉點綴做香料，讓粉的綠白更加突出明顯。肉絲摻在粉裏，顏色相近，吃時需要尋尋覓覓。

米粉放在桌上，漂起一股香味，又純粹也很誘人，仔細辨別，是豬肉燉化的香甜和醇香。再仔細聞，又聞到糍粑蒸熟的味道，那是米粉熟了的氣息。最後才是芹菜的味道，一種生香，芹菜本身帶來的香氣，卻沒青菜葉的氣息。

在風扇的吹拂下，米粉表面已經冷卻，吃起來不再燙人。粉的油水不多，沒有油膩感。咬著粉條，稍微有些質硬，有些嚼勁，明顯的感覺到比其他米粉有津勁、帶味，而且鹽味也進入了米粉裏。百味粉的馬子肥肉已經燉化，夾在筷子上，很容易被夾斷，也容易夾成碎沫。肉絲靠近嘴巴，輕輕一吸，肥肉溜進嘴裏，沒有油膩，像喝豆腐腦，還要嫩，更加的質軟，吸進嘴裏的滑爽感覺無法形容，帶著人生的快感和樂趣。精肉飽含湯水，可以先吸乾湯水，再慢慢的吸肉，感覺精肉的質地和酥軟。一根肉絲被吸成一條一條細絲，吸時酥軟，嚼時質地又有韌性，非常打牙彈齒，促使食客品味更加認真。

再吃芹菜葉，菜葉只被燙軟，葉莖生脆，嚼時清脆，可品到自然的甜味。

慢慢的喝湯，是肉的鮮味，越喝越有味，也越想喝。

吃碗百味粉，是對長沙米粉的總結，也許是傳說中長沙米粉的真正遺存。最少，我認為可以代表長沙米粉的一種味道。

北京炸醬麵

麵條俗稱麵、水麵、麵條子，古代稱湯餅、奢麵、素餅、煮餅、水引餅、不托等。我國的麵條起源於漢代，已有兩千年歷史。早期麵條呈片狀，逐漸演變成條狀。進入魏晉南北朝時期，麵條基本形成，《齊民要術》記載的水引餅與現代麵條相近。南北朝至唐代，麵條品種開始豐富，出現了過水涼麵，民間興起吃壽麵的習俗。宋代麵條發展迅速，多達三四十種。元代出現掛麵，明代出現抻麵。清代出現五香麵、八珍麵，乾隆年間又出現伊府麵。陸續形成了麵杖擀、手抻、刀削、機器軋製等多種多樣的製作方法。舊時，旅館飯店門外還喜歡掛把撈麵條的笊籬來招徠客人，表示價格實惠，麵條好吃。

麵條分佈區域甚廣，因地域不同形成若干頗具地方特色的麵系。京津一帶有打鹵麵，山西有刀削麵，陝西有臊子麵，蘭州有牛肉拉麵，湖北有熱乾麵，四川有擔擔麵，江南一帶有陽春麵，兩廣有伊府麵，北京有炸醬麵等。諸多麵條品種中炸醬麵分佈的地域最廣，北方、中原一帶不用說，廣東、福建、重慶等地也接納了炸醬麵的味道和口感，被稱為中國飲食的國粹，外國人也喜歡中國的炸醬麵，在日本、韓國、歐美等地都很流行。

明代後期，朱櫪主導北京城，漸習北人風俗和飲食。甘陝晉魯各路商賈在北京城大行商肆，建立北方經濟樞紐，湯麵順勢帶進北京城。老北京炸醬麵百吃不厭，我每次到北京，都要吃頓炸醬麵解饞，聊表進京之勞。北京人做老北京炸醬麵的炸醬非常講究，醬一定用乾黃醬和甜麵醬，豬肉的精肉和肥肉按三七比例切成小丁，做醬小火糗、醬麵泡；隨著一年四季的變化，拌麵的麵碼兒幾乎不重複。北京城有首順口溜：「青豆嘴兒、香椿芽兒，焯韭菜切成段兒；芹菜末兒、萵筍片兒，狗牙蒜要掰兩瓣兒；豆芽菜，去掉根兒，頂花帶刺兒的黃瓜要切細絲兒；心裏美，切幾批兒，焯江豆剁碎丁兒，小水蘿蔔帶綠纓兒；辣椒麻油淋一點兒，芥末潑到辣鼻眼兒。炸醬麵雖只一小碗，七碟八碗是麵碼兒。」就是說北京炸醬麵的，說得非常詳細，又有趣味。

老北京炸醬麵的起源說法眾多，有落魄說即晚晴破落貴族子弟吃不起羊肉，就吃炸醬麵度日。有歷史說即中國人發明並製作麵條的時間早於世界上其他地方，是阿拉伯麵條或者義大利麵條的祖先，炸醬麵即是其代表。有逃難說即光緒年間八國聯軍入侵打到北京城，慈禧、光緒逃到西安，吃到了口味可口的炸醬麵，後來帶西安炸醬麵老闆進京開館。這些說法都有些牽強，準確的還是明朝末年，甘陝晉魯商賈在北京聚居，把他們家鄉的打鹵麵和臊子麵的做法和吃法混合起來，形成現在的北京炸醬麵。

炸醬麵由菜碼、炸醬、煮熟的麵條三者拌合而成。將黃瓜、香椿、豆芽、青豆、黃豆切好或煮好，做成菜碼備用。將肉丁及蔥薑等放在油裏炒，加黃醬或甜麵醬炸炒，即成炸醬。麵條煮熟後，撈出，澆上炸醬，拌了菜碼即成炸醬麵。麵條撈出後用涼水浸洗再加炸醬、菜碼的稱過水麵。

北京人常把炸醬麵當飯吃，暑天吃炸醬麵既方便快捷又開胃消暑。行走在北京的大小胡同裏，看到大雜院的街坊四鄰聚在一堆吃飯聊天，他們端著碗炸醬麵，碗裏擱根脆黃瓜，在當院或門洞裏一蹲，吃兩口炸醬麵，咬一口黃瓜，還邊聊天邊下棋，其樂融融，趣味橫生。

老北京炸醬麵的精髓在炸醬，常見的是豬肉丁炸醬，還有脊丁炸醬、三鮮炸醬、木樨炸醬、炸豆腐丁醬、燒茄子丁醬等數十種。老北京人吃炸醬麵，冷天講究吃熱的謂之鍋兒挑，完全不過水；熱天吃過水麵，湯要篦盡。北京人根據季節佐以各種時鮮小菜，叫全麵碼兒。初春，用掐頭去尾的豆芽菜、只有兩片子的水蘿蔔纓，澆上過年剩下的臘八醋。春深，在醬裏放上鮮花椒蕊兒，稱花椒醬，麵碼兒則是青蒜、香椿芽、掐菜、青豆嘴、小水蘿蔔纓和絲。初夏以新蒜、焯過水的鮮豌豆、黃瓜絲、扁豆絲、韭菜段等為麵碼兒。盛夏、秋季，物產最為豐富，麵碼兒最全，是吃炸醬麵的最好季節。冬天，北京大雪紛飛，麵碼兒突出蘿蔔絲、白菜絲，另有一番傲雪風味。

做炸醬，首先要選好黃醬，黃豆品質好，加的是白麵，加棒子麵的醬涼後容易坨在一起，拌不開。其次是炸醬的火候和配料，火候要均匀，炸醬的配比要合適，五花肉切成半釐米見方的小丁，肉丁肥瘦兼有，黃醬放少點，炸出來的醬才香噴噴的。炒鍋上火倒油燒熱，放蔥段、薑末、蒜末炒香，下五花肉丁中火煸炒，逼出豬油加料酒去腥，加生抽炒匀，將肉丁盛出。鍋內留煸肉的豬油，把調均的甜麵醬和幹黃醬倒進鍋裏炒出醬香味，加五花肉丁、香菇丁、薑末，小火慢慢熬十餘分鐘，直到醬和肉丁水乳交融，湯汁收幹，加蔥白末，用餘溫將蔥白燜熟，炸醬就做好了。

老北京人吃炸醬麵，習慣用豬油炸醬，趁熱吃時很香，豬油一涼醬就凝固了，沒法拌匀；現在北京人用沙拉油炸醬，拌起來更方便，吃了也健康。常用的菜碼有豆芽、芹菜、青豆兒、黃瓜絲、心裏美蘿蔔絲、白菜絲、青蒜、大蒜等八樣，在煮面前用開水焯一下，瀝乾水分待用。

煮麵時多放些水，加鹽，麵不會粘在一起。麵不要煮得太爛，點三次水即可，有一點點生，有嚼勁最好吃，麵條煮好了冷水沖掉麵糊，爽滑可口。不會煮麵的年輕人可以選擇高壓鍋煮麵，水開之後下掛麵，冒氣用冷水淋鍋蓋，撈出麵條剛好。麵煮好拌上兩大勺香噴噴油膩膩的炸醬，即乾香又味甜。醬不要太多，否則太鹹。放入各種菜碼，攪拌均勻，即可開吃。

北京人吃炸醬麵，喜歡在肩上搭著毛巾，蹲在大槐樹下，端著個大碗，吸溜吸溜的吃，還大口啃黃瓜、大蒜，有時來口二鍋頭下麵，特有北京情懷。

現在，走到天津、山東、東北、上海、重慶、廣東、香港、臺灣等地，也看到很多老百姓喜歡吃炸醬麵，只是做法上稍微有些改進和區別。韓國的炸醬麵由華僑帶入，以春醬為調味料，加洋蔥、蝦、肉類等。日本高級餐館也賣炸醬麵，擺放相當精緻，碟子周邊擺上黃瓜絲，中間盤放著麵條，碟子芯放炒雞蛋，最中央一撮炸醬，像工藝品。

我吃炸醬麵，還是喜歡北京的炸醬麵，特別是老北京炸醬麵，吃了最解饞。

驢肉火燒

在廣闊的冀中平原上，有一種饃類美食非常誘惑我這位食客，那就是享譽京城的驢肉火燒。當我來往於北京與保定之間時，常用它來作為路途充饑的食物。保定人卻把它列為保定四寶之一，即與鐵球、麵醬、春不老同譽。

保定是冀菜的發源地，各色美食資源非常豐富。我走在保定的街頭，驢肉火燒的小吃攤是一道美麗的風景線，招引我的眼球。我熟知的知名火燒店有袁家、永茂、老驢頭、好滋味等，為時下流行的連鎖店，分店開到了北京、天津、石家莊、唐山等周邊城市。在保定徐水縣漕河地區，驢肉火燒的歷史非常悠久，那裏的老百姓習慣把熟驢肉夾在火燒裏吃，火燒口感酥脆，驢肉肥而不膩，回味醇厚，極其抗餓。

火燒是種常見的北方麵食，由死麵做成，在餅鐺裏烙熟，再架在灶頭裏烘烤，外焦裏嫩，別具風味；廚師趁熱將火燒劈成兩半，把熱騰騰的熟驢肉加到饃裏，有廚師為了提味，還要在驢肉裏加驢板腸，那樣吃起來別有一番滋味，嚼著更勁道。還有用肉湯加澱粉熬製的燜子，夾在火燒裏吃。保定當地人喜歡吃燜子，他們特別愛吃定州人做的燜子，說那樣吃最為美味。

驢肉是低脂肪、高蛋白肉食，其蛋白質遠遠高於豬牛羊肉，鈣磷鐵的含量也相對較高。《本草綱目》載，驢肉性溫，具有補氣養血、益精壯陽、滋陰補腎、利肺作用，對止煩、安神、清腦有獨到療效，驢骨熬湯可以治糖尿病等。驢心、肝、腰、肉、肚、腸、耳、尾、口條、蹄筋、骨髓均口味清香、脆而柔嫩，可健脾胃、補肝腎、固精填髓、補血益氣，護膚養顏。孕婦、脾胃虛寒、慢性腸炎、腹瀉者不宜食用驢肉。

北方俗話說「天上的龍肉，地下的驢肉」，驢肉被作為人間美味中的至味，被廣大食客所惦記和食用。

保定驢肉火燒對驢肉的選擇極為嚴格，以驢臉部的肉精細加工而成，這肉細嫩紅潤、口感勁道、肥而不膩、又香又濃、沒有膻味，稍有肥膩，配上剛出爐的火燒，外面黃脆、裏面柔軟，吃起來回味無窮。火燒適宜於現吃，剛出爐的火燒最好吃，放的時間長了面變得太扎實。驢肉油多，火燒不吸油，容易把油汪出來。火燒太厚太大，女孩很難吃完一個完整的，常把驢肉吃完了，剩下半個火燒沒動。

明惠帝建文元年，朱棣起兵謀反，殺到保定徐水漕河一帶，打了敗仗，只得忍饑挨餓。軍士效仿古人殺馬解饑，殺了不少戰馬。馬肉纖維粗，士兵饑不擇食，把馬肉夾在火燒裏吃，覺得味道不錯。當地老百姓沿習此法，製作了民間的馬肉火燒。不久，中原政權與蒙古人發生戰爭，馬成了戰略物資，老百姓只好殺太行驢，用當地的驢肉替代馬肉。驢肉纖維細膩，純瘦不肥，老百姓吃了覺得味道比馬肉好，就定下了用驢肉夾火燒，才有了今天的驢肉火燒。

河北地區有兩個驢種，一種是沿海一帶的渤海驢，一種是山區和平原地帶的太行驢。保定出產的是太行驢，生長在冀中平原的山區、丘陵地帶，那裏水草肥美，驢肉細嫩。

明清之際，漕河地區曾有兩大幫派勢力，即漕幫和鹽幫，漕幫把持漕河運輸，影響京畿民生；鹽幫以販賣私鹽為主，運輸上依賴漕幫，兩派因為利益發生爭鬥，鹽幫改水運為陸運，新的交通工具是太行驢，漕幫心懷仇恨，多次襲擊鹽幫的運鹽隊，獲勝時繳獲大量毛驢，用戰利品製作他們的主食驢肉火燒，並用來充當乾糧帶到船上吃和販賣到周邊地區，從此驢肉火燒沿著京杭大運河擴散開來，直接進入北京。

驢肉火燒的味道取決於驢肉和火燒的味道，驢肉用陳年老湯加秘製佐料，大鍋燉製而成，味道最佳。但是必須掌握好燉驢肉的火候，否則老了嚼不爛，容易塞牙縫。鹹淡適宜，才不影響驢肉香味的散發，過鹹會影響口味，香味很少，稍帶苦味。吃驢肉，根據每個人的口味可以選擇驢肉的不同部位，肋板比較受食客歡迎，夾火燒的時候放點肥驢肉，會更香。和麵決定火燒的口感，放水多則麵軟，放水少則面硬。製劑用驢油，不宜用植物油或其他油。把麵劑放平底鐺內，用木模打壓麵劑，使之成型，撐住個兒再打壓一次，活不能太急。火燒熟到百分之八十五，用叉子夾著放入火爐裏燒烤，讓它受熱均勻，火燒會更加圓鼓、更加脆、更加香，表面變成金黃色，即上乘火燒。根據食客口味，在驢肉中加青辣椒，減少驢肉的油膩感。驢肉要剁碎，放在菜墩上，成圓形，四周高中心凹，驢肉、青辣椒、驢板腸一起剁，剁成一釐米的丁壯，剁好夾進火燒中，澆驢肉湯，更香更醇。

驢肉火燒要趁熱吃，熱火燒才能把肥肉烤化，讓香味滲透到肉裏、火燒上，酥脆的火燒咬在嘴裏，滲出鮮美的驢肉香氣，慢慢細嚼，驢肉的鮮嫩、火燒的香脆一齊湧出來，彌漫口腔，回味悠長。

西北鍋盔

鍋盔又叫鍋盔饃、乾饃等名，即陝西十怪之一的「烙饃像鍋蓋」，是陝西、甘肅、寧夏、青海、新疆等地的民間小吃，流傳已久，關中地區尤其喜食。

鍋盔起源於外婆給外甥賀彌月贈送的禮品，女人臨產當月的初二、初三，外婆帶上大鍋盔和嬰兒裹肚等物到女兒家，將鍋盔扣在鍋蓋上，用拳擊碎，將裹肚從女兒臥室窗口拋進去，再進屋把裹肚壓在床席底下，稱打鍋，祈求女兒生產順利，母子平安。產後第三天，娘家人帶生麵條去探望外甥，俗稱下奶；產後十天，娘婆兩家至親好友去探望產婦和嬰兒，攜帶烙餅、雞蛋、掛麵、紅塘和衣物祝願大小平安。孩子出生一月為滿月，即彌月，喜家備置豐盛飯萊招待親友，舅家人要饋贈被單、童裝、童車、衣帽。午宴時，趁嬰兒父母、祖父母不備，客人在他們臉上抹黑、紅兩種顏色的塗料，追逐嬉戲，皆大歡喜。

鍋盔呈圓形，像頭盔狀，直徑尺許，厚一寸，重五斤。鍋盔用精粉精細製作，壓稈和麵，淺鍋慢火烘烤。外表斑黃，切口砂白，酥活適口，素以「乾酥白香」著稱。鍋盔乾硬耐嚼，內酥外脆，白而泛光，香醇味美；用它泡羊肉湯、水豆腐吃，耐煮耐泡，越煮越泡，越有筋絲，越有味道，可以反覆品味。冬季天寒地凍，鍋盔十天半月味道如初；酷暑炎夏，三兩天不會變質。

關中著名的鍋盔甚多，大家熟識的有乾州鍋盔、長武鍋盔、岐山鍋盔、鳳翔鍋盔。乾州鍋盔非常著名，為西安人所熟悉，乾州人還把鍋盔、掛麵、豆腐腦列為乾州三寶。汝州鍋盔用油和麵，文火炕制，中空、外酥、裏起層、邊厚、吸汁，不漏湯，鍋盔裏夾豬頭肉吃是汝州小吃的絕配，豬頭肉肥而不膩，又香又酥又軟，加碗綠豆漿麵條，放上黃豆、韭花、芹菜段，來點辣椒油，右手麵條晶瑩透亮，熱氣嫋嫋，菜青黃間雜，漿酸誘人；左手裝得滿滿當當豬頭肉的鍋盔，舌下生津。長武鍋盔是長武人的傳統主食之一，外出辦事，走親訪友，常帶鍋盔作乾糧或饋贈特產；外地人到長武，不僅常吃鍋盔，臨走時還要帶上三五斤繼續享用，或供親友品嚐。

亳州鍋盔又叫壯饃，巴掌大一塊鍋盔能抵兩個大饅頭，用大塊麵團反覆盤揉，做成面盆大的一個圓餅，厚約寸許，直徑為一尺到二尺，表面粘上一層芝麻，放在平鍋上文火乾炕，做成後外脆裏軟，色澤金黃，食之噴香。

鍋盔始於戰國時期的長平之戰，為軍士所發明。常年征戰在外，糧草時有間斷，士卒沒飯吃，戰鬥力不足。一軍士偷懶，無意將麵壓入頭盔，置於火上烤之少許，即烙成餅子，居然香酥可口！此餅邊薄心厚，表面起鼓，能應當務之饑，亦能久存不壞，受軍士們青睞和傳播，因形狀像頭盔，又用頭盔為模，故名鍋盔。

唐高宗年間，在乾縣梁山修建李治和武則天的合葬墓乾陵，工程浩大，徵用數萬名能工巧匠和民夫。當地的小孩冬娃，聰明勤勞樸實，父親久臥在床，冬娃除打柴還要照顧父親飯菜，練就了一手烹調技藝，善於向人學習烹飪。修乾陵時他替父親出工，勞動繁重無法按時給父親去做飯，有人給他講了長平之戰鍋盔的故事。有天，冬娃在路邊挖個土窩窩，架上頭盔把麵和勻放在頭盔內，盔下燒火烤製，一會兒盔內的麵烙成饃，酥脆可口，帶回家給父親放在床邊以備用。他把這個製作鍋盔的辦法告訴同伴，讓大家改用鐵鍋烙饃，酥香飄逸，從此在乾縣傳開，家家戶戶都做鍋盔饃。

做鍋盔饃要按季節掌握水溫，和成死麵塊，放案頭用木杠壓，邊折邊壓，壓勻盤起，切成兩塊，加酵麵和城水再揉壓，直至麵光色潤，酵麵均勻時用溫布蓋嚴盤性。木杠壓麵能使饃色增白，香氣濃郁，味美可口。麵劑每塊六百克，擀成直徑約二十二釐米，厚三釐米的圓形餅，上鏊勤翻轉，俗稱三翻六轉，烙得溫高氣保，火色均勻，皮色微鼓時即熟，周圍有菊花形毛邊，皮薄如紙，饃膘多，用手掰開是一層層的，用刀切開如板油。表面色澤金黃，酥脆味香，能煮耐爵，存放期長，方便速食，吃法多樣。根據個人口味，加自己所喜愛的配料，還可以製成椒鹽鍋盔、蔥香鍋盔、五香鍋盔、香椒葉鍋盔、鹹甜鍋盔、夾酥鍋盔、油酥鍋盔等。

做鍋盔最重要的是把麵和好後慢慢地盤、揉，把麵團揉得充分，做出的餅咀嚼起來口感才好。鍋盔看起來硬硬的，吃起來也是韌性十足。鍋盔在製作時沒有加入絲毫油料和佐料，屬清淡食品，酒後吃點鍋盔，感覺很清爽。

我曾長期去河西走廊一帶考察美食資源和旅遊，因為大漠荒蕪，總喜歡背個鍋盔在包裹備用，作為路途的充饑之物。

肉夾饃

肉夾饃是我國西北民間廣受歡迎的一種特色小吃，以陝西的臘汁肉夾饃和寧夏的羊肉夾饃為主。臘汁肉夾饃是繼陝西羊肉泡饃之後又一款享譽全國的風味美食，為西安的著名小吃，堪稱古城一絕；寧夏的羊肉夾饃以羊肉為菜餡，賣羊肉夾饃的攤點前擺個爐子，新出鍋的羊肉味道比涷牛肉要好得多，加入羊肉和菜，肉夾饃的菜餡分量很大，吃起來更有味。

肉夾饃是古漢語中的倒裝句，其意是肉夾於饃中，陝西人省去了「於」字，喊起來便當。以前，肉夾饃叫饃夾肉，陝西方言聽起來像「沒夾肉」，商家覺得不吉利，後來才改為倒裝句肉夾饃。

肉夾饃由臘汁肉和白吉饃兩種食物組合而成，合為一體，互為烘托，將滋味發揮到極致。饃香肉酥，回味無窮。

臘汁肉歷史悠久，早已聞名中國。《周禮》的周代八珍中的漬就是臘汁肉。戰國時期稱寒肉，由秦晉豫三角地帶的韓國製作，秦滅韓後，製作工藝傳進長安。北魏賈思勰《齊民要術》記載了臘肉的製法，與我們今天的臘汁肉製法基本相同。肉夾饃的臘汁肉選料、製法更為講究，使用陳年老湯和三十多種調料精心配製，加工精細，火功到家。做出來的臘汁肉色澤紅潤，氣味芬芳，肉質軟糯，糜而不爛，濃郁醇香，入口即化，風味獨特。素有「肥肉吃了不膩口，瘦肉無渣滿含油。不用牙咬肉自爛，食後餘香久不散。」臘汁肉可以單吃，也可以下酒佐飯，還可以用其拌麵。

白吉饃源於咸陽彬縣白吉鎮，即現在的北極鎮。金滅北宋後叫白驥驛，因驛馬全為白色而得名，驥字難寫，遂演變為白吉。清代，陝甘地區爆發回民起義，白吉鎮成為起義的四大中心之一，首領白彥虎即白吉鎮人。起義失敗後，白彥虎落腳到吉爾吉斯。白吉饃的製作技術也隨著義軍流散傳播到各地。白吉饃最早使用吊爐，用木炭烤饃，面為發麵，和得硬，揉的時間長，饃吃起來勁道，做饃需要揪劑、搓條、卷、擀、旋、上花、烘烤，全過程一起合成，揉製後做成餅形，置鐵鏊板上略烤成型，放入爐膛側立，上下隔著鐵鏊板的炭火烘烤，稍頃翻面，雙面鬆脆微黃，外脆裏嫩是其最高境界。上品白吉饃麵粉要揉製充分，烘烤的火候要恰到好處，白吉饃鐵圈虎背菊花心，皮薄鬆脆，內心軟綿。白吉饃可以單獨食用，配臘汁肉食用，味道更佳。用刀輕輕劃開白吉饃的邊沿，內部天然一分為二，塞進剁好的臘汁肉，即為肉夾饃。

白吉饃夾臘汁肉，俗稱臘汁肉夾饃。西安文昌門內的秦豫肉夾饃，繼承了韓國臘汁肉的傳統，選上等硬肋肉為原料，用鹽、薑、蔥、蘋果、蔻仁、丁香、枇杷、桂皮、冰糧、大香等二十多種調料湯煮而成，湯為歷代流傳下來的陳湯，較少加水。秦豫肉夾饃的臘汁湯是清代小販畢仁義作坊使用的陳湯，一直沿用至今，堪為罕見。

肉夾饃按夾肉的肥瘦情況分三種，有純瘦肉饃，肥瘦肉兼顧饃，肥皮饃。這三種饃，又反映了吃肉夾饃人的年齡。一般年輕人，特別是年輕女子喜歡吃純瘦肉饃；有幾年食饃年齡的人喜歡吃肥瘦肉兼顧饃；長期吃肉夾饃的食客，他們只吃肥皮饃。肥皮饃的肉是肉皮和肥肉，肥而不膩，膠糯香滑，是臘汁肉中的精品。肉夾饃按夾肉的品種分牛肉夾饃、羊肉夾饃、雞肉夾饃、菜夾饃等。吃肉夾饃，外酥脆內肥嫩，從視覺、味覺、嗅覺、觸覺、聽覺等都能得到滿足。今天我們所吃到的臘汁肉夾饃，由樊鳳祥父子倆在一九二五年將傳統臘汁肉夾饃改造而成今天口味的肉夾饃。一九八九年，商業部評為部優產品。

吃肉夾饃保持水準持饃姿勢，從手掌兩側咬起。臘汁肉肉汁充分浸入饃中，不致流出。肉夾饃可以單獨吃，也可以搭配湯汁食物，春夏一般和涼皮、稀飯搭配，秋冬一般和米線、粉條、紫菜粉絲湯、混沌搭配。老潼關肉夾饃配鴨片湯吃，一口湯一口饃，滿口留香。吃完肉夾饃，不宜大量飲茶，否則減慢腸胃蠕動，影響身體健康。

第五輯

茶語溫婉

閒煮鐵觀音

喝鐵觀音茶，需要閒暇和心情來品味。獨煮獨勺自無味，人多閒雜亦無聊，最好是邀三兩好友，閒談私事和理想，吮吸濃郁的鐵觀音茶香，那才別有一翻滋味上心頭。

我喝鐵觀音，往往喜歡午後進行。在北京，常與好友徐強一起喝鐵觀音，當上午把事情忙完，午睡之後，精神極度放鬆，兩人閒坐茶室，各自抒發心中的圖書出版計畫，品著鐵觀音的濃香，那是極品享受。在長沙，常與妻子溫壺促膝，一般是晚飯後散完步回家，邊煮茶邊休息，回憶我倆相見時的愛戀與多年來的婚姻生活，調以茶味，也值得溫馨的記錄。

這些，都是我感官的體會，總覺得有些膚淺和表面化。我曾去過福建多地，在朋友的陪同下深入茶鄉安溪感德，瞭解當地茶農，熟悉當地民俗和鐵觀音製作，還得到老茶農的指導和參與他們的鐵觀音品嚐和鑑賞，那才是一種人生的至高無上的滋味。

安溪位於福建中部偏南，晉江西溪上游。地處戴雲山脈東南坡，西北高、東南低。境內多山，以五閬山、跌死虎山為界，西部稱內安溪，東部稱外安溪。外安溪地勢較低，以低山、丘陵串珠狀河谷盆地為主；內安溪地勢較為高峻，以山地為主。感德鎮在安溪縣西北部，東連劍斗鎮，南接長坑、祥華、福田，北鄰永春縣一都、橫口，西毗漳平市，西北與桃舟交界。感德溫和濕潤，雨量充沛，泉甘土赤，土壤肥沃，地勢在海拔五百米左右，適宜茶樹生長，特別是酸味茶。

感德產茶始於唐末，有千餘年歷史，茶樹資源豐富，茶葉品質優良，是鐵觀音主產區之一。二〇〇九年，感德有近六萬畝茶園，被譽為「中國茶葉第一鎮」。茶葉以質優、味香、韻濃為特色，備受茶客歡迎。隨著感德茶葉產業的發展，逐步形成了獨特的感德茶文化，有茶史、茶俗、茶歌、茶禮等獨具特色的茶文化內涵，讓我不得不敬佩這些茶農。

鐵觀音發明於一七二五年至一七三五年間，屬烏龍茶，介於綠茶和紅茶之間的半發酵茶，獨具觀音韻，清香雅韻。有詩云：「七泡餘香溪月露，滿心喜樂嶺雲濤。」鐵觀音在民國八年自福建安溪引進木柵區試種，分紅心和青心兩種，主要產區在文山期樹屬橫張型，枝幹粗硬，葉較稀鬆，芽少葉厚，產量不高，但製包種茶品質高，產期較青心烏龍晚。其樹性稍，葉呈橢圓形，葉厚肉多。

鐵觀音茶樹天性嬌弱，產量低。純種鐵觀音植株為灌木型，樹勢披展，枝條斜生，葉片水準狀著生。葉形橢圓，葉緣齒疏而鈍，葉面呈波浪狀隆起，明顯肋骨形，略向背面反捲，葉肉肥厚，葉色濃綠光潤，葉基部稍鈍，葉尖端稍凹，向左稍歪，略廠下垂，嫩芽紫紅色，有「紅芽歪尾桃」之稱。我走了數家茶園，才知道鐵觀音鮮葉與湖南黑茶的原料中葉茶有些區別，葉片厚實，質地硬紮。

安溪鐵觀音分清香型、濃香型、韻香型、陳茶四類。清香型為高檔茶，產於高海拔、岩石基質土壤的茶葉，有鮮香韻銳，香氣高強，濃馥持久，花香鮮爽，醇正回甘，觀音韻足，茶湯金黃綠色，清沏明亮。口、舌、齒、齦均有刺激清銳的感受。濃香型以傳統工藝製作，溫火慢烘，濕風快速冷卻，有醇厚甘潤，條型肥壯緊結、色澤烏潤、香氣純正、帶甜花香或蜜香、粟香，湯色深金黃色或橙黃色，滋味醇厚甘滑，音韻顯現，葉底帶有餘香，可經多次沖泡。茶性溫和止渴生津，溫胃健脾。韻香型用高溫烘焙，滋味醇度，發酵充足，傳統正味，有濃韻潤特，香味高，回甘好，韻味足。陳年鐵觀音有治感冒、消化不良、降壓降脂、防治糖尿病等效用，其他與新茶不差。

鐵觀音製作分正炒和拖補，正炒按傳統製作工藝，採青後第二天中午炒青。乾茶砂綠色，湯色黃綠、明亮、透白；湯味滑、活、厚，果香濃郁，觀音韻明顯，回味甘甜，口齒留香；葉底色黃綠，有光澤，底片柔軟。拖補置空調下，於次日下午以後或第三天入鍋炒青。有清爽的青香和酸香或清酸味，乾茶綠、湯色綠、葉底綠。

鐵觀音實行開面採，鮮葉新鮮完整，進行涼青、曬青和搖青，直到自然花香釋放，香氣濃郁時進行炒青、揉撚和包揉，使茶葉捲縮成顆粒後進行文火焙乾。製成毛茶後，再經篩分、風選、揀剔、勻堆、包裝製成商品茶。我參與了茶葉的採摘，並且在茶農的指導下學習炒茶、揉撚等工作，比我家鄉的黑茶製作複雜、繁瑣得多。我以後喝鐵觀音，就更加細心的品味茶裏的辛勞。

茶農告訴我，鐵觀音泡飲水以石泉為佳，爐以炭火為妙，茶具以小為上。整個沖泡過程分有白鶴沐浴、烏龍入宮、懸壺高沖、春風拂面、關公巡城、韓信點兵、鑒嚐湯色、品啜甘霖八道工序。我們在忙完一天的工作之後，用蓋碗陶瓷沖泡鐵觀音，邊品茶邊聽茶農講故事，雖然都是一些鐵觀音的傳說以及茶農創業、經銷的市井故事，我聽得還是很入神。在這段時間的學習中，我可從觀形、聽聲、察色、聞香、品韻入手，辨別出鐵觀音的優劣，更能區別出感德鐵觀音香氣濃郁，湯色清淡，帶微酸，口感特殊的特色。

我回到長沙，還是很懷念在感德品茶、製茶的日子。

沱茶紀事

我認識沱茶，應該從二〇〇三年說起，我大學畢業，到出版社做圖書編輯，常與茶、酒打交道，慢慢的喜歡上了品味。一天，我去超市購物，在貨架上看到了用黃蠟紙包裹的沱茶，就買了兩砣，準備與朋友分享。

我對沱茶的瞭解，起於我中學時候買的一冊書《中國名茶》。我在梅城新華書店花了兩毛七分錢買的，回家一有心情就翻閱此書，記熟了所有中國名茶的基本知識。我從小又生長在安化松針和安化黑茶產區，每年參與春茶、紅茶的採摘、製作。

我買的沱茶，朋友們沒有喝，我保存起來。不久，我又買了幾砣，一共有十多砣，用個紙箱裝好。期間，我不停的搬家，遷徙了五六個地方，隨身物品丟得差不多了，沱茶沒有丟，一直帶在身邊，小心收藏。直到二〇〇五年，住到好友龍國強家，我還帶著。一天，龍二姐岳華來電話，問龍國強有陳茶嗎？說外甥女楊雪身上長了疙瘩，要用茶葉洗澡。電話是我接的，我就告訴她我收藏了一些茶葉。二姐來了，我給了她一坨，告訴她用烹蒸的方法把沱茶蒸散，再去煮水洗澡。

二〇〇六年一月，我搬離了龍家，沱茶沒有帶走。很快，我結婚了。我的寫作方向轉變到旅遊、美食，喝的茶葉也由朋友贈送。我陸續寫了幾十篇有關各地名茶的散文，在數家報刊開闢品茗專欄。期間，我多次去過龍家，沒有找到沱茶。我一直想寫一篇有關沱茶的文章，我又堅持自己的寫作態度，所寫美食、旅遊，強調現場感，必須自己去過原產地，在當地品味過，才敢寫。

二〇一〇年四月，我陪妻子到昆明見一位中醫學吳教授。我在住的賓館附近的茶葉店裏再次見到了思念已久的沱茶，我當即就買了幾砣帶回賓館。在我瀏覽雲南旅遊地圖的時候，發現大理市有個地名叫下關。我想了很久，終於想起來了，下關就是產沱茶的地方。

我與妻子見完吳教授，就去大理旅遊，妻子盡情的欣賞蒼山洱海，感受風花雪月。我惦記著即將見面的沱茶，總心不在焉。妻子很清楚，我們從昆明到大理，主要的目的是來品沱茶、買沱茶。我們回到旅館，匆匆吃過晚飯，到街上去溜達。在不遠的地方發現一家茶葉店，我走進店裏詢問。楊老闆是江西新餘人，姊妹四個都在雲南做茶葉生意，有十多年了。聽我說是長沙來的，特意到大理來買沱茶，她很興奮，又很熱情。在閒聊中才知道，她在長沙高橋大市場有一個普洱茶銷售點，五月去長沙開業。她馬上擺出茶盤，給我煮沱茶喝。

我們邊品味她煮的沱茶，邊詢問與沱茶有關的知識。她告訴我，沱茶以雲南下關沱茶（集團）股份有限公司的最為有名，其前身是雲南省下關茶廠，創建於一九四一年。下關沱茶屬普洱緊壓茶，凹面看像厚壁小碗，凸面看似圓型麵包，外觀精巧，曲線玲瓏。外形加工源於明代普洱團茶和清代女兒茶。一九〇二年，由下關永昌祥商號定型，有百多年歷史。與下關沱茶最為接近的是月餅形團茶，由景穀縣私人茶坊製作，一九〇〇年運銷下關後並且在此製作，又稱景關茶。永昌祥在原有形狀上加以改進，吸取月餅形團茶的小巧和便於運輸，又防止團茶因過厚而內生黴變及運輸貯藏過程中的後發酵因素。做成小碗臼形。

我把品味沱茶的味道和口感告訴楊老闆，她很驚訝。我才告訴她，我是寫美食、旅遊的作家，寫過數十種名茶。她一定要跟我交朋友。

楊老闆又告訴我沱茶的歷史，下關沱茶創始人為大理喜洲四大商幫之首的嚴子珍，他於一九〇二年與江西商人彭永昌、北城商人楊鴻春合資創立永昌祥商號。在國內主要做滇藏、滇川貿易，在國外主要做滇緬、滇印貿易。其經營方針是滇茶銷川藏，川絲銷緬，緬棉銷滇，滇藏藥銷川。永昌祥下關沱茶問世，很快在滇、川、藏等省打開銷路，其他商家見沱茶有利可圖，紛紛投資經營，下關一時成為眾商家角逐沱茶的戰場。抗戰結束前，下關有十八家茶廠，以永昌祥、茂恒、復春和、成盛、洪盛祥商號規模較大。永昌祥的松鶴牌沱茶在四川備受推崇。主銷四川敘府（宜賓）沱江流域的碗形、銷往康藏的帶柄心臟形是其代表，前者稱敘府莊茶、後者稱緊茶。敘府莊茶經沱江水沖泡，色、香、味俱佳，當地人對此茶極其珍愛，雅稱沱茶。

一九五〇年，康藏茶廠定名雲南省下關茶廠。一九五五年，永昌祥、復春和、茂恒等併入下關茶廠。在繼承和發展永昌祥下關茶廠傳統工藝的基礎上，不斷開拓創新，對選料、拼配、壓制、包裝等各個環節進行改進，保持沱茶傳統色、香、味、形的基礎上推陳出新，松鶴牌沱茶、寶焰牌緊茶、南詔牌七子餅茶在消費者中擁有很高的知名度和品牌忠誠度。

第二天，我在楊老闆的陪同下去了下關，到終年積雪的蒼山之麓和碧波蕩漾的洱海之濱，品嚐甘冽泉水，享受清風吹拂，看了茶園和茶葉生產車間，非常感慨。我回到住處，選購了二十個七子餅和百砣沱茶，還訂購了百多斤沱茶，由楊老闆直接發貨到長沙。楊老闆送我十個珍藏了二十年的七子餅作為聘禮，請我做她長沙普洱茶銷售專店的顧問。

回到長沙，我把隨身帶回的七子餅和沱茶分成二十份，給朋友們送去，他們非常興奮，常找我去同飲。

臨安天目茶

臨安是長江三角洲南端的一顆綠色明珠，更是江浙茶都。位於浙江省西北部，東臨杭州市餘杭區，南連富陽、桐廬、淳安，西接安徽歙縣、寧國、績溪，北靠安吉。由臨安、於潛、昌化三縣合併成市。天目山雄踞黃山與東海之間，像龍飛鳳舞俯控吳越、獅蹲像立威鎮東南。

天目山古名浮玉山，是浙江天目山脈的名山之一。《元和郡縣誌》載：「天目山在縣治北六十里，有兩峰，峰頂各一池，左右相對，名曰天目。」

天目山中古木參天，山峰靈秀，氣候溫濕，森林茂密，土壤棕黑，呈酸性，終年雲霧籠罩。我到天目山，山上霧日居多，據統計年平均二百五十天以上雲霧不散。茶樹分佈在海拔六百米至一千二百米之間的山塢間，茶葉濕潤清爽，細嫩葉闊，是中國著名產茶區。

兩千年前，茶祖梅福來到臨安，在九仙山栽種茶樹，後遷到太湖源鎮梅家村人工栽培茶葉，開始了人工培育茶葉的歷史。其後裔移居杭州梅家塢後，培育出了茶中稀世珍品龍井。

浙江有句名諺：「龍井茶，虎跑水。」臨安民間有句俗：「東坑茶，西坑水。」都與茶、水有關，可見出於一脈。

天目山盛產茶葉，早在唐朝就聞名於世。陸羽的《茶經》載：「杭州臨安、於潛二縣，生天目山，與舒州同。」陸羽的好友皎然和尚，善於品茶，他品飲天目山茶後，即興賦詩：「頭茶之香遠勝龍井」，讓天目山茶揚名於世。

明朝中期，天目山茶選為浙江貢品，上貢朝廷。《臨安縣誌》載：「臨安歲貢御茶，產於黃嶺山，每年額貢御茶二十斤。」

天目山的其他茶葉，種類繁多，也很受人們歡迎。如昌化桃枝茶，《浙江通志》載：「昌化所產，大葉，如桃枝柳梗，其味乃極香。」於潛茶，明萬曆七年《杭州府志》載：「於潛縣金樓山，縣南二十九里，產茶」。《於潛縣誌》載：「天目山頂者，曰雲霧茶，善消滯，不可多得。竹懶、茶衡各處皆茶，皆有自然勝味。天目（茶）清而不甐，苦而不螫。」到清朝，於潛王茶列為名茶。民國時期，天目雲霧茶（天目青頂）榮獲「南洋勸業會」金質獎章。還有於臨烘青（正路烘青）、順溪大方、炒青眉茶等香飄四海。

天目山茶與江浙僧侶有不解之緣。僧侶們憑藉山中大樹華蓋、古生腐殖質肥厚、海拔適宜等得天獨厚的自然條件，在天目山中栽茶、採茶、製茶、品茶、論茶。唐代詩僧皎然與好友陸迅、元晟飲茶天目山寺，寫下〈對陸迅飲天目山茶寄元居士晟〉的茶詩。北宋梅堯臣在〈答宣城張主簿遺鴉山茶次其韻〉中稱：「天目猶稻麻，吳人與越人，各各相鬥誇」。明代屠隆《考槃餘事》中把天目茶與虎丘、天池、陽羨、六安、龍井同列佳茗。至清代，許多文人學士慕名登上天目山，紛紛會僧、品茗、誦詩，留下不少佳句。清代杭州名士厲鶚，寫下了長篇〈天目茶歌〉。

在臨安行走了月餘，我所知道的臨安茶葉，歷史名茶有天目青頂，傳統名茶有天目龍井、順溪大方，大宗茶有炒青眉茶、於臨烘青，新特名茶有天目有機茶，深受茶客青睞，我也特別喜歡其清新的香味。

奇蘭白茶

茶越來越在生活中佔有一定分量，我每次與朋友聚會或到異地旅遊，都會遇到一兩種當地很有名的茶葉。我本來很少喝茶了，見到新茶又忍不住想品嚐一杯，感受那茶香。

這次我去浙江，本來是為了尋找現代文人的童年足跡和成長歲月，到他們的故居尋訪一些作家生活的細枝末葉，寫進我的書中。在浙江省平和縣，我遇上了一種白茶，詢問間才知道是林語堂故鄉的奇蘭茶，因為長白芽，所以叫白芽奇蘭茶。

平和縣大芹山麓的崎嶺、九峰一帶，山巒起伏，林木茂密，雲霧繚繞，山雲相連，像縹緲的雲海。山谷幽深，溪流潺潺，有股人間淨土的味道。在山坡與山谷間，肥沃的土壤上，長著讓人生奇的白芽茶樹，延綿成片，與雲海交織，相映成趣。

白芽奇蘭茶是烏龍茶的新良種，屬中葉種茶種。白芽奇蘭茶對地理要求極嚴，生長在海拔八百米以上的山地，要經過嚴寒的考驗和露水的侵染，才可發揮茶的優性。春天茶樹生長，枝頭新梢白毫滿冠，就像一頂雪白的毛茸茸帽子扣在土地上。樹勢中等，樹冠半開張，分枝稠密，發芽力強，產量較高，著生部位較低。每年三月下旬，茶樹開始抽芽萌發，四月底五月初，茶葉初長成，兩片毛茸茸的對葉攀滿枝頭，茶女園著茶莞，採摘那帶著露珠的白芽，這景這情，有事情更有畫意。

白芽奇蘭茶育芽能力強，長的芽非常嫩，還特別持久，生脆易斷。奇蘭茶芽尖有白毫，茶葉張開與竹葉奇蘭相似，鮮葉在製做過程中有股奇特的蘭花香味，因此取名「白芽奇蘭」。白芽奇蘭茶內質香氣清高爽悅，蘭香幽長，滋味醇爽，香溢飄蕩，久久無法散去。取十餘枚茶葉可以沖一杯開水，湯色橙黃明亮，茶葉懸浮杯中，葉底軟亮可見，甚是雅觀可愛，與林語堂的「茶需靜品」有異曲同工之妙，邊觀邊品，可以達到喝白芽奇蘭茶的最高境界。

製作白芽奇蘭茶，工藝相當精湛，製優率特高。白芽奇蘭茶以烘焙為主，採用鐵觀音的製作方法合二為一，包括涼青、曬青、搖青、殺青、揉撚、初烘、初包揉、復烘、復包揉、足乾。這樣製作，白芽奇蘭茶才飽含多種維生素和稀有元素，有提神益思、解酒消滯、降壓減肥、消煩解暑、生津活血、延年益壽等功效。經過數道工藝之後，白芽奇蘭茶外形堅實勻稱，葉片深綠油潤，葉底紅綠相映，成為青茶中真正的極品。

白芽奇蘭茶以天醇牌最著，有七大系列三十多個品種行走市場。白芽奇蘭茶已經走出浙江，走向全國，隨著白芽奇蘭茶需求的高漲，平和縣不斷擴大白茶產量，提出「以茶興農，培植名牌，擴大規模，搞活流通；以茶為媒，廣交朋友，外引內聯，富民強縣」的發展戰略，規劃霞寨、崎嶺、九峰、長樂、秀峰、蘆溪等鄉鎮為百里白芽奇蘭茶產業化基地，既可旅遊也可以品茶、耕種。

白芽奇蘭茶的出現也是一個偶然。明朝成化年間，陳元和遊走到崎嶺彭溪水井邊，發現一株茶樹，枝稠葉茂，芽梢白綠色，葉片青翠欲滴，散發茶香，氣味似蘭，清沁心脾，採其芯葉精心炒焙，茶清香濃郁，沖泡後香氣徐發，飄散蘭花的芬芳，抿上一口，滿口清香，片刻清甘醇爽，精神舒暢，筋骨輕鬆。後來用烏龍茶種與之嫁接，培育成現在的白芽奇蘭茶。

用林語堂的喝茶妙論來品味白芽奇蘭茶、鐵觀音、武夷岩茶，我們可以發覺：鐵觀音香氣高飄，武夷岩茶香氣濃郁，白芽奇蘭茶淡雅清香，帶著蘭花味。論口感，白芽奇蘭茶滑順，清純飄逸，回甘明顯，集香甘濃爽於一身，葉底柔軟肥厚，葉緣稍透點紅，耐沖泡，喝完後覺得小泉湧上喉嚨，久久不能退去；鐵觀音稍帶苦澀漲口，柔潤舒張，回味時才能感覺其真味；武夷岩茶輕柔潤滑，茶水甘甜回味，有越喝越甜的感覺。按林語堂的閒適，捧一把茶壺，把這三種茶煎熬到最本質的精髓，那才真正可以感覺到白芽奇蘭茶的快樂和舒適。

渠江薄片

渠江發源於湖南新化縣古臺山，經奉家、天門、長峰等地注入資水，乃新化第三大水系，在地理志上頗為有名。

新化奉家山為奉姓聚居地，歷代產茶，渠江薄片、月牙茶、蒙洱茶尤其出名。《新化縣誌》載：「渠江薄片、月牙茶為宮廷貢品，全國享有盛譽。」《茶譜》載：「潭、邵之間有渠江，中有茶，鄉人每年採摘不過十六、七斤。」因產量少，可飲用之人少。

從茶的源頭細說，渠江薄片是中國黑茶的鼻祖，源於東晉，興於唐，盛於宋，明清兩朝為貢茶。《茶譜》載：「渠江薄片，一斤八十枚。」《奉氏族譜》載：「奉氏秘方，渠江薄片，一斤換米十升。」可見渠江薄片的製作精細、價格昂貴。

渠江薄片製成後，外形為古銅幣樣，香氣純正持久，滋味醇和濃厚，湯色橙紅明亮，飲用方便。渠江薄片原料選取奉家、天門的頭等高山雲霧茶，經兩蒸兩製冷渥堆後，壓製成古銅幣，茶葉已經消除黑茶澀味漚味，變得芳香異常。

渠江薄片乃千年古茶，集文化與歷史於一身。唐至五代十國時期，渠江薄片已經成為中國十大茗品之一。一三六八年，朱元璋登基稱帝，將渠江薄片列為皇家貢茶，專供皇室成員使用。清代，渠江薄片繼續列為皇家貢茶，有五百餘年的貢茶史，是中國貢茶歷史上最悠久的茶品。

據現在可考的史料記載，有宋代吳淑《茶賦》云：「渠江薄片，西山白露，雲垂綠腳，香浮碧乳齊名。」李時珍《本草綱目》載：「渠江之薄片，會稽之日鑄，皆產茶有名者。」明代田藝蘅《煮泉小品》載：「武夷、渠江二茶試之，固一水也，武夷則芡而燥冽，渠江則如鐵而清香。」明末方以智《通雅》載：「渠江之薄片，唐宋時產茶地及名也。」都對渠江薄片進行了記載和評價，對後人瞭解渠江薄片的價值很有好處。

奉家山這個小小的山村，自解放以來，很多茶葉專家和品茗高手不遠千里尋找渠江薄片的蹤跡，到奉家山勘察茶園，我曾有幸到過那裏。奉家山一帶群山起伏，峰石奇異，樹木蔥籠，雲霧茫茫，海拔在六百米至一千八百米，晝夜溫差大，氣候條件特殊，常高空陽光燦爛，山中雲霧翻騰，低空細雨濛濛，瞬間暗淡無光，陣雨迷蒙，山色一新。有詩句描述：「雲暗雨來疑是夜，山深寒在不知春。奉家山土壤肥沃，腐殖豐富，茶樹生長迅速。」

我曾在奉家山看到大量古茶樹生於岩縫內，泉水滲於山石間，常年不涸。取此泉水，回寓所沖泡渠江薄片，茶葉在杯中翻滾，其色如鐵，芳香異常。久烹於灶，鍋底無滓。此舉是多年前之事，現在記憶在心。

渠江薄片屬黑茶，有延年益壽、降血脂血糖血壓、減肥、抗癌、預防心血管疾病等方面功效顯著。且存放越久，滋味越醇。最近日本研究，渠江薄片中的黑麴菌可防止脂肪堆積。

渠江薄片是茶葉收藏家、品評家、鑒賞家的首選，既可做裝飾，也可兼品茗。

奉家米茶

新化縣與隆回縣、溆浦縣交界處的奉家山一帶，茶葉的種植和採摘一直沒有中斷過。奉家產茶歷史悠久，品位甚高，名馳遐邇。毛文錫的《茶譜》載：「潭、邵之間有渠江，中有茶，而多毒蛇猛獸，鄉人每年採摘不過十六、七斤，其色如鐵，而芳香異常，煮之無滓也。」唐代主產蒙洱茶，給文成公主做嫁妝；宋代主產渠江薄片，一斤八十枚，換米十升；發展到明清時期，蒙洱茶和渠江薄片的製作方法漸漸消失，被一種新茶所代替，這種茶就是歷史上的奉家米茶，被列為清廷貢品，以抵征糧，繼續維持奉家茶在皇家貢茶中的地位。

奉家山周邊的雙林、金鳳、天門等鄉，隨著奉家米茶的名聲遠播，茶葉發展趨勢越來越迅猛，種植範圍越來越廣。

奉家山附近山勢峻嶺挺拔，地勢在海拔六百米以上，平均在八百米至一千二百米之間，山中常年雲霧繚繞、雨量充沛，是產雲霧茶的絕好條件。穿行山嵐中，只見溪流潺潺，土質黑褐肥沃。一天之間，天氣變化無常，日間高陽豔照，夜間常有降雨，晨起霧罩雲障。這裏本是一個絕好的隱居之地，曾有秦獻公次子季昌隱居於此，繁衍奉姓。

奉家米茶芽葉細嫩，香氣馥郁，形似米粒，富涵氨基酸、兒茶素，乃茶葉中的絕品。奉家米茶成茶條索緊捲、形似月芽、白毫顯露、嫩香持久、滋味甘醇，湯色清澈明亮，葉底嫩綠均勻，所以又名月芽茶。一九八六年，中國茶葉專家根據奉家米茶的形質皆美，改名月芽茶，現在一直沿用月芽茶的名字。

奉家米茶按採摘的時節不一，分黑米茶、紅米茶、綠米茶等。

奉家山村民有句俗話：「若得米茶天天飲，明目益思人長春。」我們現在品奉家米茶，最好選用透明玻璃杯，當品茶人心平氣靜之後，在祥和肅穆的氣氛下，最適宜品味奉家米茶的滋味。奉家米茶本是大山中的潔淨之物，採天地之陰陽，吸宇宙之朝露，生萬物之靈性。泡茶器皿必須冰清清潔、一塵不染，芽茶非常細嫩，八十度的開水即可沖泡。開水沖入杯中，泡開的米茶外觀如蓮心，茶先浮於水面，慢慢旋於杯中，茶葉在水中蕩漾。未舒展開的葉芽如槍，展開的葉片如旗，相得益彰，甚是美觀壯麗。在續水時，需三點三揚，衝動杯中茶葉。品茶時，需要一看二聞三品味，方可達到品奉家米茶的至清至醇至真至美的韻味。

奉家米茶，特級的茶園只有一畝左右，隱於山溝之中。沖泡時，茶葉浮於水中，按生長方式葉尖朝上，葉片舒張開來，就如一株活生生的茶葉懸於水中，把茶水分成兩半。外觀其貌，非常豔麗，有久捧而不舍放下之意。其餘的茶園，茶葉稍差些。

奉家米茶採摘時，只摘一芽一葉，最多一芽二葉，絕不摘一芽三葉。新鮮茶葉摘回來用春風殺青，再用手揉撚，炒二青，復揉，提毫，烘乾。成茶色翠較深，香氣高長，湯色綠明，滋味鮮醇，葉底嫩明。飲後口齒留香、回味甜美，有生津止渴、提神醒腦、明目健胃、防癌抗癌、弱身益壽之效。

祁門紅茶

祁門紅茶是中國歷史名茶，產於安徽祁門一帶而聞名於世。

祁門西北有大洪嶺、曆山，東有楠木嶺，南有櫸根嶺，盛產茶葉，唐代已有名。清代光緒以前，祁門不產紅茶，主產綠茶，與聞名的六安茶相仿，曾有安綠之稱。光緒元年，黟縣人余干臣從福建罷官歸籍從商，創設茶莊，祁門遂改製紅茶，成為紅茶界的後起之秀，很快走紅全國乃至世界。

祁門採茶分春夏兩季，只採鮮嫩茶芽的一芽二葉，經萎凋、初製、揉撚、發酵等多道工序，製成紅茶原坯。揉撚的嫩芽發酵後由綠色變成深褐色，再毛篩、抖篩、分篩、緊門、撩篩、切斷、風選、揀剔、補火、清風、拼和等數道工藝，精心挑選，芽葉散發著香氣。祁門紅茶現採現製，以保持鮮葉的有效成分。工夫紅茶是祁門紅茶中的佼佼者，以香高、味醇、形美、色豔四絕馳名於世。

唐代茶聖陸羽《茶經》對江南茶的評價：「湖州上，常州次，歙州下」。祁門隸屬歙州，茶葉不是非常優秀，可以種植者甚眾，名聲益大。唐咸通三年（八六二年），司馬途作《祁門縣新修閶江溪記》：「祁門一帶千里之內，業於茶者七八矣。祁之茗，色黃而香。」祁門茶業日益壯大，終於達到可以成為祁門紅茶的鼎盛時代。

祁門、東至、貴池、石台、黟縣一帶，處安徽南端，黃山支脈，海拔六百米左右的山地占九成，適合櫧葉種茶的生長種植。加之這一帶山區氣候濕潤、雨量充沛、早晚溫差大，茶葉內含物和酶活性較豐富，採摘的茶葉適合製作工夫紅茶。祁門茶最好的生長地域是祁門的歷口、閃里、平里一帶，氣候溫和、雨水充足、日照適度。

祁門紅茶外形條索緊細秀長勻整，鋒苗秀麗，色澤烏潤；內質清芳帶有蜜糖香味，香氣酷似果香，上品蘊含蘭花香，馥郁清鮮持久；湯色紅豔明亮，滋味甘鮮醇厚，葉底紅亮翻飛。與印度大吉嶺茶、斯里蘭卡烏伐的季節茶並列世界三大高香茶。劉少奇主席、江澤民總書記出國訪問，帶祁門香饋贈外國元首，成為國事禮茶，很受外國朋友喜歡，現在，祁門紅茶在英國、法國、荷蘭、德國、日本、俄國、丹麥等有巨大消費市場。

光緒元年（一八七五年），余干臣羨慕福建閩紅暢銷利厚，也想生產紅茶，在至德縣（今東至縣）堯渡街設立紅茶莊，仿效閩紅的製作方法製作祁門紅茶獲得成功，次年在祁門歷口、閃里設立分茶莊。此時，胡元龍在祁門南鄉貴溪進行「綠改紅」，設立日順茶廠試生產紅茶成功。祁門紅茶不斷擴大生產，形成中國重要的紅茶產區。

祁門紅茶有提神消疲、生津清熱、利尿、消炎殺菌、解毒、養胃等作用，還有防齲、延緩老化、降血糖、降血壓、降血脂、抗癌、抗輻射等功效，受到茶客的歡迎。

喝祁門紅茶，有些講究和程序，特別是喝功夫紅茶需要備具、賞茶、燙杯熱罐、投茶、洗茶。第一泡有鯉魚跳龍門、遊山玩水、喜聞幽香、品啜甘茗，還有第二泡、第三泡等整個過程，才能享受喝紅茶的樂趣。在一百多年的歷史過程中，形成了祁門紅茶的茶道，分寶光初現、清泉初沸、溫熱壺盞、王子入宮、懸壺高沖、分杯敬客、喜聞幽香、觀賞湯色、品味鮮爽、再賞餘韻、三品得趣、收杯謝客等程序。

近年，黃山祁眉茶旅致力振興祁門紅茶產業，從製作技藝上恢復古法，以茶葉初生嫩蕊製成祁眉高級祁紅甫，成為釣魚臺國賓館指定禮賓用茶，榮耀進入二〇一〇上海世博會。

第六輯

川味人間

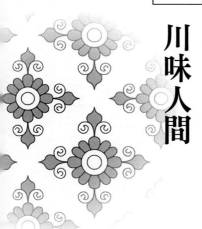

成都滷鴨腳板

走在成都的大街小巷，稍微留意就可以看到很多招牌詭異的滷味店，多以鴨部件吸引顧客，最多的是鴨腳，成都人叫鴨腳板。

我生活在長沙，被外地人稱為好吃之城，老百姓雖饞，卻沒有這麼多滷味店。我長期來往成都及其周邊城市，對川菜有些瞭解。川菜的特色是涼菜（滷菜）多，任何肉、下水、雜件都可以滷製成涼菜。川菜分炒菜、火鍋、冷啖杯三種，冷啖杯多是用於下酒的涼菜和休閒美食。

經過滷味店，常常遇到大人小孩手裏抓著個鴨腳板啃得津津有味，我倒覺得沒有可吃之處。上次與妻子回岳母家過節，回湖南的前夜，妻子陪我去買在火車上吃的零食，她提議買點鴨腳板帶在火車上吃，我沒有拒絕。

俗話說：「食在四川，味在成都。」成都人對辣味講究剛柔並重，既辣且香，香中帶辣，辣中有香，還少不了麻味。成都平原，地處川西，物產豐富、氣候溫潤。成都近郊的彭州，素有養鴨的傳統，仔鴨產量甚多，九尺鎮是集散地，板鴨很著名。彭州仔鴨肉嫩味甜，很受成都人的歡迎。

成都人好吃，坊間有首〈竹枝詞〉：「日斜戲散歸何處，宴樂居同六合居。三大錢兒買好花，切糕鬼腿鬧喳喳。清星一碗甜漿粥，才吃菜湯又麵茶。涼糕炸糕耳朵，吊爐燒餅又窩窩。叉子火燒剛買得，又吹硬面叫餑餑。燒麥餛燉列滿貫，新添掛粉好湯圓。」說得非常到位，我在成都的日子深有感觸。

成都人吃仔鴨，方法不下百種，單分解吃鴨雜件就有鴨頭、鴨翅、鴨脖、鴨舌、鴨肝等數十種，我嚐食過的有十多種，可是鴨腳板從沒試過。

我們路過幾家滷味店，尋找鴨腳板的蹤跡，量不多，價格相差大，低的十六七元一斤，貴的二十四五元一斤。我很納悶，一樣的鴨腳板，都用滷製，為什麼價格相差這麼大呢？我仔細觀察鴨腳板的顏色，才知道：色澤明亮的價格偏高，顏色深灰的價格略低。我正在不好選擇那種時，妻子建議每樣的買幾個回去，一吃就知道味道了。我認為她的方法很好，就一樣的買了半斤。

滷鴨腳板主要用紅滷水煮熟，製作滷鴨腳板的紅滷要白酒、鹽、冰糖、大蔥、薑、茴香籽、桂皮、甘草、花椒、香葉、丁香、草果、醬油、味精等調汁。把氽水的鴨腳板打去浮沫，撈出放在紅滷中旺火繼續煮，煮到鴨腳板可以啃爛後撈出，擦上麻油裝盤，即可食用，也可做下酒菜，邊閒話邊吃。剛出鍋的鴨腳板，色澤金黃、味鮮香濃，飄散著鹹香。

我們回到家，打開塑膠袋，滷鴨腳板散發出誘人的滷香味，我忍不住拿起一個啃起來，鹹鹹的，有些韌勁。鴨腳板與滷製的雞爪不同，表面不再糯柔粘嘴，小腿上的腳筋脆爽，咬出清脆的響聲，感到齒間的摩擦和嘣咯聲；鴨蹼和鴨爪間的肉質細膩，鮮甜可口，耐人回味；鴨爪的小骨頭與肉很容易剔下，筋絡卻仍有部分粘在骨頭上，吃不乾淨，感覺很可惜。妻子見我吃得特別認真，她也忍不住抓起一個啃起來。我很快就啃完了一個，妻子要我試試其他滷味店買的鴨腳板。我每樣的吃了一個，完全肯定了它們的價格：顏色越淺的，看上去明亮金黃，小腿的筋絡越清脆，味道越純正，越有嚼勁；顏色越深的，看上去深褐色，醬油味和滷味越重，吃起來不再脆響和有嚼勁，改之是糯性和鹹味，失去了啃骨頭的滋味。我突然想起一個朋友曾經跟我說過啃鴨腳板的一句話：「在街邊啃鴨腳板，每次都停不了嘴，把鴨骨頭都啃碎了，越啃越香。」

妻子見我吃得很忘情，要我比較一下各地吃的鴨雜件。我仔細回味了近幾年在各地吃的鴨雜件，有長沙的鴨架子、武漢的鴨脖子等。我覺得，最大的差別在於每個地方用不同的大料來祛除鴨的膻味，成都人做滷鴨腳板用花椒，長沙人做鴨寸骨用桂皮、八角，武漢人做鴨脖子用芥末，效果都一樣——減少了膻味。

第二天，我們去那家貴點的滷味店買了一斤鴨腳板，帶在火車上吃。

成都土豆泥

成都人做美食，一直以精細、營養、品質著稱。我多次到四川各地漫遊，吃到非常細緻的美食，包括鴨舌、兔腰等，吃後感慨萬千。

二〇〇八年五月，在成都拜訪朱曉劍，他好友康莊請我在得意樓吃飯，吃到一道非常有四川特色的美食——土豆泥，讓我感慨甚多，懷念起我近些年來在西北、西南一帶走過的許許多多的地方。不管是我走過的西北，陝西、甘肅、青海、新疆，土豆都是當地人民的主食，做成各種美味可口的食品；還是我走過的西南，雲南、貴州、重慶、四川，土豆是當地的主要糧食，做成非常有特色的美食端上餐桌，深受老百姓喜愛。

二〇一〇年夏，我到昆明旅遊，吃到昆明地道的洋芋飯、脆皮土豆、土豆絲餅等土豆美食，很是幸福。二〇〇九年，我到重慶出差，在街頭小巷看到盡是賣土豆泥的身影，一個大平底鍋裏堆著滿滿的土豆，發出滋滋的聲音，土豆香味蔓延開去，路上行人垂涎不止，很多饞嘴女孩，端碗土豆泥邊吃邊逛，把土豆泥當零食或正餐。我去吃宵夜，土豆泥也是夜宵攤上的主角。

四川人愛吃土豆，更是多姿多態，層出不窮。我走遍了大半個四川省，吃到了無以計數的土豆美食。在四川農村，家家戶戶曬土豆片、土豆坨坨。曬乾的土豆片炸著吃，炸成金黃色，撒點白糖或鹽、味精、胡椒、辣椒，吃起來別有一番風味。農民最普遍的做法是用土豆燉肉吃，把土豆作為肉的配菜，連紅燒肉裏都是土豆。

土豆進入成都這樣的都市之後，改變了農村的吃法，走上了川菜大道，開始變幻無窮，精細加工。我知道的有炸土豆、土豆絲餅、土豆蘸豆瓣醬、土豆回鍋、土豆泥等數十個品種，成為川菜大軍的一支奇葩。

我曾去過四川宜賓縣，有一個高場鎮，那裏的土壤和氣候非常適宜土豆的種植，產量極高。二十世紀九十年代初，高場鎮的土豆種植面積就近萬畝，年產鮮土豆萬餘噸，直銷重慶、成都。現在，那裏是土豆種植的天堂，漫山遍野都是土豆。

土豆泥是成都的一道傳統名菜，原料簡單，製作精細，很受食客歡迎。我走遍了大半個中國，很少吃到像成都土豆泥這樣美味的土豆食品。我是個土豆愛好者，對土豆情有獨鍾，吃過不少土豆食品，也喜歡一些新鮮的土豆食物，滿足我的味覺。

做土豆泥，主料是土豆。新鮮土豆在洗淨後，皮就在簸箕中刮去，只要上鍋蒸熟、蒸透，碾成泥狀，就完成了原料加工。土豆泥主要講究細膩，不允許有任何粗顆粒存在。很多飯店都用機器碾磨，真正的土豆泥要用純手工擂碎，擂的時間越長，就會有糯性和稠性，吃起來口感細膩、黏稠，也可以避免土豆本身的味道和營養流失。

土豆富涵蛋白質，優於大豆，接近動物蛋白。產生熱量較低，多吃可以減肥。還有和胃、調中、健脾、益氣的作用，對胃潰瘍、習慣性便秘、熱咳及皮膚濕疹有治療功效。

土豆泥需加入雞肉丁、火腿丁、青豌豆、胡蘿蔔丁、薑末做佐料，輔以鹽、雞湯、料酒等調味。這些配料在製作過程中有嚴格的要求，首先要把雞肉、青豌豆、胡蘿蔔煮熟；其次是要把雞肉、火腿、胡蘿蔔、薑切成細末或者小顆粒，成青豌豆大小的丁狀；再與土豆泥加雞湯一起熬煮，煮到土豆泥黏稠成一團，挑撥很有糯性為止。吃起來才有萬味融於其中，糯如糯米團的感覺。

成都的土豆泥，在味覺上感覺最強的是加入了涪陵酸菜，吃時稍微帶點酸味，再加上火腿丁、青豌豆、胡蘿蔔丁的顆粒質感，軟中有硬，細膩與粗糙搭配，吃的時候才會細細尋覓、品味土豆泥的味道，辨別各種味道的本源，更增加了情趣。

成都市的居民，有的為嬰兒做土豆泥，在其中加入豬肉、豬肝，把豬肉、豬肝搗成泥狀，吃起來很軟很香，很營養，成為土豆泥的一個新品種。

四川黃油茶

流淌在成都的大街小巷，有種叫黃油茶的早餐吸引著我，每當走過那些早餐店，我都想進去喝一碗，以解我的饞意。有時，我漫步街頭、流連夜市，也會聽到叫賣黃油茶的吆喝聲。那些叫賣的黃油茶，成都人給它取了個別名，叫它擔擔油茶。近年來，擔擔油茶叫賣者越來越少，逐漸進入早餐店，滿足早起的人們。

油茶是神州大地的一種風味小吃，很多民族和地方都有，名聲較大的有西藏酥油茶、侗族打油茶、武陟油茶等，多採用青稞或麵粉製作。在我家鄉湖南高椅一帶，油茶為水煮豇豆湯加米豆腐、米泡塊做成。油茶是侗族、瑤族、漢族等民族的普通飲料，茶葉用油炒後，加水熬煮，水沸濾出茶葉，即成油茶，食用時配以調料和副食等同用。回族將蕎麥麵和糯米粉加牛油或羊油混合炒麵，食用時用開水攪爛成糊狀。北京油茶用麵粉炒至發黃，麻仁炒至焦黃，加桂花和牛骨髓油，拌搓均勻，將茶放在碗內，加上白糖，開水沖成漿糊狀。武陟油茶是素負盛名的風味小吃，有二百六十多年歷史，為咖啡色，乳狀稀汁，味道濃郁，鹹甜適口，營養豐富。這些油茶，味道甜美，深受各地百姓喜愛。

四川東部與湘、鄂、黔接壤的山區，男女老幼都喜歡喝油茶，是他們日常生活中不可缺少的飲料。俗話說：「趕場不喝茶，半夜回家路上爬；下坡不喝茶，腳軟腿抖路更滑。」四川黃油茶採用糯米或大米為主要原料，輔以酥黃豆、大頭菜、花椒油、紅油等作料，更接近四川人的口味。

四川黃油茶沒有油，也不是茶，是白米磨成細粉加水攪煮成稀漿糊的湯汁，成品為茶色而已。二十世紀六七十年代，四川人把它作為早餐，現在是成都市的著名小吃。

四川彭山縣城北街，有位清末出生的王清和，民國時期，根據黃油茶的傳統做法和吃法，反覆改進，做成彭山縣黃油茶第一品牌，贏得廣大群眾的讚譽，成了有名的「王油茶」。他做油茶，主要是做饊子。

王油茶做饊子，先把上等麵粉加水拌勻，用擀麵棍把麵擀薄擀勻，切成條狀，逐條搓成細長圓形，表面塗上菜油，一圈圈地放入大陶缸中，互不粘連，等待發酵。發酵完成後，一根根取出，像手工擀麵一樣，用左右手將麵條來回套在手指上拉細，直到麻線大小，放入一百五十度的油鍋中炸熟，保存在大麻罈內待用。饊子冷後變脆，久存不變軟，成了油茶的主料，連無牙的老人也能咬碎。

王油茶把油茶米糊調好，抓把饊子放入碗中，淋上米糊，放上蔥花、花椒、食鹽。吃時用調羹和勻，吃起來又香又脆又燙，味極鮮美，老少咸宜，十分可口。

四川還有兩處黃油茶出名的地方，一是閬中，街坊上的老居民，早上起來，都習慣到小店裏去吃碗黃油茶；二是巴中，魏油茶與砂糖油乾、楊鴨子、梆梆甜馬蹄糕並稱巴城四大名特小吃。

四川黃油茶由秈米、糯米、饊子、酥黃豆、大頭菜碎末、芝麻粉、紅油辣椒、花椒油、蔥花、精鹽、味精、芝麻油等做成。先將秈米、糯米炒熟，碾碎磨成粉。洗淨鍋置於火上，加清水燒開，將米漿加入，不停地攪動，待成稀糊狀。先用旺火燒開，再改用小火熬熟。待米糊煮熟，有些粘勺子，加入少許糖汁水，湯色深黃。米糊煮到粘稠時便可起鍋入碗，加入牛羊油或牛骨髓油，另備蔥花、榨菜粒、油炸黃豆或花生以及饊子。

熬黃油茶，要文火慢煮，煮的時間越長，味道越香醇越粘稠，吃起來越有回味感。若是火候把握不好，黃油茶就會熬焦、熬糊或者味道不佳，醇香較少。油炸的黃豆、花生，稍微壓碎，更容易入味。饊子新鮮炸出來，吃起來口感最好。將各色配料堆於黃油茶上，饊子拆成條狀以便入口。再根據個人口味加香油、花椒油和辣椒油，味道就各不相同。所以，成都人把黃油茶分鹹香和麻辣兩種口味，滿足不同人的需求。我在成都吃黃油茶，主要吃鹹香味的，我不敢嘗試麻辣味的。

四川除了黃油茶和饊子豆花，饊子很少單獨用到其他小吃中食用。出售油茶的早餐店，都會自己製作饊子。饊子的好壞，直接影響黃油茶顧客。黃油茶外觀不好看，精緻的饊子卻吸引不少顧客，讓他們著迷。四川人嗜辣，在鹹鮮的油茶中放入辣椒和花椒，卻津津樂道、樂此不疲。

黃油茶端上桌，掐碎的饊子堆成金碧輝煌的「冒兒頭」。我用調羹攪拌饊子，各種輔料完全融入黃油茶中，饊子也裹上米糊。看著凸凹有致、多味吐芳、脆柔相融、誘人食欲的黃油茶，便可慢慢享用。

黃油茶口味鹹鮮，微帶麻辣，酥香爽口。我用勺子撥動黃油茶，黃豆和花生酥香撲鼻，入人心脾。細細品味黃油茶中的蔥花和榨菜粒，增香不少，胃口大開，食欲猛增。黃油茶中的饊子，米糊柔軟，饊子段香脆疏鬆。慢慢品味黃油茶，熱燙細膩，回味不已。吃黃油茶，可以用勺子將配料與黃油茶混合均勻，也可以吃一口油茶，再補一口配料。而我個人習慣，是攪拌好了再吃，這樣味道融合，脆軟鹹甜一起來。還可以搜索其他人的面容和吃相，自己從容不迫的嚐食。

黃油茶集合了米香、豆香、蔥香、脆香和榨菜的鹹香，秋冬季節可以溫暖腸胃，給身體升溫；春夏季節可以感受香醇，給味覺彌補回味。

黃油茶最好的記憶，細膩到沒有任何雜質，也沒有牛羊油或骨髓的膻味，真是一種享受。

成都冒菜

走在成都的大街小巷，無論是在農貿市場、居民社區、街邊小店都寫著冒菜的招牌，我卻不知道冒菜為何菜，問在四川生活過的妻子。妻子告訴我，冒菜不是單獨的一種菜或是一道菜，是小火鍋的一種，把各種菜放在一起燙，再雜在一起吃。

慢慢瞭解，我才知道冒菜是成都的特色民間美食，冒即燙之意。為了瞭解冒菜的具體情況，我特意與妻子去吃了一回冒菜。冒菜曾經是街邊小吃，滿足各階層市民充饑之需。現在，冒菜被美食家和媒體發現，慢慢走上了門店，有了專門的冒菜店，我們就進了一家只做冒菜的特色飯店。

街邊冒菜，每家架著一口大湯鍋，非常耀眼，麻辣鮮香的湯汁咕嘟咕嘟地冒著熱氣，好像在招呼客人前來品味。湯鍋下有個大煤爐，不停的給湯料加溫，鍋裏掛滿了正冒著的竹簍。竹簍底尖口大，簍內冒滿了菜蔬，濃郁的香味隨風飄散，吸引路人駐足不前。攤主在客人的指點下裝菜，把一樣樣菜蔬裝入竹簍中，再冒進沸湯裏，不時提著竹簍在湯汁裏一提一放，讓菜蔬完全燙到，直到冒熟為止，才提起竹簍，把菜和湯汁倒進碗裏，任食客享用。我們進的冒菜店，把湯鍋放進了廚房，衛生條件明顯提高。我們看了菜單，沒有自己選擇菜蔬的餘地，還是點了一份兩人套餐，即店家配好的冒菜。

冒是動詞，與沸騰的湯汁冒泡泡有關，也與菜蔬冒在湯汁裏有關。冒其實是川西方言，由芼而來，指把生熟原料放滾湯裏煮熱或煮熟。冒與芼通，枚乘〈七發〉中，芼指可供食用的水草或野菜。這樣看來，成都冒菜蠻有歷史淵源。

冒菜是小火鍋的一種做法，並不特指某種菜，菜蔬有葷有素，火氣較重，不宜常吃。我與妻子只點了微辣的套餐，怕吃了上火。一些老冒菜店，為了適應各種顧客，在湯鍋裏加入中草藥，成為獨家秘製香料，主要是祛火。做出來的冒菜麻中不麻，辣中不辣，老少皆宜，健脾健胃，不上火，不敗胃。

冒菜發源成都民間，慢慢被人複製開發，發展到成都周邊乃至川渝兩省市。冒菜大致分兩種，有火鍋型冒菜和滷水型冒菜。火鍋型冒菜與火鍋基本相同，底料配置不同，是一個人的火鍋；必須先燒高湯，用大骨頭熬湯，加底料，攪拌燒開，就成為冒菜原湯。滷水型冒菜近似滷菜滷水配置，冒菜吃完，湯底可以喝，味道鮮美，不燥辣，代表有巴適館冒菜、廁所串串、毛記冒菜、意冒菜；必須先製滷水，炒鍋置旺火上，菜油燒到六成熟，下郫縣豆瓣炒酥，放姜米、花椒炒香，下鮮湯，再放豆豉、冰糖、牛油、醪糟汁、料酒、精鹽、胡椒粉、乾辣椒、草果等佐料，熬開後打去泡沫即成冒菜滷水。

成都流行的冒菜料有豬血、墨魚片、海帶片、白筍片、涼粉、土豆片、蓮藕片、白粉條、黃粉條、萵筍、萵筍葉、馬蹄、韭菜杆片、菜花、粗豆芽、細豆芽、大白菜、豆皮、生菜、香菇片、草菇片等。每家冒菜店，都有它的絕味和主料，即冒牛肉、冒鴨腸、冒素菜、冒腦花等總有一樣出色。我們吃的冒菜店，主料是冒牛肉。大片的牛肉，紋理鮮明，細嫩滑爽，噴香撲鼻，色澤紅亮，味道可口。底料有海帶、筍片、土豆、藕片、萵筍、萵筍葉、豆芽、白菜、粉皮、黃瓜等。

冒菜最為講究的吃法是使用乾碟，在小碟中放置乾辣椒粉，加鹽、味精等調料，將鍋裏燙好的菜在乾碟裏輕輕一蘸，送進嘴裏，味道又香又辣，甚為可口。我不習慣這種蘸吃法，就取消了乾碟，直接用碗盛著吃。我們的套餐，冒好的冒菜用大臉盆盛著，有大半盆，足足吃了我們大半個小時，才吃完三分之二。

成都人都有一種冒菜情結，可謂冒菜無人不知、無人不吃。有人誇張的說：「火鍋是一群人的冒菜，冒菜是一個人的火鍋。」

第七輯

酒精沙場

杜康煮酒

歷史傳說，杜康發明了酒，帶給了人們無限的樂趣和詩意，也實現了杜康的夢想。

杜康是夏王朝第五位國王，就是名噪一時的中興少康。因為他製造了酒，所以很多文學作品或者典故直接用他的名字來代替酒，因此杜康之名傳揚天下，至今流傳。最有名的詩句當數曹操〈短歌行〉裏的「何以解憂，唯有杜康」，大家耳熟能詳。造酒業的能工巧匠們，把杜康視為已業的開山鼻祖，尊稱為酒聖。

杜康是陝西渭南白水縣人，他是夏王朝相王的兒子，杼的父親。相統治末期，後羿發動叛亂，廢相篡奪王位。相被迫自殺，杜康還沒有出生，母親後緡氏隨宮女從狗洞中爬出來後，逃到娘家濟南的有仍氏部落，第二年生下遺腹子杜康。杜康長大後，為有仍氏牧正，後逃至商丘虞城的有虞氏任庖正，學會了精湛的廚藝和簡單的釀酒方法。杜康在虞城娶妻生子，建立起自己的家業，透過艱苦創業，有田十里，眾五百人。杜康日夜想著復國，積極爭取夏眾與夏民的幫助，卻無以為報。杜康為了贏得夏民的鼎力支持，杜康決心釀造一種優良的美酒，作為酬謝夏民的禮物。

於此，杜康從虞城出發，向西進化，走到洛陽，往南過龍門，溯伊水上行，到達汝陽縣境內的蔡店鄉，有道清澈見底的溪流，由南而北，流入伊水，這就是後來命名的杜水河或杜康河。杜康來到這裏，看中了這塊清幽之地，河畔鵝鴨成群，果林茂密，溪邊還有個小村莊，依山傍水，最適宜釀造。這裏離汝陽城五十里，較為偏僻。這裏泉水清洌碧透，味甘質純，是釀酒的好水。

杜康河中生長一種小蝦米，長約一釐米，全身澄黃，蜷腰橫行，肉質滑爽細膩，為別處所罕見。河中還生長一種水鴨，生的鴨蛋蛋黃泛紅色，味道極其鮮美。杜康吃過這兩樣美味之後，覺得不在此造酒，就對不起這裏的下酒菜。他埋灶煮酒，用當地的黏性高粱為原料，創造了自己的秫酒釀造方法，透過反覆試驗和多次蒸煮，三年之後終於造出了第一罈糧食酒，開罈香十里，隔壁醉三家。

杜康釀造出了美酒之後，贈送給了有虞氏部落首領，有虞氏憑藉杜康的美酒做興奮劑，開始在虞城崛起，很快吞併了周邊的弱小部落，眾旅不斷壯大。杜康還發現糧食酒的一個特點，他釀造的酒在征戰之前服用，可以助長眾旅的士氣，達到提神，增加勇氣，活泛身體的作用。杜康率有虞氏來到中原，在同姓部落斟灌與斟鄩的說明下，與夏王朝舊臣靡等人合力，攻滅了寒浞，恢復了自己的夏王朝，還都陽夏（今周口太康），振興夏朝，史稱少康中興，後遷都原（今濟源西北）。

在白水縣大楊鄉康家衛村杜康墓對岸，一溪之隔，便是東晉竹林七賢之一的劉伶之墓，石砌而就。因為杜康酒，發生了一個有趣的故事。劉伶以飲酒聞名，一日到汝陽縣杜康村，見酒店門上貼著一幅對聯：猛虎一杯山中醉，蛟龍兩盅海底眠。橫批：不醉三年不要錢。劉伶進店，三杯下肚，天旋地轉，果然醉倒，回家一醉三年。妻子以為他喝酒醉死了，就把他埋葬在杜康墓的對岸，讓他日夜對著杜康，乞討生命。

今天，白水縣、伊川縣、汝陽縣分別建有頗具規模的杜康酒廠，專門生產杜康酒，弘揚杜康的秫酒釀造法。

曹操對酒當歌

曹操是梟雄還是奸雄，歷來文人學者爭論不休，曹操在文學、品茶、飲酒方面的成績一直沒有人否認，在他開拓霸業的同時，他極喜歡飲酒，每每舉酒賦詩，橫槊而歌，引為快事。他的〈短歌行〉「對酒當歌，人生幾何？……何以解憂？唯有杜康」就是中國酒文學的代表之作和開山之作，內容深厚，莊重典雅，感情充沛。給現在喝悶酒的人做了表率和注解，以酒解愁來訴說時代的痛苦和人生憾事。

曹操與酒，有個漫長的過程，他家鄉亳州流行一句口頭禪：「南有黃山松，北有古井貢。」亳州古井鎮，有一眼枯井，積年不涸，清澈甘洌，以之為酒，清如水晶，味似幽蘭，曹操生於此。曹操從飲酒、釀酒、探酒、贈酒、敬酒、獻酒、愛酒、好酒到禁酒，隨著他地位的變化，不斷改變對酒的認識，卻始終保持對酒的清醒認識和理性使用。曹操以酒籠絡賢才，關羽從一個弓馬手到溫酒斬華雄的名將，成就了煮酒論英雄的千古佳話，這是他的發明。

建安元年（一九六年），曹操將亳州所產美酒九醞春酒（即古井貢酒）進獻給漢獻帝，還作了一篇〈上九醞酒法奏〉，總結了九醞春酒的釀造工藝和需要改進的某些方面，成為當時出色的釀酒師和釀酒研究者。

建安十二年（二〇七年），北方連年饑荒，接二連三的農民起義爆發。曹操從國計民生大局著眼，下詔禁酒。曹操的這一舉措，士族們強烈抵制，孔融作〈與曹操論酒禁書〉，單道飲酒對於國家政治的功德和貢獻，孔融被降職，曹家依然賓客滿門。

東漢建安十三年（二〇八年）七月，曹操親率八十三萬大軍直抵長江北岸，準備渡江消滅孫權和劉備，統一中原。十一月十五日，冬天的陽光溫暖還在，長江河面風平浪靜，曹操下令在大船上擺酒設樂，款待眾將。晚上月亮如銀，長江似橫飄的素帶橫臥中華大地。船上眾將錦衣繡襖，威風凜凜。曹操告訴眾將官，他自起兵以來，為國除害，掃平四海，現天下太平，只等孫、劉來賀。曹操非常高興，先以酒奠祭長江，隨後滿飲三杯。他舉槊告訴眾將：此槊破黃巾、擒呂布、滅袁術、收袁紹、入塞北、統遼東，縱橫天下，不負他的大丈夫之志。曹操趁此良辰美景，當即做詩歌唱，抒發他的政治理想和宏偉大業。

赤壁會戰大敗後，曹操已經五十三歲，面對功業未成，他憂愁幽思，苦悶煎熬。雖然有所沉淪，曹操沒有放棄，仍以統一天下為己任，決心廣招人才，完成統一大業。曹操採取了一系列政治措施，才穩定內部分裂。

建安十五年（二一〇年）春，曹操下《求賢令》，提出不拘品行、唯才是舉，儘量把人才收羅到自己身邊。為了實現自己的遠大抱負，又下《求逸才令》，網路天下英才。卻人才難得，他邊喝悶酒邊唱歌，忽然感歎人生無常，憂愁難消，心中閉悶，只有借酒澆愁，尋覓知音。想到自己生逢亂世，目睹百姓顛沛流離，肝腸寸斷。憂歎、渴求、欣喜、勸慰之情一起湧上心頭。

建安十八年（二一三年），曹操封為魏王。成為一人之下，萬人之上的實際王者，地位非常顯赫。

在此，曹操又有多次發動秋季戰爭，攻擊吳、蜀，卻未能統一全國。

建安二十年（二一五年）十一月，曹操六十一歲。劉備襲擊劉璋，取得益州，遂據巴中。十二月，曹操自南鄭還，留夏侯淵守漢中，師出無果，苦悶無比。回想自己大半輩子都在為統一中國而奮戰，到頭來還是四分五裂，心中氣憤異常，隨口作了〈短歌行〉。

〈短歌行〉是曹操的即席之作，他在觥籌交錯之間，杯盞替換之際，情思泉湧，文心獨運，手法純熟，意境高遠，直抒胸臆，懇切深摯，雌健體精，筆鋒靈逸。開一代飲酒風氣，創建安新詩風。從此，酒步入了文學的神聖殿堂。

建安二十五年（二二〇年）春，曹操死於洛陽，天下尚未安定。九醞春酒卻名揚天下，慢慢演變成今天的古井貢酒。

陶淵明為酒折腰

陶淵明一生清廉阿正，嗜酒如命，卻與酒無緣。在西晉那個動盪的時代，他很難有酒足飯飽的日子。所以，陶淵明對酒的期盼和擁有，尤其顯得迫切和渴望。陶淵明在每每有酒，或者飲酒之後，他就要感歎身世，可憐自己，或吟詩，或著文，抒發心中的牢騷，歌唱一生的志向和抱負。

陶淵明出生沒落仕宦家庭，曾祖父陶侃是東晉時的開國元勳，官居大司馬，封為長沙郡公。祖父陶茂作過太守等官，父親陶逸在他九歲那年去世。與母、妹三人在外祖父孟嘉家生活。陶淵明青少年時代受過良好的家庭教育，他學老莊、六經、文史，接受儒道兩家思想，培養「猛志逸四海」「性本愛丘山」的志趣。陶淵明青年時志向遠大，很想有番作為來施展自己的遠大理想。

現存的《陶淵明集》，有一百四十餘篇詩文，近半數詩文寫到了陶淵明飲酒、嗜酒、醉酒這件事情。第一個為陶淵明編輯文集的梁太子蕭統，給《陶淵明集》及陶淵明的評價是：「淵明之詩，篇篇有酒。」可見陶淵明愛酒之甚，在百多年之後還名聞遐邇。

陶淵明在他的文思裏，除虛構一個美麗的世外桃源和五柳先生之外，他最有名的話酒詩句是：「結廬在人境，而無車馬喧。採菊東籬下，悠然見南山。」這首飲酒詩，民間廣為流傳，孺子皆會，被歷代讀者當做酒詩經典來品味、解讀，作盡了文章和斷想。

陶淵明一生坎坷，並且貧困落魄，在西晉的黑暗統治之下，他憂慮重重，過著不願為官的淒涼日月。陶淵明一生，只做過江州祭酒、建威參軍、鎮軍參軍、彭澤縣令等小官，而且每次時間都很短暫。陶淵明最後一次出仕，是他在四十一歲那年，到彭澤縣去做縣令，在任只有短短的八十餘天，他又辭職不幹，回到自己結廬的南山（廬山）。所以，陶淵明認為，只有酒才是他的終身伴侶和摯友，吟出酒能祛百慮、酒亦能消憂。

陶淵明一生不圖名利、不慕虛榮，只喜歡喝酒買醉、夢尋他鄉。可是，陶淵明家貧如洗，平時連吃飯都成困難，那裏有買酒的閒錢呢？陶淵明的親戚朋友知道他的愛好，都可憐他孤身自傲，時常請他喝酒，安慰他寂寞的心靈，結交這個名士。陶淵明每次一沾酒，就喝得酩酊大醉，直到把自己搞倒為止。

義熙一年，陶淵明由於生活所迫，不得不去彭澤縣當縣令。他一到任，就命令部下種糯米作酒，滿足自己的酒欲。他妻子翟氏為了全家人的生活著想，堅持要種粳米。最後，陶淵明想出一個折衷的辦法：五十畝田種糯米，五十畝田種粳米。這樣，才解決了家庭矛盾和飲酒問題，全家歡喜。

到了年底，郡守派督郵（監察官）來彭澤縣視察，縣吏們建議他穿戴好衣冠去驛站迎接督郵。陶淵明很鄙視這種獻媚的行為，歎息道：「我豈能為五斗米，向鄉里小兒折腰！」當天，陶淵明就拋官授印，辭去官職，回到鄉下，結廬南山（廬山），繼續他的「夫耕於前，妻鋤於後」的隱居田園生活。

義熙末年，朝廷征陶淵明為著作佐郎，他嫌棄官職太小，不去上任，繼續他的田園生活。

江州刺史王弘，很想認識名士陶淵明，陶淵明瞧不起王弘的媚態，謝絕與王弘來往。陶淵明長期往來於廬山陶宅與山下集市。王弘找到陶淵明的好友龐通，要龐通齎酒具到半道的栗里，邀請陶淵明飲酒吟詩。陶淵明因為腳受傷，無法獨自行走，要他的弟子和二兒子用籃輿抬著他趕到栗里去赴約，見到龐通，兩人相談甚歡，開懷暢飲。不一會兒，王弘趕到，與陶淵明並席同飲，陶淵明並沒因此生氣，也沒離去，還是繼續飲酒，並認可了王弘這個朋友，以後保持來往。

陶淵明的好友顏延之，在劉柳後軍任功曹時，與陶淵明來往甚密。顏延之遷徙到安郡做太守，經過潯陽，天天帶酒去拜訪陶淵明，每次兩人酣飲致醉，酒醒才分手。顏延之離開潯陽時，贈送給陶淵明二萬錢，陶淵明全部交給栗里集市上的某酒家，天天去那裏取酒喝。

第二年重陽節，陶淵明沒有酒了，又沒有錢買酒，坐在屋前的菊花叢中發呆想酒喝，王弘派人給他送了一罈好酒來。陶淵明順手把摘的菊花投入酒罈裏，經過酒浸泡後，散發出一種奇特的酒香，後人把陶淵明的方法發揚光大，做成菊花酒的雛形。

元嘉四年（四二七年），陶淵明走完了他的生命歷程，與世長辭，終年六十三歲。安葬在南山腳下的陶家墓地。

李白鬥酒種詩

李白鬥酒詩百篇，長安市上酒家眠。天子呼來不上船，自稱臣是酒中仙。這是詩聖杜甫在〈飲中八仙歌〉中講述好友詩仙李白的醉態和李白個性的神來之筆，其中卻潛伏著李白與李持盈的愛情故事和思慕深情。從此，鬥酒詩百篇成為李白寫詩品酒的活招牌，在全國各地品評佳釀，揮甩詩篇，成了文學史上一段傳奇的風流佳話。

李白出生在盛唐時期，他的一生都在詩歌與酒色間徘徊、尋覓、反思，卻找不到自己最愛的女人李持盈而懊惱、頹迷，直至客死他鄉。糾結李白一生的是漫遊和漂泊，其實是對李白意志的煎熬。李白用四十年的時光，遊歷了大半個中國，卻幾次與心愛之人李持盈擦肩而過，愛情之路在記憶裏慢慢泯滅，然而走出了一條屬於自己的詩歌大道，終於成就中國唯一的詩仙。李白的漫遊和豪放，品味了中華大地的風光和美酒，也親近了大江南北的女色，結下了無數恩怨情仇，寫就不少風流韻事，最後沒有寫完的壯麗詩篇，還剩下李持盈那篇絕句。

古之詩人墨客，多與酒色結姻同眠，美其名曰詩酒一家。有人云：「酒為詩之媒，詩為酒之果。」這是極有道理的，古往今來，涉酒成詩或以酒為題的詩壇佳話，在中國歷史上比比皆是。中國唐代，有三位最偉大的煮酒詩人，他們就是我們熟悉的李白、杜甫、白居易。他們在唐代文人中，詩、酒齊名，受人稱頌、敬仰，由詩酒生發的愛情，更讓人砰然心動，永生難忘。作酒詩最多的要數中唐號稱詩魔的白居易，他的一生寫下了五百多首與酒有關的詩作；其次是與李白同時代又落拓不羈的詩聖杜甫，他的一生寫下了三百多首與酒有關的詩作，最後因為喝酒吃牛肉而撐死在湖南的湘江上，成為一段不解之謎；第三才是以鬥酒詩百篇聞名長安城的詩仙李白，他的一生寫下了兩百首與酒有關的詩作，最後因為愛情枯萎，好酒短缺而客死當塗。

後人稱譽詩仙李白，說他有像酒一樣的形態，芳香撲鼻；有像火一樣的性格，激情四溢。這是對李白與李持盈那段風流韻事的讚譽和肯定。其實，李白只是一介文弱書生，只能揮毫潑墨、題詩賦詞而已。他卻有顆真摯的心，喜歡習劍修道，依仗手中寶劍走天涯。他激情一生，留下無數詩酒佳話和華麗詩篇，我們現在誦讀，酒氣淋漓、豪邁極致。

李白短暫的一生，與詩、酒、色三物同行，過得非常糾結、愁苦，時時陷入婚姻與情愛中不能自拔。六十一年的生命，他卻沒有好好停頓、修整過，多是漂泊不定、愛恨纏身。這一生，他卻紅粉無數，上至皇家公主李持盈傾情相顧，下至街頭藝妓攜手同遊，都把李白奉為人生知己，無私眷戀。李白卻不為其所左右，只是抹不去李持盈的影子，生活在李持盈的恩情中。李白一生，剛妻室有四位，魚貫一生，從沒間斷。結髮妻子許氏，是國相許圉師的孫女，相顧十餘載；第二任是同居女友劉氏，他倆在紅塵中結合，又在紅塵中分手；第三任是東魯美女某氏，姓名不詳，卻讓李白惦記尤甚，數年而歿；第四任是有道骨仙妻之貌的宗氏，是國相宗楚客的孫女，他們志同道合，相從十年，留下晚年美夢，卻各異東西。

李白出生在西域的碎葉城，那裏有著百年三萬六千日，一日需傾三百杯的葡萄酒，養育了李白從小好酒的習氣，還有沾染西域風俗和喜歡美女相隨，這些從小的習慣和愛好，在他的一生中發揮著作用和困擾，磨損著男人的心靈。五歲那年，李白隨父親遷往內地，在四川綿州昌隆縣安家。綿州自古出產美酒，又是川西平原之地，美女無數。李白喝著綿州以酒為醴、欒曰荊的劍南燒春，度過了美好的童年。他感覺以稻粱黍為原料，再加藥曲發酵的酒精後勁很大，常常醉入酒鄉不醒，在品酒之餘，也偶爾領略一下川西平原上俊俏的美女，從她們身上想找到創作的激情，偏偏綿州美女苗條多姿，卻瘦弱如竹。李白不僅懷念起西域的豐乳肥臀，還作著渴望的夢想。在此期間，李白在青城山結識了習道的西安姑娘李持盈，她的豐滿盈盈、高貴飄逸正是李白夢寐以求的天仙。可是，李持盈是唐玄宗的妹妹玉真公主，從小迷戀修道，對李白卻一見傾心，心靈相贈。在這短暫的相戀中，兩人慕仙念道，時有把酒臨風，相談心聲。他倆心心相屬，卻因為身分懸殊，無法結合為夫妻，而遺憾終生。這給李白留下了傷痛和懷念，一生都沒有解脫。

開元十三年（七二五年），李白二十歲，離開母親，走出巴蜀盆地，去謀求自己的理想，尋找知己李持盈。他南到洞庭湘江，東至吳越，曾寓居安陸、應山。李白到處遊歷，廣交天下朋友，拜謁社會名流，到處酗酒題詩，成為響噹噹的名人隱士。他十年漫遊，沒有提高自己的身分地位，也沒有一官半職，還是一介草民。李白又繼續北上太原、長安，東到齊魯，寓居山東任城。這期間，他創作了大量詩篇，閱盡人間女色，卻不無遺憾，沒有找到像李持盈這樣的知己。

開元十五年，李白在安陸認識了前國相許圉師的孫女，兩人郎才女貌，般配有加，很快就成親，結為夫妻。李白成為許家新婿，過起了安穩的生活。李許共同生活了十多年，夫妻恩愛。李白閒不住，仍做名山遊，漂泊在外。暫時，李白忘去了夢中情人李持盈，給夫人許氏以詩代信，「不信妾斷腸，歸來看取明鏡前。」十年間，許氏生有一女一兒，女曰平陽，兒曰明月奴，後改伯禽。安陸當時有種名酒，叫做封缸漘酒，把釀造好的酒埋藏在地下，讓酒繼續發酵。喝這種酒，不上頭，李白很喜歡，長與許氏對飲，互訴衷腸。

開元十八年，李白離開安陸，第一次到長安遊歷，在長安的酒肆中結識了賀知章、李璡、李適之、崔宗之、蘇晉、張旭、焦遂等名人，一起飲酒作樂，對外號稱酒中八仙。李白閒逛皇都，卻沒有尋找到相思已久的李持盈。次年夏天，李白離開長安，沿黃河東下，在梁園小住，後經洛陽返回安陸，給許氏寫了〈贈內〉：「三百六十日，日日醉如泥。雖為李白婦，何異太常妻。」許氏與其酬唱，訴說離別之情。不久，李白出遊襄陽，經汝海、居洛陽，與元丹邱同遊嵩山，旋即赴太原，品味汾酒。也沒有找到李持盈的消息。

開元二十四年，李白全家從安陸遷居東魯。李白與孔巢父等人會於徂徠山，學習隱士之術，結成竹溪六逸。許氏帶著兩個孩子，住在任城（濟寧）。李白圍著東魯漫遊，到泰山、汶水、泗河。他拜吳道子學畫，訪斐學劍，飲酒賦詩，四處交遊，譽滿江湖。李白在蘭陵時，喝到美酒，作〈客中行〉記錄其事：「蘭陵美酒鬱金香，玉碗盛米琥珀光，但使主人能醉客，不知何處是他鄉。」無盡的讚美蘭陵美酒，表現他的品飲之風。

開元二十七年夏天，李白在剡越遊玩，認識當地劉姓女子，兩人私自結合。開元二十八年，李白在南陽遊歷，家中傳來噩耗，許氏去世，他才四十歲。李白長期漂泊在外，劉氏不甘寂寞，紅杏出牆，還嚴令李白回來陪伴她。李白繼續他的漫遊，不理劉氏忠告。天寶元年，劉氏離他而去。李白作〈雪饞詩贈友人〉：「彼婦人之猖狂，不如鵲之強強；彼婦人之淫昏，不如鵲之奔奔，坦蕩君子，無悅簧言。」一斥罵劉氏，換取自尊。不久，李白想通了，終於理解了劉氏的行為，作〈去婦吟〉：「古來有棄婦，棄婦有歸處，今日妾辭君，辭君遣何去？」替劉氏辯護和給自己解脫。對李持盈去無比思念，越陷越深。

天寶元年（七四二年），道士吳筠在唐玄宗面前推薦李白。唐玄宗把李白召至長安，留做文學隨從，任其為翰林。李白沒有實現自己的理想，心中有些不快。常與五侯七貴到長安街上去飲酒取樂，他們喝著西鳳、杜康，連唐玄宗也不放在眼裏，還常攜妓閒遊，抖索自己的才學。唐玄宗很賞識李白，常命其填詞作賦，滿足宮廷娛樂。李白在長安苦苦熬了三年，李持盈還沒有出現。他忍耐不住寂寞，常在花街柳巷欣賞野花敗柳，抒發自己的憤懣和孤獨。一次，唐玄宗召李白填新詞，作霓裳舞。李白正喝醉在酒家，公差把他帶進皇宮，他無半點恐懼，儼然自得，要高力士為其脫靴，楊貴妃為其墨黑。這些完成後，李白作清平詩，轟動長安城。唐玄宗打算辭去李白，整頓宮廷規矩，眾賓妃為其攔阻，暫且留下待用。李白知道後，不願繼續留在長安，棄官而去，飄蕩四方。李持盈得知此事後，棄道回宮，與哥哥玄宗爭執不下。一氣之下，李持盈棄公主身份離開京城，遁形民間，不知所蹤。

天寶三年夏天，李白到洛陽遊歷，遇到詩聖杜甫。李白長杜甫十一歲，早已名揚全國。杜甫風華正茂，詩歌已有成就。李白性豪嗜酒，兩人平等建交，交遊不絕。在閒暇時，李白把自己的風流韻事講給杜甫聽，杜甫為其作〈飲中八仙歌〉紀念。離別之時，李杜約定下次在梁宋會面。同年秋天，李杜兩人到梁宋，他們抒懷遣興、借古評今。又遇到邊塞詩人高適，三人暢遊甚歡，評文論詩，縱談天下，成為李杜友情的見證人。秋冬之際，李杜分手，各奔東西。

天寶四年春，李白在任城與魯地一位地位低下的農家女子結合。此女漂流異常，只因身份卑微，無法與李白明媒正婚，只做了他的妾，後來也一直未能扶正。李白作〈詠鄰女東窗下海石榴〉：「魯女東窗下，海榴世所稀。」表達自己的愛慕和幸福。魯婦為李白生一子，取名頗黎，寓意純淨閃亮。

天寶四年秋，李白與杜甫在東魯見面。一道尋訪隱士高人，偕同齊州拜訪李邕。入冬，李杜兩人分手。李白隻身重訪江東，想尋找流落民間的李持盈，到嶗山（青島）看望安期生，打聽李持盈的消息。安道長見到闊別多年的舊友，用嶗山大棗和老酒招待他，卻沒有李持盈的半點消息。李白作〈勞山〉：「勞山餐紫霞，親見安期生，食棗大如瓜。」來紀念兩人的友誼。

東游期間，李白接到宣州長史李昭（堂弟）來信，告訴他在敬亭山下紀叟酒樓遇見一位道姑，輕紗遮面、氣質高貴，疑是李持盈，邀李白前去相認。李白趕到宣州，道姑遠遊去了。李白惆悵之際，結交了酒肆老闆紀翁，紀叟善於釀酒。李白後為其作〈哭宣城善釀紀叟〉：「紀叟黃泉裏，還應釀老春。夜台無李白，沽酒與何人？」

天寶十一年十月，李白到幽州遊歷，探尋李持盈蹤跡。來到幽州邊塞，想建功立業，卻沒有成功進入軍營。他只喝了美酒衡水老白乾，則返還內地。

天寶十二年，李白在宋州遊歷，追蹤李持盈，卻無從尋覓。孤獨一人在酒肆沽酒，醉倒在梁園圍牆之下，突然詩興大起，揮筆在牆上寫下〈梁園吟〉：「平臺為客憂思多，對酒遂作梁園歌。人生達命豈暇愁，且飲美酒登高樓。」國相宗楚客孫女宗氏經過，看見這首詩，久久不能釋懷。梁園主人準備毀其詩，宗氏以千金買下這面牆壁，作為知己的見證。從此，李白認識了宗氏，兩人情投意合，很快結合，成為夫妻老少檔。當年，李白已經是知天命之年。兩人的日子過得很恩愛，宗氏卻沒為李白生得一兒半女。後來，兩人一起迷上修道，齊上廬山。

天寶十五年，永王李璘揮師北上，途徑九江，邀李白加盟，李白早想建功立業，充為幕僚。永王兵敗，李白遭到牽連，入獄流放，宗氏與家人極力營救，李白被赦。回家之後，李白與宗氏見過一面，又繼續南遊，尋找他的李持盈。

上元初年（七六〇年），李白尋蹤到湖南，重遊洞庭湖，遇到李曄（族叔）和賈至，三人喝酒吟詩，蕩舟洞庭，飲酒賒月，醉發清狂。想起漂泊的李持盈和自己的身世，他覺得無比寂寞，對人生充滿懺悔和惋惜。安葬了亡友遺骨，繼續遊蕩。

上元二年，宗氏入酈山學道，李白放心南遊。

上元三年，李白越來越思念李持盈，甚感孤獨，想到敬亭山再次尋找李持盈。他再次來到宣州敬亭山下，鄉人告訴他，李持盈和紀叟都已仙逝，李白悲痛萬分，絕望至極。在歸途中，李白客死當塗縣，把心留在了敬亭山上，結束了這段苦心之戀。

酒中軼事

飲酒之人，偶爾會發生些故事和趣事，留下幾段佳話，讓人難於忘記。

我從事寫作和圖書出版十餘載，來往於文人墨客之間。這些年來，積累了很多上了年紀的朋友和文化名流。與他們在一起，主要是清談和閒話，說些人文軼事。說來說去，都是圈子裏的樂事，多少有些熟悉和相識的人，在製造傳奇故事。

篆刻家胡憐眾先生和民族史專家何光岳先生，是我近兩年認識的「老友」，他們都已經有七十多歲的高齡，與我這個三十歲的小夥子在一起，少不了要說說當年喝酒的威風和狠勁，那就少不了拚狠和拚酒。我雖然不能豪飲於世，但是也是能飲之士，當然喜歡傾聽前輩們的佳話。

二〇一〇年九月，我到瀏陽市參加湖南劉氏宗親會。何光岳先生也是邀請的代表之一，與他相處兩天，我們飲酒作樂、吟詩作對打發時間。特別是第二天，上午結束會議，下午組織遊玩，何光岳先生提出一起去胡耀邦故居，祭拜給他平反的胡耀邦。我們中午喝了一瓶茅臺酒，四人驅車同行，路上比較興奮。何光岳先生多出上聯，我與其他兩位對下聯，非常有趣。後來提到茅臺酒，何光岳先生說起他與茅臺酒和胡憐眾先生的一段故事。

二〇〇八年七月二十三日，貴州茅臺酒廠家譜酒董事長朱德祥先生請何老設計酒瓶和作〈家譜酒歌〉。朱德祥先生送茅臺酒四箱共二十四瓶給何光岳先生做見面禮。何老作〈家譜酒歌〉：「家譜酒，家家有。尋祖根，宴親友。多品嚐，興旺久。自家酒，獨家有。大家要的是家譜酒。好酒，好酒，家譜酒。」表示酬謝。其實，何老在湖南文化名流裏稱為大酒客，長期有企事業單位朋友找他題詩、題聯，他卻賺取朋友的名酒名煙來消費。

胡憐眾先生在湖南省直機關文化圈子裏人稱酒中仙，曾經是好飲之客，後來因為一件小事戒酒，改為藏酒。在胡老家裏，有一面頂樓板的藏酒壁櫃，分六層，每層長約三米。所有名酒，都去掉包裝，密密麻麻地擠在酒櫃裏，其中稀世名酒甚多，有六百餘種，像個酒業博物館。所以，何老送胡先生一首戲餘詩：「老胡不喝酒，喝酒喝好酒。老胡不端杯，端杯好幾杯。」這首詩，在文化圈子裏流傳甚廣，常為我們傳誦。

二〇〇九年某月，何老請篆刻家胡憐眾先生吃飯，感謝胡給他雕刻的三副瓦型金絲楠木對聯，拿出了珍藏已久的最後一瓶一九八三年版茅臺酒。在開酒之前，何老講起了茅臺家譜酒董事長朱德祥送酒的故事。胡憐眾先生覺得這個故事很有文化味，這瓶茅臺酒很有紀念意義，值得永久性收藏，就阻止何老開酒，要何老把酒送給他收藏。

胡憐眾先生是何老的四大摯友之一，何老馬上把酒贈送給了胡憐眾先生。胡為了增加這瓶茅臺酒的收藏意義，要何老在酒瓶紙上題簽贈送事由，記敘這個美麗動人的故事。胡憐眾先生把酒拿回家後，特意到清水塘文物市場買了一個玻璃框，把茅臺酒包裝起來，作為酒櫃的鎮櫃之寶，很好的珍藏。這不只珍藏了一瓶茅臺酒，還珍藏了一段深厚的感情，讓我羡慕不已。

二〇〇九年十二月三十一日，何老給胡憐眾先生題詩：「一刀琢就乾坤書，遍蓋標籤萬紙朱。為留信譽稱當世，也傳仍孫展鴻圖。」（〈贈胡憐眾篆刻家〉）又在余三定著的《何光岳研究》扉頁給胡憐眾先生題藏頭詩一首：「胡為刀筆吏，憐憫下民蹊。眾人皆暈亂，印傳絕篆迷。」以此作為何胡的友情紀念。

二〇一〇年底，何老編輯完《何光岳印譜》，收錄了胡憐眾先生為其篆刻的五十多枚閒章。囑胡憐眾先生為其作序，胡憐眾先生作了〈話說《何光岳印譜》〉，代序。胡憐眾先生把〈話說《何光岳印譜》〉一文發給我，囑我修改一二，我認真拜讀完，為他們的友情激動不已，卻沒有改動胡老一字。

前日，我去拜訪胡憐眾先生，順便把自己寫他的文章〈藏酒篆刻養頤年〉的三種樣刊贈送給他，閒聊時又說起《何光岳印譜》，見我還沒有收到何老的贈書，胡老到書架上去找書送我，我想起了何老說的茅臺酒故事，要他帶我去看看何老送的茅臺酒。我們來到胡老臥室，在北面靠牆的地方，一面大牆是個整酒櫃，中間最顯赫的位置擺著一瓶盒裝的一九八三年的茅臺特供酒，何光岳先生親筆簽名贈送。

我由衷的感歎，他們這段收藏、這段感情，多麼的珍貴，值得我去學習。

我離開時，胡老囑咐我：「過些日子，我們一起去拜訪何光岳先生，再談軼事。」

一杯熱酒的溫度

文人飲酒吟詩作賦，留下不少佳話；小資喝酒談情說愛，留下許多青春回憶，為了一杯熱酒，相互訴說它的溫度和甜膩。

喝酒，酒精發作自然會產生熱量，在帶著寒意的冬天，如果有杯熱酒，也許更有回家的溫馨和浪漫，體味酒情酒景。在我認識的小資裏，大家還在為吃海鮮喝紅酒還是黃酒好時，已經由普通小資升級為資深小資的阿藕，已經在探索溫酒的情調和品味欣賞溫酒的時尚氣氛了。溫酒給人的是溫度和暖流，不是醉意和顫抖。

小資喝酒，講究適度，而不主張醉意，當溫暖的酒液緩緩的流入嘴裏，飲者越喝越清醒，越喝越有激情，添加那種閒適的心情，把持閒聊的風度，像品嚼人間美味和哲理。阿藕這個資深小資，是我們這座城市的人間尤物，不僅風情萬種，而且酒性不淺，又好酒，她從不關心自己的前身前世，只把握今生今世的舒服、快樂，對個人生活追求品味、格調，過得舒適、恰然。

我認識阿藕時，她已經是地道的資深小資了，吃喝玩樂，早就講究格調和品味，追求高尚和完美。半個月前，我與阿藕回了一趟老家新化。我的老家，在蚩尤故里，飲食習慣有些原始、特色，而且盛產米酒，飲酒、勸酒、品酒、釀酒等文化濃烈。我從小就受家鄉酒文化的薰陶和洗禮，學會品酒、釀酒、飲酒，做個酒人，熟悉米酒從生到熟的滋味、從甜到苦的酒性、從冷到熱的勁道。

回到我老家，阿藕一切都感覺到陌生、好奇，特別是看到了釀造重陽酒的全部過程，讓她興奮不已。親人用自家的米酒接待我們，為了表示對尊貴客人的敬意，父母特意用砂罐子把米酒溫熱，喝了燙燙的，進入喉嚨暖暖的，流入胃裏溫溫的，全身是熱熱的，阿藕馬上感覺到主人的熱情和和藹。

老家新化開始飄散著秋天的涼風和霜霧，喝著溫熱的米酒，感覺到鄉村一片陽光燦爛。阿藕從來沒喝過加熱的米酒，以為米酒天生就有涼意和勁道。喝了溫熱的米酒，找到了資深小資的感覺，馬上吟詩作對，硬要與我玩文字遊戲，那些懶散、高雅的文字搞得我應接不暇。在阿藕的眼裏，鄉村的秋天，是那麼金色燦爛、風采異常。

回到長沙，我又沉溺到了書山稿海，開始碼字作戰。幾天後，阿藕糾集了幾位資深小資，到她的住處品味煮酒賦詩的豪情義氣。我是阿藕邀請的唯一男賓，坐在阿藕寬敞的茶室，暢談文學、夢想。阿藕架起小小的火爐，酒精燈烤在玻璃瓶下，吡吡的發出聲響，我想起學生時代的化學實驗，就是這樣光景，不免感歎。

阿藕把米酒當茶，用小小的紫砂杯給我們盛酒，我喝著紫砂杯中的溫熱米酒，慢慢品味酒中的甜味和粘膩，米酒沒有粘糅，酒色澄清透亮，可以看見杯底，感覺到溫馨、高雅、舒適，像回到了自己的理想生活。

幾天後，我到永州出差採訪瑤族的遷徙，邀請阿藕為我擔任文字記要和拍攝。我們在江華的大瑤山行走了幾天，沒有找到我們所需要的東西和古老的瑤族，倒是喝了很多瑤酒，我才知道瑤酒是瑤民的生活必需品。喝著純清的瑤酒，溫熱的瑤酒從錫壺裏汩汩流出，雖然沒有冒熱氣，喝在嘴裏溫溫的滋潤著我的嘴唇。阿藕馬上來了情調，品味著帶溫度的瑤酒心曠神怡，留下兩句：「瑤鄉美酒最多情、瑤酒回味自多情。」

瑤酒是一種無色無味的米酒，當我與阿藕喝下去後，慢慢的醉著了，醉了很久才醒過來。雖然我與阿藕慢慢的向深醉靠近，資深小資的阿藕，還是高雅的姿態出現，她那迷人的風采，完成了她的使命，把當地人給嚇倒。

回到長沙，第二天早上我還沒有起床，阿藕就來電話，找我帶她去清水塘買錫壺。這讓我想起了我的爺爺，他曾經常用錫壺溫米酒、白酒，每次溫熱米酒，都要我給他試試溫度，他再喝。我就告訴阿藕，我爺爺還用錫壺溫白酒，有時間可以試試溫白酒喝。我們來到清水塘，找了很多古董店，很不容易找到把錫壺，是清代光緒年間的古董，花了三百元錢買下，打的回家去溫酒言詩。

長沙酒吧

紅塵滾滾，想融入世俗的酒吧生活，追求身心的溫馨，感受長沙時尚前衛的生活方式，請去酒吧一條街的解放西路。

泡吧、玩、吃是長沙人的幾大主題生活。美食之城長沙，吃文化與酒吧臨近，就像魔鬼與野獸，佔據著人的生活。有酒有音樂有很多人，既是酒吧也是餐館的共同點。在吃喝玩樂裏，長沙人不會輸給任何地方的人，把工作外的精力揮霍掉，那是真理。年輕人最愛去的是酒吧，在那裏迷惘的陶醉；單身男女，消除孤獨寂寞時，也選擇酒吧，迷戀異性的身軀；更多的是帶著畫鬍子（情人）去那喧嘩的地方消費，尋找肉體的志趣和在酒精麻醉後用歡樂取暖。

在「沒有迷茫的感覺，去了也是清醒；沒有知心的朋友，去了也是獨醉；沒有興奮的激情，去了也是頹廢」的傳說裏，那就是長沙酒吧的代名詞。一張張充滿誘惑的面孔，猶如盛開的欲望之花，喚醒心靈底層的衝動，是長沙酒吧男女的面部表情，也是他們心靈深處灰暗的底色。

庸俗而忙碌的城市生活，需要感官的刺激和肉體的激情，攪覺沉睡的生命動力。震耳欲聾的搖滾吶喊，誘人的酒色情懷，炫目的燈光閃爍，怪異的笑容媚眼，動物性的好奇獵勝都歸融於酒吧，擴大一個浮躁的包容空間。孤單的思念勝於重病，痛苦愁腸無聊等待傾訴，只好把金幣存入他人的錢櫃，再典當自己的靈魂和肉身，去酒吧消滅孤獨和苦惱，感受酒吧文化的繁榮昌盛。

長沙人不適宜獨居和思考，人人都不願意面對孤單和牆壁，三五成群的聚會，是餐桌、舞廳、酒吧，都不太要求。生活裏喜歡帶點情調，也愛做些空路子（沒用的事或無聊事），常有三五個相知相趣的異性朋友，或者是興趣相投，或者是身體相己，時時糾纏不清，形影相近，也有更多的浪漫故事和婚姻大戰。肉體的相親相愛，並不代表一輩子的守侯，也許是衝動和激情，更多的為了表達放縱、開懷，追求輕鬆新鮮。這些都被長沙人帶到了酒吧，營造成特色的長沙酒吧文化。

長沙酒吧是另類，不在於酒水和情調，在於表演藝術，酒客大口喝酒大聲聊天，欣賞熱鬧又豐富節目，越是熱鬧的地方就越紅火，越是有表演的地方越有人氣。酒吧還要劃出一快地方來搞演藝，請長沙各大歌廳最當紅的主持人及電視臺的當家花旦，到演藝場逗笑搞怪，讓酒客時刻處於亢奮和買酒狀態，更多的掏錢消費買醉。演出的節目有歌曲、舞蹈、魔術、婚紗秀、器樂表演、非洲人街舞、泰國紅藝人表演、光管藝人表演等，很多都具有低俗的性挑度和尋求異性意識，這最具代表性的是魅力四射酒吧，大家都喜歡去膨脹自己的欲望。

據媒體評價：全國的酒吧文化，北京酒吧在於品種繁多，上海酒吧在於情調迷人，深圳酒吧在於激情肆溢，長沙酒吧在於低俗異類。這是一個比較公平的評價，也點出了長沙酒吧的特點。

一九九八年，Top One跳舞吧在解放西路開業，深圳版的早期酒吧風格，引導了解放西路的氾濫。二〇〇〇年，滾石跳舞會在武百平方米內創造一個商業奇蹟——五個月收回投資，開業第一天毛利達二十五萬元，引領全國酒吧文化熱達到高潮。

長沙酒吧分迪吧勁歌熱舞，重金屬快節奏受年輕人追捧；概念吧休閒和輕音樂塑造氛圍；綜合吧有重金屬音樂和節目演藝，流行於白領之間，歌舞混雜人聲喧嘩，成湘派酒吧標誌。長沙酒吧，承傳了長沙歌廳文化，把表演和互動融合在一塊，除了酒、色，就是狂熱的舞動自己的身軀，揮霍自己的青春。在那搖擺的身軀裏，欲望在燥動，宣洩的閘門打開，放鬆與再放鬆，醉死與想醉死都是他們的極樂。

長沙酒吧，集中在解放西路和黃興路的交匯處。從定王台到賈宜故居這個不到千米的街道上，酒吧林立，一家挨著另一家，競爭著這裏的黃金地盤和商業人氣。解放西路這帶，曾經是長沙王劉發的城台和漢賦大師賈宜的居所。幾年裏，南來北往的商賈文人多聚於此，興詩作文，美喻流傳甚多。也帶給了現在許多文人的懷念和嚮往，流連在時尚與文明的氣息裏。因為黃興路步行街和解放西路酒吧一條街交匯，白天最繁忙的是步行街的人流，摩肩抵肘，流落著美女的時尚身影和購買欲望；晚上十點過後，燈影下出現酒吧的嚎喝，白天流連步行街的美女擠進解放西路的酒吧，變成激情的血液，在酒桌邊搖擺。

酒情

我除了碼字、讀書，就是在酒吧、歌廳、舞廳、茶館「亂竄」，打發一天的剩餘時光。有人開玩笑說我是「流民」，在文人之間流浪，其實，我是把空閒的時間獻給了喜歡私聊的朋友。

我游離於文人間，那只是外表，實際是為了工作。我的職業是圖書編輯和報刊寫手，主要與圖書作者和報刊編輯聯繫，因為工作需要，常常要抽出空閒來與他們交流或者閒聊，很多時候不在辦公室，常被他們約到外面，找個合適的地方放鬆放鬆。這些地方，由他們來決定，他們喜歡去茶館或者酒吧或者歌廳或者舞廳，我只好奉陪。

文人相聚，少不了煙酒相加相敬，不喝酒不抽煙的作家，只要混進文人圈子，有人會告訴你，李白鬥酒詩百篇、魯迅為煙生死，你不得不隨大流抽煙喝酒。

我浪跡文人圈子十餘年，早已染上煙酒並重的惡習，有時還要忍受白紅啤三色酒的考驗。我混跡兩個圈子：一個是作者圈、一個是出版圈。作者圈都是作家，幾個人在一起不喝酒就不成席，上桌就要端杯喝酒。我混的作者圈都是老油子，長沙城的常客，他們吃飯時喝酒、唱歌時喝酒、跳舞時喝酒，泡茶館也喝酒，回到辦公室還是酒氣薰天。出版圈主要由出版社的編輯組成，喝酒時常常是針對作者。圖書編輯上午抓緊工作，中午與作者酣戰酒桌，直到下午上班離席，才算第一輪戰鬥結束，下午酒醉剛緩，第二輪戰鬥又打響了。我常去的出版圈場子是松桂園的金太陽，每次酒戰還沒開始，大家都是慷慨陳詞，三圈下來，往往倒了一半。朋友幾個攙扶到洗腳城，有興趣的還可以喝酒，醉了的就洗醒。

還有班朋友，夜生活很豐富，常喜歡糾集起來搞點酒活動。他們的夜生活有三部曲，從下班到凌晨三四點不歇氣。他們的慣例是先找個地方吃飯，嘗試一下新發現的美食陣地，飯後已經是晚上八九點，都有六分醉意，再去歌廳或者舞廳吼叫幾聲，緩解些醉意。大夥擠個包廂，喝口茶水，來塊點心，加兩箱啤酒，邊唱歌邊跳舞，一曲完後，大家碰杯飲酒，不認識的朋友也熟了。十二點過後，歌唱泛了，選擇個夜宵攤補充點營養，吃點長沙特色小吃，吹著長沙夜風，喝杯散場酒，有車送沒車的回家。

我們這群人自稱酒人，在對方眼裏就是酒友。喝的次數多了，都知道每個的酒量，想少喝都沒門。自禁止酒後駕車後，我們這些酒友的生活全亂了套，都不敢亂喝了，有車的常拿要開車來擋駕。我們的酒文化根深蒂固，這一下無所適從。戒下不了決心，不戒擔心受怕，在兩者之間徘徊。我這些沒車的，還是繼續喝，喝醉了打的回家。我有種明顯的感覺，以前敬酒非喝不可，現在敬酒已溫柔多了，喝不了也不再往死裏灌。開車來的朋友，申明要開車，我們不再勸酒，任其自然；沒開車來的，喝到適當時刻就可以了。

酒後駕車抓得越來越嚴，我們這些酒友形成了對立的兩派：一派是有車的，在要開車的情況下，他們滴酒不沾；沒車的偶爾替開車的喝兩杯。因為這個我很慚愧，常譴責自己多喝了別人的酒。慢慢心裏產生一種抵制情緒，不太願意聚集與文友喝酒酬唱。唱歌、跳舞時喝啤酒的習慣也被取消，大家用熱茶代替，或者嗑點瓜子、或者吃點點心。空閒的時候，我們就多交流，收穫很大。

隨著時間的流逝，我對酒的欲望越來越小，文友們對酒的激情也不再激烈。這段時間，我們聚會的次數更多，交流的時間多，得到的東西也越多。以前常被酒精麻醉的思路，一下開朗多了，每到晚上十點，我就回家。

中秋酒詩

農曆八月十五是中華民族的傳統節日中秋，從周代開始，中秋晝鼓擊土鼓吹豳雅以迎暑，夜迎寒亦如云。到唐代，約定俗成中秋以賞月、拜月、玩月為主，還把飲酒團圓合併在一起，作為闔家佳節，宋以後又把果酒慢慢轉變為黃酒、白酒，加上月餅等物。

古代文人詠月飲酒的行為習以為常，以酒月為題材創作的詩詞比比皆是。文人墨客，他們的愛好很少，喜歡做一些高雅之事，酒是他們靈感的源泉和激情的酵母，月亮是他們思鄉的靈物和想像的媒介，二者合而為一，也就是詩人悲憤的力量，從而生髮詩歌和文學。

詩人中好酒、嗜酒之徒不計其數，陶淵明愛酒寫下飲酒二十首，李白飲斗酒作詩百篇。酒使他們產生快感，興致大增，又麻痹他們的神經，消解愁緒，蹦出幾個文字；留下的只是中秋的暢懷開飲和興奮賞月，詩人神思飛揚、豪情滿懷、詩作連篇，才是他們內心的渴望。

李白是詩仙又是酒仙，詩酒月三者組成了他的生活和生命，在李白的生命長河中，以流浪和寄居為主，思念家鄉和親人是他的兼職，佩劍豪情，本來是他的職業和夢想，卻因為他本身的柔弱，寶劍只是他隨身佩戴的裝飾之物，並沒有俠義的豪舉。這也許就是李白一生的遺憾。他很多時候無法發揮自己寶劍的功能，總是惆悵滿懷、鬱鬱不歡，形成他詩歌裏的愁情和字面上的酒月。當皎潔的月光出現在李白面前，藉著酒的力量，李白回到了他的豪情時代，也恢復了他的俠義之舉，所以在他詩歌裏，既有豪情、俠義，又有惆悵、膽怯。

中秋這個佳節，外觀的酒、月等物質都具備，還有環境和氣氛的和諧，不只是對親人團聚非常重要，對我們的作家、詩人同樣重要，有的時候更甚於他（她）的生命和作品。詩人、作家的存在和價值，其實就是作品及作品的催化劑，月亮和酒是作品的催化劑，催化詩人、作家潛在的寫作能力和文學作品，留給後人去賞讀、品味、思索。

也許，在詩人和作家的心底，有一個這樣的情結，中秋節就是詩人的酒，隨著他年齡的逐漸增大，酒越來越醇，越來越懷念，中秋在詩人的心底糾纏越來越緊。月亮是非常美的，在詩人的審美過程中，月亮就是一首優美的詩，吸引他欣賞和描述，記錄下來的文字，就是我們讀到的詩歌和詩人的影子。月與酒在許多時候宛如孿生姊妹一樣無法分離。月屬於陰柔之物，酒則為陽剛之器。陰柔的月增添了詩人的飄逸瀟灑，陽剛的酒助長了詩人的豪邁快爽。一陰一陽、一柔一剛奇妙結合，構成詩人詩酒月的特色和中國藝術。

李白好酒，又迷戀月亮。在他朋友杜甫的〈飲中八仙歌〉裏描述，「李白鬥酒詩百篇，長安市上酒家眠。天子呼來不上船，自稱臣是酒中仙。」更讓人迷惑的是把李白的死也與酒和月光糾集在一起。五代王定保〈唐摭言〉說：「李白著宮錦袍，游採石江中，傲然自得，旁若無人。因醉，入水捉月而死。」《舊唐書》說李白：「竟以飲酒過度，醉死於宣城。」李白賞月飲酒醉死的傳說在唐代就流行開來。這樣的傳說充滿了浪漫色彩，更擴大了李白飲酒的名聲和文人要喝酒的佐證。讓多少後代文人墨客產生不少猜想和聯想，把李白狂放不羈、戲謔萬乘的個性無限放大，把「人生得意須盡歡，莫使金樽空對月。」讓後人遵循李白的「花間一壺酒，獨酌無相親。舉杯邀明月，對影成三人。月既不解飲，影徒隨我身。暫伴月將影，行樂須及春。我歌月徘徊，我舞影零亂。醒時同交歡，醉後各分散。永結無情遊，相期邈雲漢。」（〈月下獨酌〉四首其一）

李白兼顧盛唐人俊爽朗健的精神、傲岸不屈的品格、恢宏豪宕的氣度、脫塵超凡的情懷以及英雄豪俠的氣概於一身，與酒月自然聯繫，不受理性和官場約束，充滿解放和超越的精神。李白認為：「天若不愛酒，酒星不在天。地若不愛酒，地應無酒泉。天地既愛酒，愛酒不愧天。」

第八輯

飲食副談

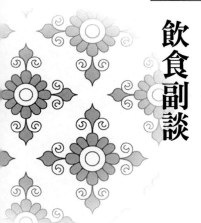

一口冷菜

夫妻之間，對於愛的表達，已經超越了情侶的語言和親昵，多用一些習慣的小動作和獨特的行為方式來表示，我的父母就是一例。

小時候，我無法理解父親的一個習慣。父親每天做手藝回家，進家的第一件事是把主家給他的零碎食物搜刮出來，交給母親分配給我們四姊妹。接下來的第二件事，父親一個人走進廚房，尋找我們吃剩的冷菜，再吃幾口。每次都吃得津津有味，好像嚐到人間美味。

我小時候生活在鄉下，每天的菜蔬無非是蘿蔔白菜之類的蔬菜，我覺得並沒有什麼好吃之處，到父親的嘴裏卻這麼香甜可口，很難理解。

父親的手藝是彈棉花，給人家做棉被，鄰居叫他彈匠師傅。農村有規矩，凡是請工匠，主家每餐必須有肉菜招呼工匠。我想，父親每天可以吃到肉，為什麼回家還要尋找蔬菜吃呢？母親給我的解釋是工匠是客人，做手藝不能貪吃。母親就給我講做客人的禮節，吃菜只夾自己面前的菜，不能在菜碗裏翻，更不能夾別人面前的菜。肉菜只能點到為止，最多吃三兩塊，一般一餐吃一塊把；其他菜蔬，也是適可而止，下飯即可。我對這些禮節，倒信以為真，一直嚴格遵守。

父親常年做工匠，不懂廚藝，也不下廚。記得小時候，母親回娘家看望外公，在外公家住了一晚。父親不會做飯菜，大姐煮好飯，等到晚上七八點，母親還沒回家，父親給我們四姊妹炒了一個醃菜，菜炒糊不說，沒油沒鹽，味道怪怪的，我們四姊妹都不吃飯。第二天，母親回家，父親發了一通脾氣。以後，母親回娘家，每次都當天回家。

我們漸漸長大，熟悉了父親吃冷菜的習慣。很多時候，我們姊妹吃到好菜，都要給父親留菜，等他回來吃。我們家也養成了一個習慣，不管吃什麼菜，沒吃完的堅決不倒掉，把剩菜裝成小碗，收進廚房，等父親晚上回家來吃。這樣的習慣，一直延續到現在。

我進城工作後，母親來電話，突然告訴我父親犯了胃病，病得很嚴重，緊急送往長沙。我正在長沙，陪父親到湘雅醫院做了檢查，專家診斷，父親患淺表性胃炎。在準確診斷後，經過一段時間的治療，父親的胃病有所好轉。從事醫務工作的妻子告訴父親，要他注意飲食，不能吃酸冷食物和煙酒。從這以後，我一直思索父親的病因。

我在家裏，常常由我主廚，操持家宴。妻子的工作比較穩定，遇上下班時間來了病人，她總會診斷完病人，才肯下班。有時候，妻子要晚個把小時回家，趕到家，錯過了吃晚飯的時間，我往往要她在單位吃了晚飯再回家，這樣就不會餓肚子。回家後，妻子還會吃一餐，多是吃菜，我就會給她去熱菜。有的時候，妻子見我很累，就吃涼的，還要誇獎我的菜做得好。

我的生活習慣很有規律，極少加餐，也不吃冷食。吃冷菜的感覺，我根本無法體會。

這段時間，妻子回娘家休假。我忙於工作，每天在家吃頓飯，吃剩的菜放在冰箱裏。昨天晚上，我工作到十一點多，覺得喉嚨癢癢的，想吃點冷東西。到冰箱裏一找，只有一盤煎豆腐，我吃了幾塊，開始覺得舒服。當我準備把剩下的幾塊豆腐全部吃完時，身子打了個寒顫，一股冷意襲擊全身，我就放下了。

我才知道，冷菜並不好吃。父親堅持吃母親做的冷菜，其實是種愛的表現，在讚美母親的廚藝。我突然明白，父親的胃病是常年吃冷菜的結果。

廚房湯補

妻子是個專制的女皇，包辦著我的衣食。我求之不得，把事情的操心都轉交給她，有事也懶得管，聽之任之。

妻子在獨立中卻有著依賴的惰性。她生長在西北，過著父母照顧的生活，來到湖南，連簡單的菜都還不會做，我出門就得給她炒上幾天的菜放在冰箱裏。做飯菜是我的長處，湘菜做得很地道，色香味一應俱全，其他地方的菜也學過一二。

我倆結婚，她有恃無恐，把做飯菜的義務交給了我，自己就不進廚房。可是，她有個愛好，喜歡安排每天的生活，主要是關於吃的計畫。妻子常去菜市場轉，看到新鮮菜或者南方特有的菜蔬，都要買些回來，吩咐我做成湘菜或者她喜歡的四川口味，吃著那菜，口角流著甜蜜的笑，偶爾也讚賞幾句。

妻子愛拉我去買衣服，她給自己買，我很有耐心，幫著看面料、砍價。她卻總是喜歡給我買，說要把我打扮得帥氣點，好出去見人。我就很煩躁，不是怕妻子說我醜，還是不喜歡買衣服這檔事。

說實話，我天天與三流九教的人來往，是應該注意些穿著。但是有個毛病，不喜歡買很多衣服放在家裏擺設。妻子總是有她的理論：春季的衣服要四套，夏天的衣服要五套，還有背心、短褲等。我不想煩她，有時讓她拉著去買一兩件。妻子卻不依不饒，一定要按她的想法買上多少件。還有，妻子有個毛病：買衣服要按她的眼光來要求，我看上的不給我買，她看上的非買不可。

我是個傳統的男人，衣服穿著喜歡傳統些，顏色講究深色。妻子說我穿得很老氣，要把我打扮得陽光點。她看上一件花襯衣，有些碎花紋，帶點女人氣。我小心翼翼的說這件衣服我穿不適合，還是大氣點的精神些。她就帶我走進另一家服裝店，看上一條淺紫色褲子，要我試。我一看顏色，我怎麼也穿不出來。悄悄地對妻子說：「走，去其他地方看看。」

妻子很生氣，賭氣衝回家。

我知道她脾氣，提著買好的東西跟在後面。妻子回到家裏，跑進廚房，關著門自己做飯菜。這是她一慣的作風，我也不加干涉。

妻子進廚房的目的是要自己學著做菜，誓言鍛煉自己，要比我做得更好。我做菜喜歡清淡，不加配料和味精等。妻子認為我不聽她的吩咐，她要地道的四川味。但是，妻子做不了一兩道菜就沒興趣了，也許是這些細活把她累著了。把我拉進廚房，看著我洗菜、切菜、炒菜，她就到旁邊指導，先放什麼、再放什麼。我按著她的吩咐一樣一樣的做，直做到她認為可以為止。

妻子喜歡吃岳父的豆瓣醬，特地從敦煌帶了一大桶回長沙，常在菜裏加一兩勺。我吃得少，不太習慣，有些菜裏沒放。妻子生氣時，就要在菜裏放很多的豆瓣醬，說這樣香，味道好。我只好默默忍受，吃飯時大口大口的吃菜，就這樣，我學會了吃豆瓣醬，也習慣了吃豆瓣醬。

滿足了妻子的豆瓣醬後，我就說她生氣的事，曉之以理、動之以情，批評、褒獎兼用。她聽後，覺得自己確實不對，要求我原諒。到最後，她要說句俏皮話：「老公，你雖然是家裏的首長，但是，我是首長的領導，你要執行我的命令。」

第二天，妻子買些排骨或者其他補品回來，自己下廚燉一鍋湯，為我彌補她生氣的過失，說著賠罪的話，嘻嘻哈哈把湯喝完，感情也增進了一層。

一碗情深

在家裏，我只能算得上一個廚師，給妻子做做飯菜。妻子倒是個地地道道的讀書人，一般情況不下廚，就是下廚也只做我喜歡吃的那兩道菜。我就乾脆把她的職務給免了，送她回書房面書思過。

自從我下廚以來，妻子開出一份菜單，菜單的前頭是每餐必有一湯。其實，在幾年以前，我還是蠻注意生活品質的，每餐三菜一湯，葷素搭配。但是，四年前，與某叔叔合作一個叢書，地點在湖北黃州，每次出差都是半個月以上，同行又只有兩人，伙食問題很不好解決。單位卻只給我們每天補貼二十五元錢的伙食費，我們就一餐只能點兩個菜下飯，想喝湯又怕餐費超標，就只好要一瓶一塊四毛錢瓶的啤酒作湯。那個項目做了兩年，我就慢慢把喝湯的習慣給忘了。

後來，我換了一家單位，雖然工作不是那麼累人，但是過起了天天加班加點寫稿的日子。那些日子，我下班沒有回家，就待在辦公室寫作。吃飯只好就近解決。辦公樓下有好幾家炒盒飯的店子，打個電話可以送，但是沒有湯。我下班懶得下樓，就打電話訂盒飯。吃了飯又在電腦上堅持碼文字的戰爭，戰鬥到晚上十點才回家。

妻子今年才與我結婚。她不是那種小資女人，但是，她是一個很傳統的醫生，很注意家庭生活的營養性，對吃非常講究食物搭配。她發現我不喝湯，就把我當一個重病患者治療。

我的廚藝精於菜，湯卻做得不咋好。妻子出嫁前在家做過一段時間的飯菜，學會了一手做湯的絕技。特別是冬瓜蝦米湯，做得非常的地道。冬瓜是美營的佳品，蝦米入湯是增加鮮味的極品。冬瓜蝦米湯裏蝦米有淡淡的鹽味，可以慢慢的嚼，細細的品，感受蝦肉軟和鹹香；久燉的冬瓜，入口即化，只要輕輕吮吸，冬瓜就滑過齒間，留下滿口的清香；湯裏還冒幾點油星，漂著幾朵蔥花，那是一碗詩意的冬瓜蝦米江湖，吸引我們的愛戀。

隔兩三天，妻子就要親自下廚做一碗冬瓜蝦米湯。

吃飯時，我照例先扒碗裏的飯，吃飽了就放下碗看妻子吃。妻子喜歡飯前喝湯，給每人舀一碗，我卻很難完成她的任務。妻子就改為邊吃飯邊喝湯，吃幾口飯就抓把勺子，舀一勺獨自一人品味。妻子品完一勺，就會接著舀第二勺，舀好塞到我嘴邊。我本不喝湯，也不好打消妻子的激情，就喝一口，再把勺子推給她，她就接著喝完。妻子看出我的心思，就用勺子舀湯給我喝。就這樣，你一口我一口的很快就把一碗湯喝完了。

喝得多了，有時我還真想喝點湯潤潤喉。看著妻子喝得起勁，我也偶爾抓起勺子舀一勺，自己喝點或者送到妻子嘴邊。當我們看到光光的碗底，都會會心的笑笑。

我看一本書上說，夫妻的感情是透過家庭生活來增加的。我想，我與妻子的感情也許就是驗證，我倆的感情就那麼一碗深，卻盛裝著我倆這個家。

「高貴」的馬齒莧

長沙人好吃已經小有名氣，經過三十年的努力「吃」，終於成就了自己的飲食湘軍，給湖南人盡了一份力氣。何謂飲食湘軍呢？主要的方面還是要歸功於長沙人對吃的「大膽」和勇猛，爭先恐後的去嘗試許多陌生的野草，岩石上的馬齒莧就登上了長沙人的大雅之堂。

我還小的時候，常到市郊的姑姑家去，她家屋後邊的岩石坡上有大塊的馬齒莧，長得欣欣向榮的樣子，我就想帶些回家。問姑姑能夠吃嗎？答曰：「豬吃！」我從此就記住了馬齒莧是豬吃的。以後瞭解得多了，才知道豬也不常吃，還是人懶才隨便找些馬齒莧塞給豬吃的。馬齒莧喜歡生長在潮濕的岩石上，每年隨著長江流域的梅雨季節的到來，馬齒莧就在岩石上開始青綠起來，帶著白嫩，閃著迷人的銀光。

我漸漸的長大，對湖湘的飲食有了濃厚的興趣，學著文人的樣子在長沙的街頭品味美食，尋找流失在街頭巷尾的名肴小吃。馬齒莧跟著我一起進入了湖湘飲食界，作為湖南的一道特色地方菜供上餐桌，我也成為了它的食迷，並且還尋找機會反覆品嚐。

馬齒莧做成菜的工序很繁瑣。最先要選擇原料產地，最好的產地是寧鄉流沙河鎮，還要在夏天長得最茂盛（最嫩）的時候採摘，用流水沖洗泥砂，並且要快速陰乾，再切成一點五釐米長的小段，這樣還只做出了馬齒莧的原料。在炒菜過程中還要去腥味、去澀味，這些更加繁瑣。烹飪時要把鍋洗得特別乾淨，豬油燒熱，再倒入洗水的馬齒莧，炸上五分鐘左右，加少許鮮紅辣椒米、鹽炒，直到香氣（水氣、濃香）成水柱上升，再加雞精出鍋。在長沙，還有很多的菜館做不出這道菜，做得最好的是紅太陽連鎖店，還有幾家四、五星級的酒店也做得可以。

吃馬齒莧有些講究，菜要以素菜為主，最好少吃米飯，點上一盤寧鄉粑粑或者寧鄉糕點。剛出鍋的馬齒莧是金黃色的，不能馬上吃，要先夾在碗裏等它稍涼（變成黑色）再吃，就沒有澀味只有香味，嚼時很綿，嚼斷才知道很嫩，又有點脆，卻很爽口。如果還喝點紅酒慢慢品嚐，就能品出細膩，又能品出人生，讓您感慨人生如草。

蒸茶

結婚一年，還沒見過岳父，兩家都在抱怨。春節來臨，不得不停下手頭的工作，打點行李去甘肅。選擇見面禮時卻有些為難，平時只知道岳父喜歡喝茶，又不知道他喜歡啥茶，雖托親戚帶過一些茶葉給岳父，卻沒有回聲。我以為生活在西北，都喜歡喝茯茶之類的濃茶，斷然買了些味重的沱茶、烏龍帶去。

到岳父家，沒見有茶壺等器物，岳父岳母喝白開水解渴。我待慣了辦公室，養成了喝茶的壞習慣，工作清閒時，喜歡泡杯茶享受生活，悠閒的端著茶杯上網聊天，打發多餘的時間。我在客廳廚房巡視半天，沒有找到茶葉，又不好問岳母。妻子坐在客廳裏看電視，見我晃來晃去，知道我在找東西，就問我要什麼？我說想喝茶，岳母馬上說：「吃了飯，要你爸給你蒸一碗就是。」我聽了很納悶，茶怎麼能夠蒸著吃呢？

吃完中飯，我把餐桌收拾乾淨，岳父就鑽進廚房，久久不出來。岳母組織我們下午散步，大家都準備好了行裝，只有岳父還待在廚房，我在廚房門口轉悠幾次，不見岳父動靜。最後，我走進廚房，問：「爸爸，你在忙什麼？」他說：「蒸茶。」又揭開電飯煲的蓋子給我看，鍋裏開水沸騰，中間的搪瓷碗盛著半碗紅糖水，每片茶葉都舒展開來。

散步時我想：茶葉開水蒸騰後，茶的清香被帶走，剩下的是泡出來的茶水，茶水一定苦澀味淡。西北人是不是都喝這種茶水？我把這個想法與妻子說了，一旁的岳母說：「這是你爸的鬼方法，別人用茶杯泡茶。」岳母笑了笑又說：「你爸還吃茶葉呢！」

散步回家，岳父端出蒸好的茶，問我和妻子喝不喝。我不敢喝，搖了搖頭。說實話：我喝茶，一不是品，二不需要茶鹼的刺激，只想享受茶葉的清香氣息。妻子直搖頭，又不敢罵岳父的不是。岳父端起碗，一仰脖子喝光，露出一副幸福的笑臉。岳父把茶葉用手指刮到一起，再塞進嘴裏，邊嚼邊露出得意的笑容。岳母開玩笑的說：「你們看，又開始『牛飲』了。」我感覺岳父很奇怪，與普通人的思維和行動都不同。

後來，我慢慢瞭解到，岳父隨年齡的增大，消化功能減退，常喝茶可以促進消化，減少胃脹。岳父當兵出身，文化層次不高，退伍分配到西北支邊，生活沒有講究，造成了他後來的個性。岳父習慣成了自然，有空閒就蒸茶，這樣生活了二十年。

我偷偷的從岳父茶碗裏倒了一小杯茶水，躲在廚房裏喝，茶香味雖然不濃郁，也不失清香之美，茶水微苦，還有股甘甜味。回湖南後，常給岳父買些清淡的茶葉，囑咐他用開水泡服。

兩年後，我工作調動，常與喝茶賣茶產茶的朋友在一起，認識品茶的人非常多，朋友們知道我品茶，偶爾送兩包樣品茶讓我嚐嚐，我總捨不得喝，就留給岳父，讓他嚐嚐新鮮茶葉。岳母常嘮叨岳父：「這是好茶，不要浪費了。」

今年春節，我到甘肅探望岳父，他喝的茶葉少了，也學著用杯子泡茶品。我卻覺得少了些什麼，又不知道到底少了什麼，總在心裏琢磨。

涼薯滿月

家鄉的中秋，正是涼薯成熟的季節，每家拿出滿意的涼薯讓鄰里誇獎，那是多麼的榮耀。長住城市，涼薯的記憶早已遠去，中秋的氣氛也不再濃厚。我很懷舊，記憶常停留在美好的歲月，轉不出門檻。

母親是中秋節的主人，節日的活動由她安排，我們的工作也由她派遣。中秋，對於我們那個家來說：是個非常重要的日子，也有著特殊的含義。母親每次早起，吃罷早飯就安排我們姊妹幾個的事務，從準備菜蔬到請爺爺奶奶團圓及包裝禮品，都是我們工作的細節。我們其實也幫不上母親的大忙，只能做點細小的事情，或者跑跑腿。我們跑前跑後，主要是為了讓全家忙碌起來，營造節日的氣氛，過上更加滿意的中秋。

母親每次都要交給我兩件事：一是到池塘裏採摘剛長成的高筍，二是到地裏挖涼薯。

高筍比較稀少，過節才扳幾支，主要用途是做菜。我們中秋節要吃一個特別的菜——高筍炒牛肉。牛肉在家鄉是種比較少見的肉食品，也很少有人吃新鮮的，多把它臘乾了吃。唯獨中秋節，要吃新鮮牛肉，鄉俗叫斷青草毒。

涼薯是家鄉的普通作物，家家戶戶都種，拳頭大小一個。唯獨母親種的涼薯個大飽滿粗粗壯壯，有腦袋大小。聽奶奶說過，母親的手旺，種涼薯個大。我卻認為，母親種涼薯的地方土好水足。那是小山坡上的一個坎，大概十米長，一米多寬，土質肥厚，泉水不斷，母親看它種什麼作物都太小，就種百來蔸涼薯。這樣一來，正好滿足了涼薯生長的需要，也完全利用了土地。母親每年在那裏種涼薯，夏天不會旱死，而且生長得特別快，每年七月半，土地就裂開一條一條的縫，透出涼薯的個兒。

我挖涼薯，一般挖十來蔸，大概有二三十個，分兩次背到坡下的溪邊，浸泡在溪水裏，把泥巴洗乾淨，扛回家放在堂屋的八仙桌上。有客人來，母親送他一個涼薯當茶，有種地的人路過來家歇涼，送他一個涼薯解渴。這樣，涼薯要送掉一半，到晚上就剩不了五六個。

農村，進入秋季，山野的毒素開始狂野，生水不能喝，蜂蟻蟲蛇毒性大，涼薯解渴又祛火。母親要我挖涼薯，主要是為了晚上團圓。吃完晚飯，我們姊妹幾個把八仙桌抬到前坪，放在月光底下，淋浴著皎潔的月光，擺上月餅、涼薯，大家圍坐一圈，父母對天祭祀。

父母不是指腹為婚，也不是家長作主，還是自由戀愛。他們就是趁著八月十五的月光，尋找他們的感情世界，在皎潔的月光下，指天為媒，以地為屋，結就了美滿姻緣。父母為了懷念那美好的日子和感謝十五的月亮，往後的中秋，父母一定大祭。

涼薯是父母愛情的證物，父親送給母親一個碩大的涼薯為信物，母親第二天提著涼薯趕到父親家來見公公婆婆，奶奶才把種涼薯的絕活傳給母親。

每當中秋，我都要回憶父母的這個愛情故事，也懷念那樣的涼薯滿月。

一雙筷子的守侯

行走是我的愛好，一年四季常在各地奔波，留下了許多記憶。一雙筷子，也隨我旅行了不少地方，在旅途中增添了許多故事。

說起這雙筷子，首先要從我岳母說起。我結婚那年，岳母從甘肅來長沙看望她的女兒，路上要倒轉幾次車，四五天才到長沙。岳母手指不能用力，吃東西要用一雙圓的鐵木筷子才能夾住食物。她老人家還不習慣勺子、叉子吃食物，特地從家裏帶了一雙鐵木筷子在火車上吃速食麵。

岳母回西北，收拾東西時忘了帶走，就留在我家。我們吃飯不喜歡用笨拙的鐵木筷，就把它擱置在廚房的碗櫃裏，一直沒有去管。

我吃東西不喜歡叉子，覺得很彆扭，喜歡用很結實的筷子。每次去外地出差，都交代妻子給我在包裏塞一雙筷子。妻子知道這個習慣，就準備了很多方便筷，每次都塞四五雙筷子在包裏，我用完就把它們丟了。有同事與我同行，常能在我包裏得到一雙筷子，因為這雙筷子，很多同事都喜歡與我同行。

妻子是醫生，常交代我按時吃飯注意身體。可我坐上火車，吃速食麵就不來勁，只好減少次數。到青島出差，與同事一起回來，他到我家坐了一下。妻子問我們吃了早餐沒有，同事說我們昨天晚上十點才吃了速食麵，今天還沒吃早餐。後來，妻子怕我敷衍她，把岳母的筷子放在包裹，交代我一定要帶回來檢查。妻子透過檢查筷子上的油跡來督促我的飲食，我就帶著岳母的那雙鐵木筷子滿世界的旅行。

與同事去北京出差，吃泡麵時我拿出鐵木筷子，同事羨慕的說：「巴陵，你的命真好，出差都有嫂子陪護，成雙成對的。聽別人說，你每次出差都多帶了一雙筷子，今天能夠給我一雙嗎？」我在包裹找了很久，終於找出了一雙。回到家裏，妻子問我還有一雙筷子那裏去了，我告訴她給同事用了，妻子竟然哭了。妻子告訴我，那雙筷子是她結婚前專門用的，放在我包裹是讓它陪伴我的。聽了妻子的話，我雖然遺憾，心裏卻幸福著。

上次去甘肅看望岳父母，妻子沒有帶行李，我也只背了一個包上路。在車上吃速食麵時，我掏出了那雙鐵木筷，妻子很驚訝。認真的說：「老公，你真好，幫我帶了筷子。」我才知道，妻子吃速食麵也只用筷子。妻子說起我送給同事的那雙筷子，是她從十七歲到湖南讀書就帶在身邊，到二十八歲嫁給我，那雙筷子陪伴她度過了十二個春秋，結婚後，妻子就要它陪伴我旅行，也算她時刻守護在我的身邊。

吃完速食麵，我與妻子商量，把這雙鐵木筷子還給岳母，妻子默許了。

辣椒湖南

「貴州人不怕辣，四川人辣了還要辣，湖南人辣不怕。」我從小就聽父親說過，卻沒有理解其義。也常聽母親念叨大娘爺（大娘的老公）很能辣，八十年代，白辣椒片煮魚蝦米，他大把大把往嘴裏塞，嘴巴辣得嗦囉嗦囉，額頭直冒汗，還是吃過不停。

小我三歲的弟弟也能辣，每當他夾一把辣椒片往嘴裏送時，媽就說他是大娘的崽，接了大娘爺的腳（繼承傳統），再勸他少吃點辣椒，會辣猛心臟的。在弟弟的激勵下，我也漸漸能辣了，每餐都少不了辣椒下飯。

我考入山溪中學，就開始了寄宿生涯。學校距家三十餘里，一個禮拜能夠回家一天。學校沒有菜買，要從家中帶炒好的乾菜，一般是用兩個裝罐頭的玻璃瓶帶兩瓶乾菜，有時吃到最後兩天就生霉了，盡炒乾辣椒又怕上火。母親是特別會照顧小孩的，有辣椒的季節，把新鮮紅辣椒切成辣椒米；到其他季節，切幾個乾紅辣椒炒在菜裏，即有辣味，又可以防黴。母親還是怕我與二姐生活上有什麼缺失，又為我們姐弟每人裝一瓶豬油，在覺得菜不好吃或菜生黴時，夾一坨豬油拌在飯裏，吃著油膩潤滑，又飽肚子。我曾建議母親給我們製點辣椒油，她說怕上火，對我們身體不好。三年裏，我吃的辣椒比較少，也沒有那麼愛吃辣椒了。但是，還是離不開辣椒，因為我想吃到有點辣味的菜。當時，有一兩位老師對我特別好，時時叫我去吃菜。可我害羞，也怕不懷好心的同學嘲笑，又怕老師的責怪，戰戰兢兢的吃著。

我知道自己考新化一中是沒有戲的，就希望考新化三中。可是事與願違，鎮教育辦壓制人才，只能報考新化十六中，也是鎮上唯一的高中。我消極抵抗，對考試抱無所謂的態度，也曾想就此走上社會，都被父親的夢想破滅，無奈的走進了這所普通高中。

學校距家六十餘里，兩個禮拜回家一次，一連就要上十二天課。雖然有幾個學校附近的婦女來學校賣菜，都賣些小菜。如水煮白豆腐，五毛錢餐，就是那麼兩湯勺。葷菜也就是辣椒炒肉，一塊錢份，大概一個鴨蛋多。我常捨不得吃肉，也沒什麼辣味，常吃家裏帶來的菜。

生活條件越來越好，母親更關注我的生活（大姐出嫁了，二姐、弟弟在外打工），時不時磨上一桌豆腐，或煨成豆腐乾或用鹽水泡成滷豆腐乾，再炒一半臘肉或新鮮肉讓我帶去。菜裏都放乾紅辣椒，吃時有點辣味，辣椒乾乾的沒有一點吃味，我一般不吃。母親還是壓制我每個月帶一斤熟豬油去學校。

母親的工作並不輕鬆，一個人要包了地裏的活兒。我每次要去學校，母親就清早下地，到十點左右才回家吃飯，有時連飯都沒吃，就忙著給我炒菜。一般要炒兩三樣菜，並告訴我先吃什麼後吃什麼。其實，先吃的往往是好菜，這不需要母親說。我與同宿舍的同學也一定會把好的先吃完。一次，母親要去親戚家有事，大姐正好在家，她自薦給我炒菜。我過了兩個禮拜回家，母親問我大姐炒的菜怎樣，我無意說漏了嘴。其實，母親知道，大姐的廚藝沒有學到母親的一半。我只好老實「交待」：一是炒菜的油放少了；二是乾紅辣椒的辣味沒有煮出來。母親從此再也不要別人代替她的勞動了。

母親還是念著我的飲食。我只好告訴她，我與海水、傳躍合在一起吃菜的。傳躍離家近，三天回去一次，他的菜很適我口味。海水家雖然清貧點，人還是很慷慨，我們也合得來，常吃在一塊，從不計較。

那時的扁籃很行銷，二伯和父親都織扁籃。每隔十天半個月的要去鎮上趕集。鎮上五日一集，父親每次去趕集都要給我捎菜，有時把菜托伯父捎去。他們沒有事先與我約好，我中午很少去趕集，散集後，二伯再送到學校來。他不知我在哪一個年級哪一個班，常到教學樓前叫我名字，弄得上課老師叫我去接菜，同學都很羨慕。後來，母親常與我約好，我就到集市上的固定攤位去找人，常見到很多熟人。母親還是不放心，每次塞給我二、三十塊錢，我除了來回車費，很少花錢。我的飲食，還是離不開辣椒。

一九九九年，我因很多原因離開了學校，沒有高考就去了廣東，在惠州小金口鎮湯泉村永勝木器廠當了一名打工仔。廣東的飲食，一大特色就是甜，而我們廠裏的菜沒有辣味也不甜，我很不習慣。八月初，我從廣東回老家，在家待了一個半月，正值辣椒旺季，每餐又吃上了辣椒，才覺得人生有那麼一點辣味。

九月十七日，我到湖南師範大學讀中文自考。開始了大學四年的自學生涯，也是人生的轉機，成了一個夾縫裏的人，既不是正規學生，也不是社會上的人。我常把生活當成一種痛苦，寫作是我的痛苦，吃飯同樣是我的痛苦。小餐館的盒飯，一碟菜有三分之二是辣椒，炒得三成熟，與生的沒兩樣，到嘴裏也難以下嚥，我寧願不吃辣椒受苦，生活也就受盡了折磨。

參加工作，又回到了辣椒王國。除非是胃不好的，需要特別保護外，每個人都奢辣。常有人訓道：「湖南人哪有不吃辣椒的。」就會有一盤油淋辣椒或虎皮青椒擺上餐桌。

二〇〇三年四月，同事一行到湖北出差，一去就半月未歸。湖北人不愛吃辣椒，也少有辣人的辣椒。我們每餐加一盤虎皮青椒都沒一點辣味，就直奔廚房，找老闆的麻煩，尋出一串乾紅辣椒，煮乾扁泥鰍。廚師不知湖南人的口味，沒有煮出辣味，龍叔叔又親自掌廚，才吃到一點辣味，也算餓不擇食了。

一下火車，先選一個地方吃吃辣的，點了涼拌烤辣椒皮蛋，紅辣椒包肉泥團，青椒炒肉。第二天中午，與龍叔叔在辦公室吃煲子飯，點了兩份青椒炒肉，叮囑廚師還要加放紅辣椒粉，我吃著油重辣純的青椒炒肉，也真正感覺到湖南人的優越。我邊吃汗就邊往外擠，每個毛孔都鬆懈了，像勞累過度虛脫一般。

我想，我不要說戒辣，怕改掉一部分吃辣的習慣都不行了。

用親情畫圓的月餅

住在城市，每年的中秋都會吃到很多的月餅。我卻不是很喜歡月餅，也許是沒有那份親情的緣故。家鄉有很多的風俗習慣，吃月餅是其中之一，中秋也是當地一個很重視的節日。中秋正直收穫的季節，有梨子、橘子、花生等，還有野果——獼猴桃、八月瓜等。

我家和外公家都是大家庭，父親是兄弟中的老五，姊妹中排行第九；母親是姊妹中的第五。他們結婚後，很多事情都要考慮雙方的父母。我的祖父、祖母、外公、外婆都是痛子女的、也是愛熱鬧的老人，每當過年過節都希望兒女在家。外公家與我家相距近十里，來去要兩三個小時，同時吃中飯和晚飯都是不可能的。

農曆八月十五，家鄉有個廟會，地點距外公家不遠。祖父（八十幾歲）挺喜歡去趕廟會，常要子女陪他去。爸爸是個孝子，就發動全家去趕廟會。

八月十五那天，母親天還沒亮就起床。先是準備我們的早飯，然後燒水洗頭髮、準備給外公的禮物和我們要穿的衣服，再就是叫祖父起床吃早飯。

那天，我們都會激動得吃不下早飯。因為一年一度的廟會特別的風光、熱鬧，可以讓我們這些小孩大開眼界。我們吃上半碗飯就啟程。

每次爬上杉山的山頂，我們就沒力氣了，坐在路邊，祖父他們就追來了。我們把肩上的禮物轉交給爸爸媽媽，他們就鼓勵我們趕快走，走到外公家去喝茶。我們姊妹都知道，外婆已經準備了水果和月餅，可以大吃特吃，還有一個簡單的小茶席（晚早飯）。

一到外公家，就半歇半吃東西。把汗歇乾了，肚子也塞飽了。我們又去趕廟會，表哥表姐也去陪我們，一路的爬山、上坡，我們都不覺得累。

到了朝陽庵下的十里坪，路邊擺滿了攤子，各式各樣的玩具、水果、餅乾、衣服、鞭炮等應有盡有。我當然是買鞭炮，大姐二姐就買花戴，祖父買魚、買雞，爸爸媽媽就忙著給我們小孩買衣服和家用。爸爸還要買月餅，一買就是十來斤，給外公一半給祖父一半。

中午一點左右，就回外公家。外公已經把飯菜搞好，只等我們來開席。先是喝酒、吃飯，等吃到中間，外公就會給我們每人一個任務——吃碗豬肚子。再給我們一袋子粑粑——是外婆親手做的中秋粑。三點後才回家，到家已經快黃昏了。我們作為孩子的沒有什麼事情可做，可是爸爸媽媽去要忙著整理東西、準備晚上團圓的飯菜。

天黑後，伯父伯母們、哥哥姐姐們都來到祖父家，抬出一個大圓桌，中間疊起很高的月餅，周圍擺滿菜，端上黃澄澄的米酒。再把祖母扶到桌邊，由她發話說吃，大家才敢下筷子。父母當然是給大家夾菜、敬酒，吃到興趣濃時，祖母就講我們方家的歷史。飯大概要吃到十點，母親才收起碗筷。再搬出一個大月餅，由祖父切成小份，給每個人分一份。祖父祖母邊吃月餅邊聽取父輩們的收成彙報，再討論明年的發展計畫和目標。

一直到深夜十二點才散席，各自回家。

一九八九年，祖父離開了人世，幾年後，祖母不久也離開了人間。我進了城，再也沒有回去與家人一起過過中秋了。

端午粽子

我不知道有多少事情都記憶在童年的美食裏，又有多少親情切不斷愛的記憶。端午節的粽子至今讓我記憶特深。

讀小學的時候，只記得兩件與端午節有關的事：一是去離家六十里的白溪鎮看龍船比賽，那人山人海的陣式無法忘記；一是表姐送節的粽子，我吃完還想吃的饞樣成了家人的笑話。

表姐是二姑的女兒，嫁在四十里外的山溝裏。聽母親說她的命很苦，但是我從小不知道命苦是什麼，也無法瞭解表姐的疾苦，看到她滿臉的笑容和大聲的嬉笑，還以為她很幸福。二姑去世早，當時表姐還只有十二歲，姑父又是一個不會照顧小孩的主，表姐的撫養也就轉到了奶奶身上。表姐十六歲那年，姑父就把她嫁給了一個三十多歲的男人，讓十六歲的表姐過起了為人妻的日子。

表姐對奶奶特別好，過年過節來看望奶奶，順便到我家住一兩天，也與我們這些表妹、表弟混得好熟，還跟她五舅媽（我母親）的關係也挺好。端午節送節，特地給我們幾姊妹送上一袋粽子，吃得我笑顏逐開。母親不會做粽子，接了表姐的贈送也很高興，還常常誇她聰明伶俐。

小學畢業，我去三十里外的小鎮求學，就再也沒有吃到表姐的粽子了，每次端午節就很想戀她的粽子。一九九七年，奶奶離開人世，從此很少見到表姐。一九九九年，我走出學校，開始了四處漂泊的生涯，五年後，才在長沙停住腳步。二〇〇五年春節，在老家見到表姐，表姐已經老了，沒有記憶裏的笑容和歡樂，臉上帶著無法掩飾的疲倦。交談後才知道為兩個女兒所累。我無意中談到對她做的粽子的想戀，表姐滿口答應做一次最好的粽子給我吃。說後，我也就把這事給忘記了。

端午節前的幾天，我帶孩子回家鄉看望父母。母親見到我就問我看到表姐了沒有，還說她給我送粽子去了。我急忙打電話與妻子聯繫，通知她接待表姐，並囑咐她留表姐在長沙多玩兩天。等我帶著生病的父親回到長沙，表姐已經回她的鄉下去了，我只好用電話感謝她。當我吃到她的粽子，心裏就有千絲萬縷的感激，又回憶起童年的趣事。

今年的端午節快到了，每當我想起粽子，就想起了表姐。

長沙辣椒味覺

說起辣，少不了要提到長沙；說起現在飲食文化的繁榮，也離不開長沙。套用一個詞給長沙辣文化下個定義：長沙是辣喊飲食，也是飲食湘軍的中堅。

辣椒輻射與飲食混源

長沙的辣椒和辣味，應該從周邊的地理位置來談：辣椒的輻射性和辣椒的生存，特別是湖南辣味的辣椒生存，需要湖南特有的紅色酸性土壤。洞庭湖相隔的湖北，也產辣椒，那裏產的辣椒個大、味淡而甜。長沙紅色酸性土壤雖產辣椒，產量不高，辣味不足。湖南，產辣椒與山區坡地有關，長沙周邊的寧鄉、瀏陽等縣以及婁底的新化、湘潭的湘鄉、邵陽、湘西、張家界、懷化都是辣椒高產區，也是辣椒高消費區。這些地方，每家每戶以辣椒為主要菜蔬，每天每餐以辣椒為主菜，辣椒不再是世人眼裏的調料，還是菜，並且是主菜，那餐沒有辣椒，飯就難以下嚥。

長沙在湖南來說，是一個地道的外來城市。長沙土著人現在不到百分之十，從新化、湘鄉、邵陽、湘西、張家界、懷化遷徙到長沙的人，沒有改變他們的口味，把吃辣椒的習慣和風格帶到長沙，並且傳播開去，形成長沙家庭式辣椒特色。

改革開放後，餐飲業非常發達，湖南餐飲異軍突起。湖南各地縣市的特色飲食都有開到長沙去的想法，但不知道長沙人的口味，都做得比較小，以小飯店滿足來自家鄉的小商小販，隨著長沙一些好吃之人的品味和嘗試，對味道感覺後的效果新鮮，就大肆吹播，其他好食之客蜂擁而至，地方特色辣食就越做越大。

地方飲食業的發展，離不開好吃鬼和文人墨客，雖然這群人沒有錢，他們的品味極高，又愛新鮮和有辣椒個性的食物。他們一路吃一路品，找到理想食物的就用舌頭和文字一起傳播，形成立體式宣傳系統。慢慢的，長沙人對全省辣椒風格形成了概念：邵陽是青辣椒炒紅辣椒粉，湘西張家界喜歡尖辣椒，懷化愛吃野山椒，新化湘鄉喜歡乾紅辣椒煮湯水，寧鄉酷愛白辣椒，瀏陽好紅辣椒粉。這些特點，在長沙生活三個月就必需掌握的常識，否則就無法外去就餐。長沙的各行各業，都存在著好吃鬼和食客，常常會組織冒險品味最辣美食，做個英雄食客。

在長沙工作生活，婚齡男女，想找到生活的另一半，就要學習吃喝和吃辣椒。不習慣對方的辣椒風味，就無法與其接近，更談不上有愛情可言。所以有人開玩笑：長沙人與成都人談戀愛，就是地道的麻辣愛情。青年男女裏，能吃辣椒的人越來越多，吃的味道也越來越辣，談愛的條件也越來越高。

青辣椒炒肉和剁辣椒魚頭

湖南各地的辣椒菜進入長沙，給長沙人帶來了超強的刺激，形成各辣齊聚星城（長沙的別稱）的局面。在眾多辣味的圍攻下，形成一種新興趨勢，就是長沙辣味。

最具長沙辣味代表性的菜是青辣椒炒肉和剁辣椒魚頭。這兩道菜，有必要解釋：一是青辣椒炒肉和剁辣椒魚頭都是長沙招牌菜，任何餐館都可以做；二是青辣椒炒肉和剁辣椒魚頭辣味非同小可，不吃辣椒之人千萬別試，以免傷心傷口。

青辣椒炒肉是一道長沙家常菜，多是居家過日子的人吃。芙蓉路有家飯店取名青辣椒炒肉，此菜名聲大震，外地來長沙的旅客都想嘗試，現在辣椒炒肉飯店開遍了長沙城區。青辣椒炒肉用五花肉切薄片，青辣椒斜切長筒，五花肉炒出油，精肉開始焦黃，加青辣椒翻炒，炒到辣椒皮裂，再加一把紅辣椒粉既成。現在很多肉辣椒無法做這道菜，吃的人也不多了。

剁辣椒魚頭一式多樣，主要是原料——辣椒的不同，有剁辣椒、一半剁辣椒一半野山椒、野山椒、野山椒加鴨黃四樣，名字分別叫剁辣椒魚頭、雙色魚頭、野山椒魚頭、黃金魚頭。四樣魚頭的辣味分三個等級：微辣、中辣、巨辣。長沙人一般吃中辣，中年人喜歡吃巨辣。吃魚頭還有個講究，吃完魚之後要吃光辣椒。廚房下一斤掛麵，煮熟後放入盤裏，翻轉幾下，吸乾湯水，辣椒末轉進麵裏，吃起來又辣又滑爽，吃完大漢淋漓，渾身痛快。這就是長沙滋味，也是長沙辣味。

辣椒和畫鬍子腿夫子

中年人吃辣椒，與他（她）的辣椒味覺功能齊全有關。經過三四十年對辣椒的品味和嘗試，完全把握了辣椒的性格，掌握了自己的胃對辣椒的承受能力，吃辣椒就沒有後顧之憂。

吃辣椒，吃到一定程度，會產生需要辣椒的欲望。也許，孔聖人講的性即食也是有道理的，辣椒與女人（或男人）對人都是同等的重要，不可或缺。長沙的辣椒特色，帶動了長沙情人現象。男人帶自己老婆應酬，說是畫鬍子，帶情人應酬說是老婆；女人帶老公見閨中密友，說是腿夫子，帶別的男人說是老公；在別人眼裏，都是搞哩跟喇（情人），這就是辣椒文化衍生出來的性文化和欲望現象。

長沙人愛玩情人，像愛辣椒一樣越多越好、越刺激越好、花樣越新越好。據調查顯示：愛找情人的人，都愛吃辣椒。情人，也許是辣椒刺激了他（她）的欲望或者蒙昧了他（她）的心性，產生了貪欲。

長沙人與情人在一起，少不了吃喝。吃喝的是長沙辣味的新鮮小吃和剛進入長沙的外地小吃，必須加上長沙的辣味改造。長沙人吃夜宵，喜歡找最辣的地方，品味辣中之辣。長沙的夜宵生意非常紅火，夜夜暴棚（滿座）；就像出來找情人的人，坐滿每個大排擋。夜宵在一起，多是情人和準備做情人的人。就是幾個正經人吃喝，也要吆喝一群狐朋狗友，吃完後各自帶著相好的開房，發洩性欲和辣欲。

有經驗的男人女人，與情人不再流連酒吧的氣氛，而流連在辣椒的刺激裏，讓辣椒刺激自己的欲望和生活，改變現實的痛苦，尋找夜間的快樂。

辣椒心與酒精味

湖南人吃辣椒，首先要有顆辣椒心。長沙人吃辣椒，同樣有顆辣椒心。品味辣椒多了，你就知道辣椒的辣是口感，吃過後是甜味，還很舒坦。這就是辣椒的本質，也是辣椒的特色。

人人稱道的湘妹子，是典型的辣椒心。長沙妹子個性潑辣幹練，與人說話是針尖對麥芒，開頭三斧頭。換一種角度看待長沙妹子，你就認為她心地非常善良，也很好相處，並且大度有氣概。

長沙妹子適宜做老婆，對老公的愛護與關心沒得說，家裏也收拾整理得乾乾淨淨舒舒服服，丈夫根本不要管事。長沙男人，卻是廚房的煮廚，三餐照顧一家人的吃喝，當然是辣椒風範。

長沙不是產酒之地，卻是喝酒之鄉，每年消耗的酒水在全國排得上名，無論男女老少，都可以酗酒。也就是說，長沙是酒精味非常濃的地方，每天都有為酒精不醉不甘休的人，他們喝多了酒，就越想吃辣椒，把辣椒當青菜吃，吃多了就犯傻，做錯事。

長沙人的性格暴烈，喜歡聚眾鬥毆，都是辣椒辣的和酒精燒的。

騰飛的湘菜

湖南多山，辣椒產量高，是地道的美食之鄉。在歷史上，湖南的餐飲不是非常發達，大家只知道毛澤東愛吃紅燒肉，以為湘菜就是紅燒肉。還有人知道臭豆腐，以為都吃臭豆腐。其實湘菜分支繁多、菜品不少，大體可以分湘江流域、湘西山區、洞庭湖區三大部分。這些年來，湘菜飛速發展，成為全國一個舉世矚目的菜系。

歷史原因

湘菜的發展，離不開歷史文化的積累。湖南的歷史文化為湘菜的今天鼎盛準備了它的前提。

湖南名菜名樓。在湘菜業領域，有一批百年老店：玉樓東、火宮殿、又一村、無名粉店、德園、楊裕興、甘長順、黃春和、銀苑、李合盛、和記粉館、柳德芳湯圓店、徐長興烤鴨店、雙燕餛飩店等，非常有名，也是長沙人愛去的地方，為現在的新派湘菜準備了技術。湘菜菜肴有名的也不少，如火焙魚、臭豆腐、刁子魚、黃鴨叫、剁辣椒魚頭、青辣椒炒肉、三角乾子、龍脂豬血、荷蘭粉、紅燒豬腳、牛肉饊子、八寶果飯、姊妹團子、柴把鱖魚、發絲百葉、醬汁肘子、龍舟載寶、毛家紅燒肉、洞庭龜羊、金魚戲蓮、血鴨、三合湯、豬血丸子、擂茶、津市粉、永豐辣醬等，都受老百姓喜歡，為湖南人的味覺建立了一個框架。

湘軍之名應該起於曾國藩，因為他建立了一支湘軍，打敗了太平天國，在全國大名鼎鼎。左宗棠又帶著湘軍收復新疆，在清廷備受重視。湖南人在以後的很多產業裏，只要取得成績就會成為某某產業湘軍，曾經就有很多飲食行業的文化者在全國炒作飲食湘軍的名號。在歷史的湘軍中，多是湖南子弟，打到哪裏，辣椒就吃到那裏，霸蠻的精神帶到那裏，並把辣椒和湖南美食留在那裏，把霸蠻精神與辣椒文化好好的在全國各地做了宣傳和推廣。從此，以會吃辣椒會做事為名，在全國流行，很受關注，辣椒成了湖南人的代名詞。

湖湘文化有很大一部分與辣椒有關。特別是湖南偉人的出現，很多都與辣椒聯繫在一起，不是愛吃辣椒就是愛吃與辣椒有關的菜。並且憑藉吃辣椒的勇氣，進行特立獨行的思考，做了許多大事。可以大膽的說，一部湖湘文化全書，半部是辣椒文化。辣椒是飲食裏的刺激品和調味劑、是工作中的勇敢經、是戰爭中的戰鬥力。

湘菜內因

湘菜屬民間菜系，在全國排名第三，口味特重，油膩，又辣，一般食客很難接受，吃也是一種嘗試。近十年來，湘菜在飲食界異軍突起，愛好者非常多，全國各地的湘菜館林立，佔據全國飲食市場的三分之一的份額，成為美食愛好者的中堅。

紅色酸性土壤產辣椒。紅色酸性土壤是辣椒耐以生長的基本條件。辣椒生長，需要很多的雨水，但不能因為雨水多而土壤板結、硬化，雨水沖洗土壤中的酸性，全部被辣椒吸收，辣椒裏的辣椒堿增多，辣椒個大，肉質非常厚，這樣產量極高。這樣的辣椒是有別四川、貴州等地的辣椒的辣性，而且味道不錯，也不需要再吃其他酸性物質，或者醋來補充胃酸。

山泉富涵礦物質。湖南山區多，豐富的雨水與酸性土地，產生了酸性泉水。泉水除酸性物質還有豐富的人體需要的礦物質。因為礦物質過多，人體吸收後形成一種天然的肌肉緊縮症，造成湖南人個頭矮小，肌肉結實。湖南人吃辣椒，形成過多的食物堿，需要用酸性物質維持身體平衡。湖南的地下水及泉水就是一種非常好的人體酸性平衡劑。人在這種生活環境下成長，生理結構形成並穩定，就是生活環境改變，生理結構也無法完全改變過來。離開故土，對辣性食物還有依賴性。

湖南人的個性剛烈。湖南多山區，開門見山，形成一種硬性，在性格上也受山的形象影響，非常的堅硬無比。造成了爭強好勝的個性，有什麼事情都要搞贏，又不讓別人佔便宜，少不了要在拳腳上下工夫。以前學習功夫主要用酒調濟，湖南不太產酒，度數比較低。自有了辣椒之後，大家發現辣椒非常有刺激性，適合湖南人的需要和硬性格，吃了辣椒以後，湖南人更是如虎添翼，性格也更加的剛烈、暴躁。

吃辣習慣的原始養成。湘菜飲食習慣的養成，一輩子都無法改變，就是接受了其他飲食習慣，也少不了要吃湘菜。在湖南，大多數人口居住在農村和山區，以喜吃油重和味辣為主，家庭菜和家庭口味代表湘菜的基本味道。農民喜歡吃辣椒，每餐必要，作為下飯的刺激物，清淡菜蔬無法吃飽飯。生產期婦女，也希望吃辣椒，有時忍不住吃清淡菜的寡味，抵擋不住辣椒的誘惑，偷吃辣椒滿足食欲上的需要。嬰兒滿月，母親做完月子，大量食用辣椒等食物，滿足自己飲食味覺需要，也無形中傳遞給嬰兒。醫學說，哺乳期婦女吃辣椒，乳汁會分泌辣椒堿，小孩透過母乳嚐到辣椒堿的辣性。父母及祖父母給小孩餵飯，先在大人口裏嚐嚐飯菜冷熱是否合適或者咬爛食物，再送給小孩吃，有一定的辣味。父母親吻小孩時，剛吃飯的嘴上沾有辣椒，透過嘴與嘴的接觸傳替給小孩，小孩自然習慣了辣椒。小孩脫離母乳，可以獨立吃飯時，飯菜與父母相同，辣椒分量相等，成了真正的辣椒主義者。

對生活環境的眷戀。湖南除少部分平原，主要是山區，適宜於居住，很多旅外人士，在外地工作，時時刻刻想著回到家鄉，回到故土。也因為這種懷念思想，對辣椒的懷念一樣成了懷念的部分。很多女性遠嫁他鄉或移住他地，常常懷念自己的童年飲食，慢慢的不知不覺的在現有飲食裏加了辣椒，吃著總覺得辣椒沒有小時候的辣味，就越吃越辣，越來越湘菜化。

湘菜大師的出現。飲食的發展，需要大師的出現，湖南的湘菜，出現了不少大師，形成一個湘菜鼎盛時期。有給毛澤東做湘菜的石蔭祥，出版了《湘菜集錦》系列圖書，還有許菊雲、張志君、曹秋泉、肖厚培、平健、易國平、朱克純等，二〇〇六年底湘菜烹飪大師總數達五十一名，二〇一一年底湘菜（點）大師一百一十四位。湘菜圖書的大量出版，也為湘菜的文字傳播準備了基礎，更受讀者歡迎。

湘菜產業化出現。湘菜以前以小店和百年老店經營為主，經過這些年的不斷努力，很多連鎖（如金太陽、大蓉和）經營和集團化（如長沙餐飲集團）經營開始呈現，並建設了一個湘菜產業園，集原材料基地、深加工基地、調配料生產基地、物流配送基地、品牌湘菜企業集團航母於一體，融產、供、銷於一條龍。好在湖南省內各大城市建設特色湘菜美食街、湘菜名品名店，培養年銷售過十億的湘菜企業集團。現有規模的湘菜集團有西湖樓、長沙餐飲集團、毛家飯店、蓉園、火宮殿、華天等。

繁華外因

湘菜受全國食客喜歡，離不開偉人的帶領和它的外部原因，給湘菜起到了介紹和推薦作用，也給湘菜走向全國起到哄托效應。

偉人身份為湘菜名揚天下。中國近現代史上，湖南的偉人比較多，讓湘菜真正名揚天下的是毛澤東。與毛澤東有關的名菜點有紅燒肉、臭豆腐、外婆菜、娃娃菜等，毛澤東出生在韶山，童年、青年時代在韶山和長沙度過，形成了吃湘菜的生活習慣。後來很多的影視作品、文學作品都涉及到毛澤東的飲食，慢慢的全國人民都知道毛澤東愛吃紅燒肉，全國人民也渴望吃一頓毛澤東吃過的紅燒肉。湘菜也備受關注，並且進入中國八大菜系。

人口流動助長湘菜傳播。改革開放，廣東成為前沿陣地，人口湧向廣東各地。湖南是人口大省，山區經濟貧苦，急需外來經濟支援，打工和勞力輸出是家庭和當地經濟搞活的唯一途徑。廣東很多勞力密集型企業大量接受湖南勞力輸出，滿足人力資源需要，剛從學校畢業的年輕人及剩餘勞動力紛紛南下，到廣州、深圳、惠州、東莞等地打工，廣東的飲食習慣和工廠的生活條件都無法完全滿足湖南人的習慣，他們懷念家鄉的美食，渴望吃到家鄉的辣椒，成了非常急切的需要，有眼光的湖南人看到了老鄉的心思，把打工賺的錢轉化為資本，開起了湘菜館，湘菜走出省門，在廣東各地落地生根，服務老鄉大眾，成了廣東有名的外來菜。隨著改革開放的進一步深入，北京、上海、浙江、江蘇、福建等省市也大量的湧入湖南人，湘菜在全國範圍內開業，吸引了其他地方食客和外地旅居者，湘菜的影響面不斷擴大，成為大家喜歡的菜系之一。

湖南風景名勝的開發和宣傳，吸引了不少外省以及外國遊客，與此同時，旅遊景點還推出了當地的特色美食，遊客在吃到這些新鮮美食後，特別稱讚，並向自己的親戚朋友推薦。湘菜在外省人的推薦和追捧中，逐漸被眾人認可。

湖南人的熱情好客。湖南人不管在外地還是家鄉，都非常的好客和熱情，相好的朋友，都會把自己的食物與他人一起分享。特別是在外地工作的湖南人，下館子都喜歡吃湘菜，有時把自己的朋友，包括不同省份的朋友都請去吃湘菜，朋友都被熱情感化，不吃辣椒的人也會去嘗試，辣椒、湘菜成了大家共同的話題。

作家對湘菜的熱捧。在作家圈裏，喜歡湘菜的人不少，特別是現在的一些美食作家，像古清生等，極力推薦湘菜。湖南的不少作家，特別是生活在長沙的這群作家，都或多或少與美食、夜宵有著聯繫，在外地朋友面前極力描敘湘菜的美味和可口。湖南本土也有一批美食作家，極力挖掘湘菜文化，向外省讀者推薦湘菜。湘菜常常在報刊上出現。

湘菜現在越來越規模化，在全國的食客中也越來越有影響。

飲食圖書別樣紅

今天的人們，注重的是生活水準，多在品質上下功夫，把生活過得越來越充實、豐富、多彩。時尚把旅遊、美食作為時下生活的兩大主題，牽制著人們的日常生活，佔據著很大空間。圖書中的飲食門類也越來越受讀者的親昵，有不少飲食圖書暢銷或者接近暢銷，成為書市的一大亮點。

中國人口眾多，地域寬廣，有八大菜系，每個菜系又有若干分支，大大小小的地方菜系有數百類。生活在中國，一出門就會遇到飲食不同的難題。去其他地方出差、旅遊，首先就要瞭解那個地方的飲食習慣和菜系品類，如何去適應那裏的生活。因為這些客觀原因，出版界人士尋找到市場需求，生產了大量飲食圖書，為人們的生活需要服務。

全國出版飲食類圖書的出版單位是各省的科技社、攝影社、旅遊社、工業社及北京的一些綜合出版社。圖書出版數量較多，種類比較齊全，涉及到各大菜系。以輕工業社、吉林科技社為代表的菜譜書走俏大江南北；以介紹旅遊店家風味為代表的廣東旅遊社、陝西旅遊社大發旅遊財；以美食美文為代表的作家社、社會科學社、上海科技社開發美食人文，爭奪文化讀者；以老圖片加地方特色菜為代表的山東畫報社弘揚中華飲食文化，做到了各個出版單位各有特色、各有專攻。

人口集中的北京和上海，給南來北往的人流準備各地菜肴，還有流傳很久的特色老北京、老上海菜，讓那些嚮往北京上海的人以及懷念老北京老上海的人吃到北京上海的老菜，出版社也特意出版了老北京老上海菜肴系列圖書，帶著回歸和尋找的性質。還有異域風情的西北菜譜書，給擁向正在開發的西北同胞展示西北風情，介紹西域美食。

我們湖南，相鄰的省份四川、貴州、湖北、廣東、廣西，菜肴卻沒有聯繫。中國菜系裏，湘菜是一種非常獨特的菜肴，油重辣足。六百萬人口的湖南，山巒起伏，紅色酸性土壤聯綿不絕，湖南人個矮體小，菜多爆炒或者油燜，味香辣重油。以長沙為代表的湖南飲食湘軍，造就了好吃的湖南人，在工作之餘尋找吃食。外地人到長沙，很難抵禦好吃的惡習，不久也融入其中。

湖南出版界，為了滿足湖南人和到湖南來旅遊、工作的外省朋友們的需要，以本土特色菜為出發點，開發出版了一批湖湘飲食圖書，在市場形成犄角之勢。湖南出版飲食圖書的主要單位是湖南科學技術出版社、岳麓書社、湖南人民出版社三家，出版圖書品種近八十種，在湖南出版市場獨樹一幟。

湘版飲食書中對讀者影響最大的是菜譜書。讀者多為新婚夫婦和戀愛中的男女，他們的生活開始了新組合，作為消費中堅，容易接受新事物，也想創造自己的新空間和新生活。要求生活自由獨立，學會做飯做菜滿足愛情，菜譜書是他們依樣畫葫蘆的好工具。彭建澤主編，湖南人民出版社出版的菜譜書，分四季養生、美味麵點、微波好菜、巧餵寶寶、孕婦菜單、對症下廚、絕味涼菜、小菜一碟、時膳靚湯、家庭燉品、美容美體粥、美容好膚食譜、中藥養顏保健茶飲、健康纖體果菜汁、美體減肥食譜等十五個品種，圖文並貌，彩色印刷，是湖南出版史上一次彩版嘗試，也為以後的旅遊休閒圖書彩色印刷積累了豐富經驗，與國內同類書比較，毫不遜色。

湖南人最愛的是湘菜湘點，在他們的生活裏，離不開辣椒。中國湘菜叢書帶著濃厚的湖南味道，滿足湖南人的飲食欲望和對美食欣賞的需求。湖南科學技術出版社二〇〇〇年出版的中國湘菜湘點（包括地方菜、麵點、家常菜、創新菜等品種）、二〇〇七年一月出版的中國湘菜・長沙裏手家常菜（包括燒美味、炒翻天、燉菜香、蒸好吃、湘辣肉菜、雞鴨上桌、香魚辣蟹、素味湘食、甜品湘點、湘味涼菜等十個品種）、二〇〇七年七月出版的中國湘菜・經典湘菜（包括燒、煎、溜、蒸、炒五個品種）、二〇〇七年出版的中國湘菜天天蔬菜系列（包括最愛根莖菜、最愛豆類菜、最愛花果菜、最愛葉類菜等四個品種）等四大門類，全面系統的整理了湖南菜肴的大量資料，為湖南美食湘軍的發展作出了文獻性的準備和貢獻，也為湖南人的生活水準提高準備了理論上的證據。這四大系列圖書的出版，補充了中國飲食界湖南飲食資料空白，為以後研究湖南飲食提供了寶貴的參考文獻。

八零後女性，是湖南飲食消費的主力軍，帶動湖南飲食消費額的增長和指導湖南飲食的發展方向。八零後女性，飲食以休閒美食為主體，好攀附高消費、新品類，走時尚之路。二〇〇二年湖南科學技術出版社出版了《美人活力飲》、《吃粥》、《一周晚餐OK》、《小朋友寶貝餐》系列，二〇〇四年湖南科學技術出版社又出版了《快熱兩人煮》、《高分調酒吧》、《雞尾酒調製袖珍彩色圖鑒》系列，完成了休閒美食圖書在湖南市場的供給。以女性美容、美體、泡吧為出發點的飲食圖書，在全國市場潛在讀者非常大，特別是大長今在湖南衛視熱播後，這類圖書吸引了讀者，也啟發了編輯，迅速成為書市熱點，並且帶動了休閒體育（瑜珈）、時尚體育圖書的出版。

飲食，在全世界都是一個受關注的話題。境外飲食圖書的出版也不少，引進國內，滿足國內讀者，也是一件非常緊迫的事。岳麓書社的編輯發現了這個契機，做起了引進臺灣朱振藩（包括食在凡間、食味萬千、癡酒——頂級中國酒品鑒、食家列傳、酒的故事、食的故事）、蔡珠兒（包括紅燜廚娘、饕餮書）的系列飲食書，湖南科學技術出版社做了大長今藥膳圖書四種，尋找到了中國飲食出版界與境外以及國際飲食出版市場的接軌口，為以後做大國際出版市場奠定了基礎。也把出版視野放到了國際市場，以國際市場動態為行業準則，更好的把握出版市場。其實，這對讀者的意義非常大，讀者可以把吃的視野放眼全世界，尋找真正適合自己口味的美食，滿足食欲。

長沙市民，最大的愛好是吃吃喝喝。滿足市民的需求，就是要滿足市民尋找美食的手段和途徑。長沙美食淘系列（包括吃香喝辣、家常口味菜、家常風味菜、家常素菜）就是根據長沙市民的心理需求出版的，在一定程度上解決了長沙美食者的愛好。湖南科學技術出版社《吃香喝辣》出版後，長沙特色美食店引起了一陣旋風，凡是持有此書的讀者，到四十多家特色餐館吃飯可以打折，長沙市民爭相購買，圖書很快風雲長沙城，飲食店的生意也從此火暴。這書的特點是接近市民需求，解決了市民尋找吃食的難題，還減輕了市民的經濟壓力。我想，這類對讀者來說一舉多得的圖書，以後可以多創新，加大飲食店家與食客的互動，更好的促進美食湘軍的發展。

湖南飲食界有一批湘菜大師，也有一些非常經典的菜肴，在高級賓館和酒店作為招牌菜，用於接待國家元首和重要領導。著名湘菜大師石蔭祥、許菊雲等人，是湘菜代表人物，總結和開發了不少新派湘菜，他們撰寫了著名的《湘菜集錦》、《湘菜精品》，成為湖南飲食界店家和廚師們的必讀教材，也是湘菜精華的代表。與此匹配的還有著名飲食公司組織編寫的湖南菜譜及各酒店、賓館的菜典，做得非常經典，最好的要算長沙飲食公司、火宮殿等，編寫了大量圖書、畫冊。這些飲食圖書既有傳統又有現代氣息，也是傳承湖南飲食文化進步的推動力。

飲食與文學、藝術結合，就誕生了一個新文學種類，即美食文學，有美食小說、美食散文等。現在最具有代表性的美食文學是美食美文，全國有三千以上的作者在寫作這類文字，有數百人產量非常較高，在報紙、雜誌開有專欄，也出版了不少圖書。兄弟文化策劃出版的旅人系列（《魚頭的思想》、《美食最鄉思》、《坐在黃河岸邊的小鎮上品飲》）和湖南人民出版社的《陽光八萬里》、《湘菜紅了》，都是中國美食文學的中堅代表，具有相當高的水準，也為湖南出版美食文學開闢了新的道路，滿足美食愛好者中文學愛好者。

湖南的飲食圖書，補充了湖南出版產業的許多空白，也在圖書市場上爭相奪豔，為文化的繁榮做著貢獻。

古清生的味蕾

每次讀到古清生的新書，就讓我產生一種錯覺，認為是寫吃與遊的文字，我都會毫不猶豫的買一本作為珍藏。

在古清生已經出版的二十部書裏，有一半數以上是寫美食、旅食、品食的文字，如果要用一個字總結，就是吃。當我在書店裏見到新出版的《陽光八萬里》時，又以為是寫那些行走美食的好書，就買一本回來細讀，在神思裏與古清生去海吃。

一讀《陽光八萬里》，我才知道，這是古清生的一部作品精選，很多文章是寫美食。但是，這一部書已經改變了古清生一貫風格的美食書，在寫美食的基礎上，更多的注重起美食人文來。我讀罷《陽光八萬里》，總結了一下古清生對美食人文探討的方向。大體分為兩種：一是美食人文地理，在那些老家普通的美食地圖上，只有一點地方味的鄉野美食，古清生挖掘了它的文化根基，尋找當地人熱愛這樣美食的原因。二是美食人文旅遊，在古清生那行走的步伐裏，他肆意尋找旅途的美食，把旅行當作美食探秘的線路，發掘隱藏在當地民居深處的人文素養以及美食的存在意義。就是這兩方面的探討，給我們現在美食發展確定了需要挖掘的方向和底蘊。

讀《陽光八萬里》，讓我感覺到古清生是一個愛美食的專家，更是一個愛美食人文的旅行者，在他那行走的地理空間上，見過的、吃過的美食已經無法計算，但是他沒有吃到味美就寫上讚美之詞。書中多處表露古清生去某一地方達上十次之多，也吃過做法各式各樣的同種美食，他才寫下些文字。也就是說，古清生寫美食，是在他熟悉的基礎上才去寫那道美食的，可見其對美食的態度非常的慎重。

作為美食，本來是件人人關注的事情。原因在於人人要吃、愛吃，在中國談美食，中國人人人好吃、愛吃，關注美食的程度非常高，給寫美食的人無形中提高了難度。要寫出比一般人熟悉的程度高，那是非常難的，把文章寫得人人愛讀，那是難上加難。

古清生，工科出身，轉攻文字，本來已經對文學存在一定的遺憾。但是，在他的《陽光八萬里》的書中，我沒有讀到這些，反而讀到了很多中華經典對飲食的解說，挖掘了這些美食的歷史文化。古清生作為一個普通的寫字者，這樣的關注美食的歷史文化和歷史記載，非常值得寫作者的的學習和提倡。

作為每個事物的歷史和史料記載，都是一些非常零碎的東西，分佈在中國典籍裏，保存到今天的已經非常少，再去一個一個的把他們找出來，需要無數的時間和精力，更需要一份對美食的崇拜和無私的愛。讀古清生的《陽光八萬里》，我好像掉進了美食的史料裏，非常充實的史料給我的閱讀帶來了興趣，也讓我在閱讀的同時更多的瞭解到美食之美。

讀《陽光八萬里》，需要讀者細細的去品味，像品味一道美食，發揮自己的所有味覺功能，品讀著每一個字。

湘廚精英劉憶

新春剛過，我就接到湘菜大師劉憶先生的來電，囑我為他的一部個人畫冊寫篇序文，我甚是惶恐。從文二十年，很少給朋友撰寫序言。因為個人偏好，閒時喜歡讀點文史，又偏愛寫旅遊與美食類文稿，所以逃避了很多功課。惶恐再三，我還是應承了劉憶先生。事後思索，卻覺得無從下筆。

去年金秋，劉憶先生與我見面時，告訴我他要出版一部個人畫冊，用於贈送給朋友，我表示支持。不多久，他的文員列印了一份書稿送到我辦公室，正逢我撰寫了三年的《湖南省旅遊志》在初審，沒來得及詳讀。不久，我去成都辦事，攜帶書稿在身旁，認真校讀，很有新意，把自己的一些建議回饋給了他。

認識劉憶，是次偶然的機會。我的好友龍國強先生想介紹他的高中同學劉國清先生給我認識。那時，我正是在寫美食散文最瘋狂的時期，在湘菜名師劉國清的幫助下，讓我對湘菜有了一種質的認識。二〇〇八年，劉國清在雨花亭開了一家親福樓酒家，我與龍國強去祝賀，劉國清約了他的一班兄弟和師傅王墨泉先生來聚會，正被我們趕上。劉國清把他的十多位好兄弟一一介紹給我認識，劉憶先生亦在其中。當時，他說是我老鄉，我們多喝了幾杯酒。

二〇〇八年十二月，我組織《四川烹飪》雜誌調查湖南省各地的湘菜資源，在劉國清的撮合下，我去拜訪了時任韶山毛家飯店出品總監的劉憶先生，他幫忙聯繫秦皇食府、餐謀天下、大芙和等知名餐飲企業，完成了採訪任務。我提出採訪他時，他說：「你們先採訪別人，我以後再說。」我聽了甚是敬佩。我們在湖南各市州採訪一圈後，幾人回到長沙，《四川烹飪》雜誌社的編輯突然改變行程，最終沒能採訪劉憶先生，我心中甚是內疚。

從這以後，我與劉憶開始有了往來。我把自己策劃出版的部分圖書贈送了一套給他，他看過甚是高興。我曾想要他幫忙組織撰寫《湘菜人物傳》，挖掘湘菜文化的名人及其貢獻。後因我接到湖南省旅遊局的聘請，專業撰寫湖南省旅遊局的《湖南省旅遊志》和《湖南省志•旅遊志》兩書的書稿，《湘菜人物傳》就此擱淺。

與劉憶交往多了，才知道他出生在長沙北端的湘陰。他的童年在湘陰農村度過，品味了數不清的原汁原味的鄉村美食和數不清的魚肴野味，在他的記憶裏留下了深刻的印象，一直難於忘懷。

一九九二年，劉憶畢業於湖南商業技工學校旅遊酒店管理專業。劉憶離開學校，進入大都市，想實現自己的淘金夢。在那艱難的歲月中，劉憶為了尋找自己記憶深處的美味和童年的甜美生活，遇到無數次碰壁，最終進入餐飲行業當學徒，開始了他的廚師生涯。

經過多年的努力和底層的摸索，打下了扎實的基本功。一九九六年，劉憶榮獲湖南省西式烹調師中級證。隨後，因為劉憶的優秀表現，多次被單位派往上海錦江飯店、北京建國飯店學習、培訓。

經過艱苦的磨礪，一九九八年，劉憶榮獲中國烹調協會高級烹調技師證書。年輕時代的劉憶，已經踏入飲食行業，一直沒有放棄對童年味道的尋覓。多少年來，他沒有找到理想的美好和童年的甜美，只有辛苦和勞累。但是，劉憶心中有個夢想，那就是他要對童年美味的實現——在大都市裏傳播他童年的美食，分享給都市人群。他為了在大都市裏實現自己的美味理想，實現那個童年甜美的記憶。他閱讀大量書刊，與青年人交流，卻沒有找到答案。經過數年的觀察，發現食客的口味在變化，追趕流行口味。他為了迎合自己的食客，不斷製作新奇的美食，慢慢演變成一套自己的時尚食經。為了更好的研製、開發他童年的美味，為了更好的達到一個美食開發高度，劉憶自學大學課程，一九九九年，劉憶獲得湖南大學自考酒店管理專業大專文憑，從酒店管理的角度來把握食客的口味。

劉憶為了提高自己的從廚技術，不斷拜訪名師，向朋友請教，慢慢建立了一個廚師圈子。他們在一起品味美食、探討廚藝、研究食材、推廣美食，這樣的現場表演和切磋，劉憶的廚藝增長飛速。二〇〇二年，劉憶榮獲東方美食學院高級營養配餐師證書。二〇〇三年，劉憶在第十三屆中國廚師節做出了優秀的表演，受到全國同行的稱讚，獲得金獎。

劉憶不滿足於現狀，不斷進取，從不放棄學習。又去攻讀ＭＢＡ碩士學位，在知識與商業、廚藝間搭起了一座橋樑，溝通時尚美食和童年味道。在劉憶攻讀ＭＢＡ的同時，長沙的餐飲業風雲變幻，時尚食材不當更新，食客口味不斷刁蠻。從吃狗肉、帶皮牛肉逐漸轉變到口味蛇、口味蟹、口味蝦等，幾乎是一年一換，廚師應接不暇。劉憶雖然著急，但他沒有忘記深入飲食文化的精髓，探索飲食真諦。他攻破了一個又一個飲食難關，創新了很多已有的湘菜，幾年的努力，終於打開了自己的一片天地，有新派湘鄂菜、苗家山寨菜、毛家菜、庭院私家菜等，很受食客歡迎，也改變了長沙食客追逐流行美食的飲食格局。二〇〇四年，劉憶出任湖南烹調協會理事，並且榮獲湘菜名師稱號。

二〇〇六年四月，因為劉憶在湘菜方面的貢獻和成績，被中國烹飪協會吸收為會員。從此，多家餐飲企業邀請他加盟，都一一拒絕，還是探索自己的湘菜。只擔任了深圳名廚協會人事顧問和食全食美餐飲諮詢管理公司餐飲高級策劃顧問。

劉憶在研究時尚美食的同時，沒有忘記飲食文化資源的採集，著重挖掘湖湘文化和尋找湖南各地市縣的地方名菜，把地方菜引進大都市，如洞庭湖地區的臘魚尾巴、湘西的酸蘿蔔，經過他的包裝改版，在長沙餐飲市場亮相，做到上得廳堂。劉憶改良的這些地方名菜，很符合都市人群的口味，特別是懷念鄉村和心在鄉村的食客。劉憶對飲食遠不止創新，還開發完全符合都市年輕人的菜品，做出他主打的時尚菜和健康菜。每款時尚菜都受都市年輕男女的熱烈追捧，成為時尚湘菜的倡導者和領跑者。

劉憶深入探討湘菜理念，他提倡湘菜概念化、廚師年輕化，對湘菜廚師進行分段，把現在湘菜廚師分為二十世紀八十年代、九十年代、現在三個不同時段，並且總結八十年代的廚師初中文化，技術靠師傅手把手的傳授；九十年代的廚師高中文化，技術在跳槽間學會，深造是參拜大師；現在的廚師大專文化，技術在廚校裏學會，大師指點即可主廚。劉憶從這裏看到了湘菜廚師的發展和未來，二〇〇四年，劉憶成立了自己的廚幫匯廚政管理工作室，收羅大批有豐富經驗的出品總監、廚政管理高手，給大中酒店提供廚師、新概念餐飲廚房管理、委派廚房人員、承包廚房、配送湘味優質調料等服務。同時，劉憶對廚師實行量化管理和HACCP、5S管理（常組織、常整頓、常清潔、常規範、常自律），使廚師各盡所能，發揮自己的特長。劉憶還非常關注飲食的營養，提倡食健康、食環保、食綠色、食文化、食樂趣，把飲食當做一個全新生命課題進行研究。

二〇〇七年七月，劉憶與廖勝仁、譚召群兩位同伴在東塘開了一家餐謀天下，提倡「食之道，得於餐謀」，以經營時尚餐飲、特色湘菜為主打，秉承「以人為本，奉獻社會，誠信務實，共謀發展」的宗旨。開業第一天，餐謀天下的生意便異常火爆。二〇〇八年四月，湖南餐謀天下餐飲管理有限公司正式註冊成立，劉憶出任運營總監。二〇〇九年初，劉憶在餐謀天下先後成立菜品研發實驗室、物流配送中心，成立課題組研發營養健康食品，反覆試驗儘量避免營養成分流失，對菜品進行科學配比調試，將葷素平衡、性味配合、主輔料相互協調互補，真正提高原材料的營養價值。

二〇一一年十二月十九日，劉憶被授予湘菜大師，成為湘菜廚師的中堅力量。二〇一二年初，在朋友的激勵下，劉憶開始招收徒弟，把自己畢生的廚藝傳授給年輕人，進一步推動湘菜的發展。

我再次讀完劉憶的個人畫冊，心中激動不已。畫冊除了他個人的榮譽之外，是劉憶對湘菜、對飲食認識的文章，其實，也是他個人對飲食經驗的總結。畫冊中穿插了優美的美食圖畫，做得全書圖文並茂，風格新穎。

代跋　嚐食艱辛

吃是一個人的樂事，更是大家的興事，吃有方法和味覺不同，也有心情和感覺的區別。吃更需要膽量和勇氣去進行嘗試，是種艱辛的工作，也是個探索的過程，沒有艱難的決策，絕對得不到吃的快感，達不到味覺的巔峰，找不到味蕾的溫床。

好吃是每個人都喜歡去浪費時間和精力的事情，精食和品味確是很多人夢寐以求的事情。從好吃到吃好到吃精，憑我個人的經驗，不是一朝一夕的功夫，也不是後天可以訓練而成的。每當回憶我這些年來與吃糾纏不清的日子，總覺得有些力不從心，走得太不容易。

好吃是我的天性，與生俱來，從小就表現突出。小時候，生活在鄉下，母親喜歡晚上忙完家務後煮東西用於第二天吃，都是些含骨頭或者難於煮熟的吃食，姐弟們沒有耐心等待，早早睡覺去了，我守在灶邊，不斷的添柴加火，直到深夜父親回家。母親知道我嘴饞，都要盛小碗讓我先嚐，我吃了就去睡覺，必做個美夢。我就此發揮了牙齒的功能，可以把各種骨頭上的肉啃乾淨，也喜歡啃骨頭。

我在農村度過了十九個春秋，只知道好吃、愛吃，可以為了吃不辭辛苦，從來不考慮美食與品味的關係，缺乏研究的勁頭，也沒想到自己會成為一個美食家，在飲食裏糾纏。

走出山村，流落到城市，最先滿足的是眼球，飽覽山河勝景。接著是尋找美食，滿足口福。長沙號稱美食之都，有些誘惑，我卻無錢消費。聚集岳麓山下，大學生活枯燥無味，每天讀書寫作，只能偶爾吃個宵夜，感覺一下美食的滋味。大學四年，學會了喝酒和吃宵夜，長沙宵夜就幾樣涼菜：海帶絲、海蜇絲、海白菜、蒜苗、韭菜、香乾、鴨脖子、鴨寸骨、炸泥鰍、口味蝦等，我們嚐遍了岳麓山腳下的夜宵攤點，學會了啃鴨脖子、鴨寸骨，為寫長沙美食準備了條件。

最大的收穫還是與同學合夥做飯菜，幾個人做合菜，他們掌勺，我承包切菜、洗菜的工作，學切菜的基本功和技巧。切菜不是同學們喜歡的活，得到了充分的鍛煉，把切絲、切片做到了超薄，接近廚師水準。大學二年級時，高中同學賀解望介紹我認識了楊遵民先生，跟他實習，學習圖書出版知識，也隨他出入酒店、賓館。這種普通的人際交往，學會了餐桌禮儀，也嚐到了不少美食，市井小店和酒樓美食能夠耳熟能詳，很少用文字去表述。

二〇〇三年，我到出版部門工作，給我開啟了一扇美食大門。每天中午在酒店應酬，與文人墨客流連於酒菜餐桌，也在星級賓館和專業餐飲名店品飲。當時流行小資生活，全國彌漫著小資氣息。我等混跡其間，吃中西餐廳、嚐過橋米線、啃醬骨薰肉大餅，把熟悉的小資飲食寫成〈坐吃芙蓉路〉，發表在《重慶晨報》，大受鼓舞。

二〇〇四年，我探索故鄉的美食和都市美食，加入鄉愁和人文地理。盛夏，認識文友龍國強，與同學謝任華、王濤、徐上峰、向敬之等常去墮落街吃飯，也在新民路附近嚐食美食。上半年兩次到湖北黃岡出差，嚐食湖北菜和熱乾麵。十一月，隨天下鳳凰公司同仁一行到張家界、鳳凰等做旅遊調研，初次嚐到湘西美食，對張家界八大碗，鳳凰血粑鴨、苗魚有所瞭解。

二〇〇五年夏天，我到湖南科學技術出版社工作，與同一辦公室的劉認軍、聶勇、王躍軍等人一起遊玩、吃喝，尋覓湘雅路和銀盆嶺附近的美食。我加強對飲食典故考證和歷史淵源的探秘，把人文地理知識糅合在文章中，帶點知識性、趣味性、歷史性，加上我的味覺和品嚐，把辨別的氣味、味道、口感、感覺等寫入文章裏，慢慢鍛煉自己的味蕾。還提出美食在民間，吃地方特色要到民間小店去，帶著美食情懷去尋找。寫了〈橘子洲黃鴨叫〉、〈思鄉的辣椒炒肉〉、〈湖南人的辣椒心〉以及思鄉的〈豆腐拌肉〉、〈童年梅雨〉，挖掘家鄉菜和長沙飲食，也到湘潭、衡陽等地出差，順便考察美食。十月，我南下廣州，與同學徐上峰、陳翔、王蘇霖見面，在他們的陪同下嚐食粵菜。又到東莞，與羅業忠去虎門看海，瞭解東莞飲食。粵行時間雖短，對粵菜有所瞭解。年底，我在長沙組織文友聚會，全國數十位文友齊聚星城，交流文學創作，締結友誼。我結識了很多朋友，也認識了龍玉純，以後經常聚會、交流。這一年，在《人民政協報》、《福建日報》、《雲南日報》、《新民晚報》、《合肥晚報》、《成都日報》、《江南時報》等發表了不少美食散文，收穫較大。

二〇〇六年春，我到衡陽，在肖玲玲、黃令芳、欣桐等文友的陪同下品味衡陽美食。四月，到永州江永，在蔣平的陪同下嚐食湘南美食，還到梧州吃石鼓魚。初夏，到武漢，在路勇、湯淼、朱輝等文友的陪同下在武漢聚義園美食街遊食。五一前後，隻身到安慶會見查一路、余毛毛，品味安慶美食和瞻仰陳獨秀墓；在合肥見張小石，吃合肥龍蝦。轉車到南京，在顧欣的帶領下游中山陵、南京大學賽珍珠故居等，嚐哧啦、野水鴨等。借道蘇州，在同學劉劍釗的陪同下吃蘇州菜，遊拙政園、虎丘。到上海，與龍國強、吳貴民等去外灘，品味上海本幫菜。一路的遊食，接觸甚多，考證較少，都是泛泛而食，也是泛泛而寫。與妻子到株洲、醴陵等地遊玩，在周群的陪同下吃當地美食，認識醴陵美食家、廚師李陵，嚐食貢品莊埠芋頭。

二〇〇六年底，陪妻子回大西北，轉道蘭州，王長偉、花兒會接待我們，吃到馬子祿拉麵和馬大鬍子羊羔肉及蘭州甜食，挖掘其文化，寫成蘭州美食文稿數篇。到敦煌，妻子陪我去吃甘肅、青海、新疆三省交匯處的美食。在敦煌生活四十多天，到鳴沙山月牙泉，吃驢肉黃麵、酒棗、羊蹄子、羊肉泡饃等，寫了一系列敦煌、格爾木等地的美食、旅遊文章，在《車友報》編輯成娟的協助下，整理成旅遊美食專版，連續刊發三版。

二〇〇七年初，瀋陽的地鐵期刊《時尚之旅》連續發表美食散文五篇，作為美食專欄。五月，古清生到長沙，與他遊食長沙小吃，交流美食心得，暢談寫作經驗。湖南作家網多次組織在懷化等地采風，我去了黃岩、通道、會同等地，瞭解了懷化美食和少數民族侗族、苗族、土家族美食，深入挖掘地方美食。《長沙晚報》傅舒斌先生在風味版長期用我的美食文章，激起濃厚的美食寫作興趣。《株洲晚報》朱朝陽先生長期刊發我的美食文稿，還邀我和妻子到株洲遊玩，帶我們吃株洲的美食。《張家界日報》旅遊週刊長期發表我的湖南美食文章，推薦給遊客。酷夏，我到成都，與朱曉劍會面，並見到神交已久的《成都日報》副刊編輯王鶴，朱喜歡讀書和美食，在他的介紹下瞭解成都美食；王鶴是作家也是美食家，介紹了幾道菜。在四川休假四十天，期間到重慶見蔣海松，吃了地道的長江河蝦等美食。河北文化期刊《當代人》發表了寫成娟〈糯藕〉，甘肅旅遊期刊《絲綢之路》發表我寫西部美食的系列文章。餐飲期刊《餐飲世界》、《烹調知識》、《四川烹飪》、《食品與生活》連續發表我的美食散文，開始在飲食界嶄露頭角。安徽的《安慶晚報》、內蒙古的《呼和浩特晚報》開設巴陵美食專欄，專門刊發我的美食文章。

二〇〇八年春，我去北京出差，成娟和他先生姚進帶我吃北京的外來美食，週末邀我與他們遊玩，對北京市民飲食有所瞭解。同學殷敏鴻在北京工作，陪我遊後海，吃驢肉火燒，還介紹不少北京飲食。我住通州管莊，與古清生等聚會，認識韓皓月、周繼東等作家，一起品美食、喝酒、唱歌，過京城作家的日子。我數年的美食文章整理成《走在味覺邊緣》，交文化公司操作，最終未出版。三月，到祁東見朱文科，看蔡倫博物館，吃祁東美食。轉道衡陽，與文友參加油菜花筆會，到樟木寺湘江碼頭，吃衡東頭碗。四月底到鄭州參加書市，吃到了中原美食，又轉道渭南，翻越秦嶺去四川，陪妻子到德陽、廣漢、成都等地，妻子曾在成都生活過兩年，瞭解四川美食，給我介紹川味。見《四川烹飪》雜誌的編輯。十月，與《四川烹飪》雜誌的編輯和軍事誼文出版社編輯徐強考察湖湘美食，到長沙、瀏陽、永州、衡陽、湘潭、懷化、張家界、常德、岳陽等地考察。這一年，在旅遊休閒期刊《95080商旅生活》、《度假旅遊》、《廈門航空》、《天下成都》、《釣魚》、《商業文化》、《中國保健食品》等連續發表美食散文，在專業飲食期刊《飲食科學》、《醫食參考》開始發表美食散文。《航空畫報》發表《中華美食譜》專題，共三萬餘字，介紹全國飲食文化。〈橘子洲黃鴨叫〉入選北方婦女兒童出版社出版的《二〇〇八年最適合中學生閱讀隨筆年選》。

二〇〇九年初，到北京出差，與徐強吃北京名小吃，瞭解北京文化。五月，到湖南省旅遊局編撰《湖南省旅遊志》，在收集資料時與溫慶福等到益陽、常德、株洲、婁底等地調研，當地旅遊局陪同品味了不少美食。夏季，認識重慶大學出版社陳進先生，他對美食圖書很感興趣，答應出版我的美食書稿。我好大喜功，準備策劃一個系列，把古清生、朱曉劍等列入，社領導要求加入沈宏非，聯繫沈，他手裏還有兩部書稿未寫完，只寫了五萬字，無法按期交稿，我們簽了出版合同，最終沒成書。美食散文寫得不多，主要時間耗費在收集《湖南省旅遊志》資料上。〈蟹王魚唇〉在黑龍江的《雪花》文學期刊發表；山西《文史月刊》連續發表數篇美食散文。

二〇一〇年春，我與妻子到昆明，品嚐雲南美食。主要精力用於收集撰寫《湖南省旅遊志》，也寫了不少遊記和美食散文，在《人民日報・海外版》。期間《讀者》（鄉土人文版）轉摘了發表在《世界博覽》的〈橘子洲黃鴨叫〉，後入選《讀者・鄉土人文版：十年精華文叢之旅食天下》。山西的《科學與文化》雜誌、《四川航空》雜誌開始巴陵美食專欄，《安徽日報》開設巴陵品茶專欄，把美食寫作拓展到品茶。《中國食品報》、《大公報》、《中國審計報》、《中國建材報》等發表了不少美食散文。

二〇一一年春，妻子懷孕，我的《湖南省旅遊志》需要交稿，我很少外出遊玩。初夏，朱曉劍兄介紹我認識山東新泰郭偉（阿瀅），熟識後，我把美食書稿給臺灣秀威資訊科技股份有限公司林泰宏編輯。八月，我陪妻子回成都暫住，我們去成都、德陽等地遊玩。接著我一年在四川來往數次，每次到四川，妻子都要與我去吃美食。年底，秀威資訊科技股份有限公司確定出版《嚐遍大中國》。下半年，我一直陪著溫慶福刪改《湖南省旅遊志》，很少寫美食散文。這一年，《讀者》（鄉土人文版）轉摘發表在《飲食科學》的〈靖港香乾〉，〈一杯熱酒的溫度〉獲《山東文學》雜誌社與《愛尚生活》雜誌社聯合徵文讓生活充滿愛一等獎，〈沱茶紀事〉獲雲南大理「沱茶紀事——下關沱茶杯」特別獎。

二〇一二年春節，接到秀威資訊科技股份有限公司排版好的電子搞清樣，我花了一個多月時間進行校對。又開始美食寫作，恢復以前的地方菜肴的考察。四月，《嚐遍大中國》在臺灣出版。五月，收到《嚐遍大中國》的樣書。

釀文學132　PE0033

嚐遍大中國（二）

作　者	巴　陵
責任編輯	林泰宏
圖文排版	王思敏
封面設計	秦禎翊
出版策劃	釀出版
製作發行	秀威資訊科技股份有限公司 114 台北市內湖區瑞光路76巷65號1樓 電話：+886-2-2796-3638　傳真：+886-2-2796-1377 服務信箱：service@showwe.com.tw http://www.showwe.com.tw
郵政劃撥	19563868　戶名：秀威資訊科技股份有限公司
展售門市	國家書店【松江門市】 104 台北市中山區松江路209號1樓 電話：+886-2-2518-0207　傳真：+886-2-2518-0778
網路訂購	秀威網路書店：http://www.bodbooks.com.tw 國家網路書店：http://www.govbooks.com.tw
法律顧問	毛國樑　律師
總 經 銷	聯合發行股份有限公司 231新北市新店區寶橋路235巷6弄6號4F 電話：+886-2-2917-8022　傳真：+886-2-2915-6275
出版日期	2013年1月　BOD一版
定　價	380元

Printed in Taiwan

國家圖書館出版品預行編目

嚐遍大中國. 二 / 巴陵著. -- 一版. -- 臺北市：釀出版,
2013.01
面； 公分. --（釀文學；PE0033）
BOD版
ISBN 978-986-5871-10-9（平裝）

1. 飲食風俗 2. 中國文化 3. 文集

538.78207 101027563

讀者回函卡

感謝您購買本書，為提升服務品質，請填妥以下資料，將讀者回函卡直接寄回或傳真本公司，收到您的寶貴意見後，我們會收藏記錄及檢討，謝謝！

如您需要了解本公司最新出版書目、購書優惠或企劃活動，歡迎您上網查詢或下載相關資料：http:// www.showwe.com.tw

您購買的書名：______________________________

出生日期：________年________月________日

學歷：□高中（含）以下　□大專　□研究所（含）以上

職業：□製造業　□金融業　□資訊業　□軍警　□傳播業　□自由業

□服務業　□公務員　□教職　□學生　□家管　□其它____

購書地點：□網路書店　□實體書店　□書展　□郵購　□贈閱　□其他

您從何得知本書的消息？

□網路書店　□實體書店　□網路搜尋　□電子報　□書訊　□雜誌

□傳播媒體　□親友推薦　□網站推薦　□部落格　□其他________

您對本書的評價：（請填代號　1.非常滿意　2.滿意　3.尚可　4.再改進）

封面設計____　版面編排____　內容____　文／譯筆____　價格____

讀完書後您覺得：

□很有收穫　□有收穫　□收穫不多　□沒收穫

對我們的建議：______________________________

____

____

____

請貼
郵票

11466
台北市內湖區瑞光路 76 巷 65 號 1 樓
秀威資訊科技股份有限公司 收
BOD 數位出版事業部

(請沿線對折寄回，謝謝！)

姓　　名：________________ 年齡：________ 性別：□女 □男

郵遞區號：□□□□□

地　　址：________________________________

聯絡電話：(日) ________________ (夜) ________________

E-mail：________________________________